LA COLONNE

INFERNALE

PAR

LOUIS NOIR

PARIS

C. MARPON ET E. FLAMMARION

ÉDITEURS

26, RUE RACINE, PRÈS L'ODÉON

OUVRAGES NOUVEAUX

ALFRED JULIA
LE CSIKÓS
1 vol. in-18.................. 3 fr. 50

LOUIS NOIR
LES VIERGES DE VERDUN
1 vol. in-18.............. 3 fr. 50

MARIE COLOMBIER
LE CARNET D'UNE PARISIENNE
1 vol. in-18, couv. illustrée d'une eau-forte du portrait de l'auteur. 3 fr. 50

ALEXIS BOUVIER
LE BEL ALPHONSE
1 fort vol. in-18.................. 3 fr. 50

ALBERT SAMANOS
LE PÉCHÉ DE LA VEUVE
1 vol. in-18...... 3 fr. 50

L'AMANT DE LA COMTESSE
1 vol. in-18...... 3 fr. 50

PIERRE ELZÉAR
JACK TEMPÊTE
1 vol. in-18......... 3 fr. 50

BRUMMEL
LES COCODETTES
Scènes de la vie mondaine sous le second Empire.
1 vol. in-18.................. 3 fr. 50

NARJOUX
WILL KNOBBS
Scènes de la vie anglaise.
1 vol. in-18....................... 3 fr. 50

PIERRE DELCOURT
LE SECRET DU JUGE D'INSTRUCTION
1 vol. in-18............ 3 fr. 50

PARIS. — IMPRIMERIE C. MARPON ET E. FLAMMARION, RUE RACINE, 26.

LA
COLONNE INFERNALE

DU MÊME AUTEUR

LES VIERGES DE VERDUN, 1 vol. in-18 . . . . 3 50

F. Aureau. — Imprimerie de Lagny.

LA COLONNE INFERNALE

PAR

LOUIS NOIR

PARIS
C. MARPON ET E. FLAMMARION, ÉDITEURS
1 A 9, GALERIE DE L'ODÉON ET RUE RACINE, 26
1883
Tous droits réservés

LA GOLONNE INFERNALE

PROLOGUE

LA DUCLOS CHEZ SAINT-JUST

Quatre-vingt-treize !

L'année terrible était commencée !

Les Girondins étaient encore debout, mais les Jacobins préparaient la chute de leurs adversaires.

Robespierre venait d'entrer chez Saint-Just, suivi de près par Danton.

Ces trois hommes allaient décider du sort de la Gironde.

A peine étaient-ils réunis dans le cabinet de Saint-Just, porte close et gardée par l'*officieux* (c'était ainsi que l'on appelait alors un domestique), à peine le grave conciliabule des triumvirs était-il commencé, que l'officieux aux écoutes, l'oreille à la serrure, entendit tinter doucement la sonnette de l'appartement.

Il fit un geste de mauvaise humeur, car il allait perdre une partie de la conversation intéressante des trois grands hommes d'État de la Révolution. Il ouvrit pourtant, mais bien déterminé à éconduire l'importun.

A sa grande surprise, une femme, une très jolie femme, se présenta.

L'officieux en parut surpris.

Un cotillon, chez son maître, cela lui semblait extraordinaire.

Cependant Saint-Just était jeune, très beau, mais trop épris de la République, trop fanatique de la Révolution, trop absorbé par la politique, pour chiffonner une jupe et s'empêtrer d'une maîtresse. Du reste, il arrivait à peine de sa mission aux armées et il semblait bien étrange à l'officieux que son maître eût pris le temps de nouer une intrigue amoureuse à Paris.

Mais pourquoi cet officieux se permettait-il de songer à une intrigue à la vue de cette jeune femme ?

Parce qu'il était intelligent, parce qu'il était Parisien, parce qu'il devinait la femme, flairait la fille, reconnaissait l'actrice et savait, par le menu, la chronique scandaleuse qui avait sacré la Duclos grande courtisane.

Elle avait ces rares qualités, ces vices précieux et ces défauts charmants, cette beauté exquise et piquante, ces caprices de haut goût qui permettent à une fille de la rue de rejaillir sur le haut du pavé, de le tenir envers et contre tous, d'aller en voiture, et même de monter dans les carrosses du roi, quand il s'appelle Louis XV, quitte à se contenter de faire monter les princes du sang dans sa voiture, quand le roi est un Louis XVI.

La Duclos succédait aux Ninon de Lenclos et aux Marion Delorme ; elle les valait sous beaucoup de rapports ; mais elle leur était supérieure sur un point : elle avait du cœur et se révoltait sous l'outrage.

Son duel à Lyon avec de Plank était resté célèbre dans les fastes de la galanterie.

Insultée par lui, elle s'était déguisée en cavalier, lui avait cherché querelle, avait reçu un coup d'épée honorable et lui avait laissé ce ridicule d'une rencontre à main armée avec une jolie femme.

Elle était audacieuse, vaillante, fantaisiste, osant tout, se moquant de tout, et sérieuse à ses heures.

Amie sûre, maîtresse redoutable, ruinant celui-ci, n'acceptant de celui-là que des bouquets, très difficile à déchiffrer, ayant certainement dans son passé quelque chose de sombre sur quoi elle se taisait, elle jouait par intermittences au théâtre, quand un rôle lui convenait, toujours avec un immense succès.

Elle était brune, avec un visage très noble de traits, mais très mobile, très passionnel et envahi par de grands yeux bruns, très dilatables, très expressifs : les plus beaux yeux du monde ! disait le prince de Ligne qui s'y connaissait.

Ce qui la caractérisait surtout, c'était la décision ; elle voulait avec une indomptable énergie ; elle se risquait avec un brio et une dextérité inouïes.

Elle avait ce don suprême de la fascination qui explique la toute-puissance de certaines femmes; avec cela le génie inné de l'intrigue développé par l'habitude de la scène et des coulisses.

Autant de raisons pour que l'officieux fût très étonné de cette visite à l'homme le plus austère de la Convention.

— Vous ici, *mademoiselle !* s'écria-t-il.

Elle entra avec cette aisance des reines de boudoir qui se savent irrésistibles; elle s'assit délibérément en femme résolue à demeurer et elle dit :

— Cela vous étonne, monsieur Lenoël, que je rende visite au citoyen Saint-Just ?

— Chut! fit l'officieux pâlissant. Je vous en supplie, puisque vous savez mon nom, ne le prononcez pas ici. Je ne suis pour mon... maître ni « monsieur » ni Lenoël.

— Je sais ! Je sais ! Vous êtes le citoyen Joseph ! Le bon Joseph ! L'excellent Joseph !

Elle se moquait avec la familiarité des grandes actrices qui tutoient un lampiste ou un prince, sans déchoir.

— Je vous en prie, mademoiselle, dit Joseph inquiet de cette visite, effarouché de ces manières et tremblant pour la consigne donnée; je vous en prie, ne parlez pas si haut et laissez-moi vous prier de vous en aller! Mon maître ne veut recevoir personne.

— Parce qu'il est en conférence avec Danton et Robespierre. Justement, je serai ravie de lui parler en leur présence.

— Mademoiselle, c'est impossible !

— Tu vas pourtant m'annoncer.

— Jamais !

Elle rit du bout des lèvres et dit de l'air railleur d'une femme qui sait tenir son homme :

— Alors je fais remettre à Saint-Just la dernière lettre que tu as envoyée à Londres sous le couvert de l'ambassade américaine. Je vois d'ici l'excellente mine que fera ce bon Joseph à la guillotine.

L'officieux chancela sous la menace. Rien à dire ! Pas de faux-fuyants possibles. Il plia le genou et murmura :

— Grâce, mademoiselle, puisque vous savez…

— Je sais que tu écoutes ce que se disent Robespierre, Pache et Saint-Just, quand ils s'assemblent mystérieusement ici ou à Charenton. Va donc coller ton oreille à la serrure et tu me répéteras ce qui se dit aujourd'hui que Danton remplace Pache. Je jugerai du moment où je devrai intervenir dans cette conversation.

— Vous me jurez, mademoiselle, de ne pas me dénoncer ?

— Je t'en donne ma parole, et je suis honnête homme. Va ! Mais va donc !

Joseph était si bouleversé, si peu maître de lui, il se sentait si bien dans la main de l'actrice qu'il obéit machinalement.

L'audace avec laquelle cette femme s'imposait paralysait chez lui toute idée de résistance. Pour beaucoup d'or, il avait consenti à trahir les secrets de Saint-Just, au profit des émigrés; mais il connaissait l'implacabilité du maître; souvent il rêvait d'échafaud. Et voilà que la Duclos, royaliste disait-on, pouvait rompre d'un souffle le fil qui tenait le couperet suspendu sur sa tête.

Il tremblait si fort et résuma si mal la conversation des triumvirs que l'actrice impatientée lui dit :

— Allons, cédez-moi la place, maître Joseph ! Vous avez une peur bleue !

Puis, ayant écouté, elle murmura :

— Bon ! la lecture d'un rapport sur la situation. C'est long et peu intéressant.

— Mademoiselle, supplia Joseph les mains jointes, plus bas, plus bas ! Et tenez-vous. Nous serions perdus si l'on nous surprenait.

— Toi, oui, perdu ! Moi, non ! dit-elle en s'éloignant dédaigneuse d'écouter le rapport que lisait Robespierre.

Puis, pour rassurer un peu l'excellent Joseph, elle reprit :

— Ce qui fait que ton maître ne te surprendra pas, c'est qu'il ne te soupçonne pas. Ce qui fait qu'il ne te soupçonne pas, c'est qu'il t'a toujours vu poltron lors de ses voyages aux armées. Aussi, ne lui viendrait-il jamais à l'idée que tu puisses le trahir.

Joseph goûta le raisonnement, mais il était loin d'être complètement rassuré et il fit un effort pour se débarrasser de la Duclos.

— Voyons, mademoiselle, dit-il, vous voulez savoir ce qu'ils disent, n'est-ce pas ? Vous avez été sans doute avertie que le citoyen Saint-Just cherchait à unir Danton et Robespierre contre les Girondins. Le citoyen Danton ne paraît pas disposé à perdre les Girondins... Voilà où ça en est ! Eh bien, je comprends qu'il faut que l'on sache là-bas si Danton s'allie ou ne s'allie pas à Robespierre. Je vais écouter. J'entendrai tout et j'irai tout vous dire.

1.

Vous en écrirez ou vous en parlerez à qui vous voudrez. Mais, pour l'amour de Dieu, allez-vous-en!

— Qui t'a dit, imbécile, que j'étais royaliste?

— On le croit! Il me semble...

Mademoiselle Duclos haussa les épaules, fit signe à Joseph de se taire, et, prêtant l'oreille, elle jugea que le rapport allait bientôt finir et la conversation reprendre d'une façon intéressante.

Si bien que, de la main, elle clouait l'officieux à sa place pour peu qu'il fît mine de bouger et le maîtrisait d'un regard de tragédienne, quand il se hasardait à soupirer.

Ce rapport dont Robespierre achevait la lecture, était le tableau effrayant de la situation.

Aux frontières, l'ennemi partout, avec des supériorités écrasantes en nombre et en force.

A l'intérieur, la Vendée et la Bretagne révoltées; Nantes menacé; l'Océan ouvert bientôt aux révoltés!

Au dehors, les rois et toutes les armées de l'Europe!

Au dedans, les prêtres et six cent mille paysans fanatisés!

Dans la Convention, les partis aux prises!

Robespierre venait de terminer le rapport. Il posa à Danton une question qui fit tressaillir celui-ci.

— Nous sommes en pleine tourmente! dit-il. Le naufrage est imminent! Moi, qui représente ici les Jacobins, je demande à Danton, chef des Cordeliers, quelles mesures il compte prendre contre les rois, les prêtres et les Girondins, les Girondins surtout?

Cette question nette, incisive, demandait une de ces réponses comme Danton en avait su faire. Mais depuis 1792, depuis Valmy, tout est changé, même Danton.

Danton qui a soufflé l'audace sur la jeune armée de 92, Danton qui a laissé faire les massacres des prisons, Danton l'indomptable hésite. Danton recule. Danton n'est plus l'homme de Septembre; Danton n'est plus Danton.

Il veut épargner les têtes de Girondins; il lutte avec une évidente infériorité contre la volonté froide de Robespierre.

Danton est un colosse qui représente la passion et sa puissance d'explosion.

Robespierre petit, presque chétif, semble le raisonnement fait homme; il domine son adversaire; la logique remplace toujours la dernière victoire sur le sentiment.

En ce moment, Danton avec sa tête énorme, sa puissante figure de dogue creusée de lignes profondes par la petite vérole, Danton, redoutable aux grandes heures de sa vie, est profondément affaissé; il ne retrouvera plus sa vigueur que par accès.

Danton n'a plus la confiance du peuple.

Danton est un homme de plaisir corrupteur et corrompu.

Robespierre est immaculé dans sa réputation comme dans son linge éblouissant, comme dans son habit bleu élégant et propret, comme dans sa mise et toute sa personne. Il est l'*incorruptible Robespierre!*

Voilà une supériorité morale sur Danton; en voici une autre, toute de tempérament.

Robespierre, faible de complexion, sec, maigre, d'un teint olivâtre et maladif, a des timidités physiques qui lui donnent de la circonspection; ses traits fins, anguleux, annoncent la ruse savante et la science de la dissimulation; ses yeux brillants, abrités au fond de l'orbite, souvent voilés par le jeu clignotant des paupières, semblent cacher les ardeurs contenues d'une ambition dévorante et haute; la fermeté des lignes du profil dément l'apparente douceur du sourire et la circonspection du geste.

Ce bilieux se dompte, ce nerveux se domine, il enchaîne ses colères âpres ; il est calme dans ses rages concentrées.

Maître de lui, il est maître des autres.

Danton est un sanguin qui s'emporte en emportant les autres. Il a été superbe à son heure, impétueux comme la tempête déchaînée, fulgurant comme la foudre, écrasant comme l'avalanche. C'est une force immense, mais incapable de se diriger elle-même une fois lancée. Robespierre, dans cette entrevue célèbre, est en train de s'emparer de cette force.

De ce jour, Danton, si redoutable dans ses éclats, sera comme une mine chargée contre les Girondins.

Danton cherche inutilement à se dégager des liens dont Robespierre l'enlace et dont Saint-Just le garrotte.

Saint-Just, le beau Saint-Just, le type presque idéal des amants fanatiques de la Révolution, Saint-Just le chaste, le pur, l'implacable, Saint-Just qui avait dressé la guillotine dans les camps pour assurer la victoire, s'était cependant pris d'admiration et de pitié pour Danton.

Il l'avait vu au feu de l'ennemi.

Il voulait le réconcilier avec Robespierre, le sauver ; c'est lui qui avait ménagé cette entrevue. Il comptait l'attacher à sa politique et lui épargner l'échafaud.

Mais Robespierre n'était pas homme à faire de la politique de sentiment ; c'est pourquoi, après avoir exposé la situation de la France, il demandait à Danton d'expliquer son programme. Celui-ci, esquivant de répondre sur les Girondins, rappela les mesures récentes qu'il avait fait prendre.

— J'ai fait décréter par la Convention une levée de trois cent mille hommes ! dit-il.

— Il en faut quatorze cent mille, riposta Robespierre. Sans la levée en masse, nous ne ferons point tête à l'ennemi.

— Comment nourrir un million de soldats ? demanda Danton.

— Par la réquisition rigoureusement appliquée à toute la France.

— Qui l'appliquera ?

— Des commissions formées dans chaque canton, dans chaque commune.

— Et qui garantira l'exécution des ordres donnés ?

— Des commissions fonctionneront sous la surveillance des sociétés jacobines.

— C'est la République livrée à la dictature des Jacobins dont tu es le chef.

— C'est le salut de la Révolution assuré.

— Jamais les Girondins ne consentiront à voter ces lois qui seraient la déchéance de leur parti.

— C'est pourquoi il faut en finir avec cette faction girondine.

Il y eut un silence. Robespierre reprit :

— Avec un million et demi de soldats, nourris par la réquisition frappée sur les riches qui détiennent la fortune publique, nous opposons une digue infranchissable aux armées de l'Europe. Avec un tribunal révolutionnaire sans appel, avec une loi des suspects, nous terrorisons à l'intérieur tous ceux qui conspirent et nous décapitons la réaction par la guillotine.

— Cette loi des suspects, comment l'appliquer ?

— Les sociétés patriotiques, les clubs jacobins, tiennent tout prêts les rapports qui désignent à la sévérité du tribunal ceux qui, dans chaque commune, entravent l'œuvre de la Révolution.

— En un mot, dit Danton, les listes de proscription sont prêtes, la hache est suspendue sur les têtes et tu en tiens le manche !

— Pour frapper les ennemis de la Révolution !

— Jamais la Convention n'accordera pareils pouvoirs à un homme !

— Tant que les Girondins seront debout, non ! Tu vois donc bien qu'ils doivent tomber ! Les Girondins sont les pires ennemis de la Révolution. Le comité de Salut public, que nous voulons installer afin d'imprimer à l'action révolutionnaire l'unité et l'énergie de direction, ne serait avec eux qu'un ressort sans puissance ; ils énervent la France et la paralysent par les demi-mesures et les demi-moyens.

Saint-Just conclut nettement :

— Si nous n'en finissons avec les Girondins, la royauté sera établie.

Danton ne pouvait se mentir à lui-même, nier l'évidence ; il sentait la vérité l'étrangler à la gorge.

— Soit ! dit-il. Les Girondins vous gênent, renversez-les !

— Nous les renverserons, dit Saint-Just, avec toi et par toi. Il nous faut le concours des Cordeliers ; de Camille Desmoulins, leur plume ; de toi, Danton, leur voix.

— Pourquoi, étant plus convaincus que nous de la nécessité de cette exécution, voulez-vous nous pousser en avant ? Nous consentons à vous soutenir, voilà tout !

— Ce n'est pas assez, dit Saint-Just. Quand on se défie d'une troupe, on la met à l'avant-garde et on l'engage à fond avec l'ennemi.

Danton se leva, le visage pourpre, les traits contractés, les lèvres violettes ; l'injurieux soupçon, le cinglant en plein visage, avait fouetté son sang.

— Rien ! dit-il. Plus rien avec vous ! Vous m'offensez, je romps.

— Pour traiter avec les Girondins qui t'ont jeté le sang de Septembre au visage ? demanda Saint-Just ironiquement.

En ce moment l'officieux frappa à la porte, l'ouvrit et dit à Saint-Just :

— La citoyenne Duclos demande à te parler.

C'était, en ce moment, une diversion inattendue. Saint-Just venait en effet de porter à Danton un coup droit.

Mais la Duclos chez Saint-Just, cette actrice chez le farouche représentant qui faisait trembler les armées, cette fille chez ce jeune homme austère, cela fournissait à Danton une riposte.

— Ah! s'écria-t-il, riant de la revanche qu'il tenait, la Duclos chez Saint-Just! Qu'en penseraient les Jacobins?

Et son rire large et puissant irrita l'oreille délicate de Robespierre.

Les airs hautains de Saint-Just avaient surexcité Danton.

Aussi venait-il de saisir avec une âpre joie l'occasion de jeter la Duclos à la figure de Saint-Just.

La riposte de celui-ci fut très digne.

Il dit à son officieux :

— Tu répondras à cette fille que, ne la connaissant que de réputation, je ne veux pas la recevoir.

Et il congédia l'officieux.

Puis, rendu impitoyable et agressif par l'insinuation de Danton, il lui dit :

— Tu te demandes ce que les Jacobins penseront de la visite de cette femme! Ils me croiront quand je leur dirai que je ne l'ai jamais vue. Mais les Girondins ne te croiront jamais, toi, quand tu te défendras contre eux. Et ils finiront par prendre ta tête, après t'avoir pris ton honneur.

Danton se rappela les accusations dont les Girondins avaient fait retentir la tribune contre lui.

La riposte de Saint-Just était écrasante ; il en fut abattu.

— Je conviens, dit-il, que les Girondins m'exècrent et veulent me perdre! Toutefois, à moi qui porte déjà la responsabilité des massacres de Septembre, il répugne de prendre celle que vous voulez m'imposer.

— Nous savons pourquoi, dit Robespierre de sa voix cassante.

— Ah ! fit Danton en tressaillant.

— Tu te remaries ! dit Robespierre. Ta fiancée est royaliste et dévote. On t'accorde la jeune fille à la condition de te marier devant un prêtre réfractaire et tu y consentiras...

— Oui, dit Saint-Just. Tu feras le saut dans le bénitier.

Danton pâlit.

Il espérait que le secret de cette lâcheté était bien gardé.

La première femme de Danton était morte quelque temps auparavant, morte de chagrin et de terreur.

Elle vivait dans l'épouvante du rôle sanglant de Danton, avec une fièvre de jalousie qui la minait, car elle n'ignorait rien des fougueuses passions de son mari pour les actrices et les filles.

Se sentant mourir lentement, elle avait remarqué qu'une jeune fille, une enfant de seize ans, dont le père était commis à la guerre, exerçait sur Danton un certain pouvoir de fascination ; la famille était catholique, la jeune fille était dévote. Madame Danton, amie de la mère, l'amena à consentir au mariage, après sa mort ; elle fit jurer à son mari d'épouser mademoiselle Gély trois mois après son veuvage.

Elle rendit le dernier soupir en l'absence de Danton, parti en mission. Celui-ci, à son retour, profondément touché en lisant les dernières volontés de sa femme, se sentit saisi d'un sentiment violent et confus ; ses regrets s'exaltèrent ; il eut le remords de ses orgies bruyantes et le désespoir d'avoir inspiré tant de terreur à cette femme qui l'adorait.

Elle aussi avait été étouffée par ce sang de Septembre qu'on reprochait toujours à son mari.

Il avait fait exhumer sa femme et il s'était enfermé pendant de longues heures avec le cercueil. En agissant ainsi, il avait cédé à l'un des fougueux élans de sa nature ; puis il avait voulu accomplir les volontés de sa femme.

Mais la famille de sa fiancée avait imposé, comme condition, le mariage devant un prêtre non assermenté, et Danton y avait consenti. Cette première défaillance explique toutes les autres.

Deux phrases le peignent tout entier à cette dernière période de sa vie. Comme on lui reprochait de comploter, il s'écria :

— *Comment peut-on croire aux conspirations d'un homme qui s'acharne chaque nuit à l'amour?* (Michelet.)

Puis enfin, il jetta ce cri de lassitude :

J'aime mieux être guillotiné que guillotineur.

En ce moment, il n'en avait pas encore pris son parti ; il redoutait le scandale des révélations et tenait à raffermir sa popularité ébranlée. Mais Saint-Just continuait l'attaque avec âpreté, et sans lui laisser un instant de trêve, il reprit :

— En admettant que les Girondins ne t'imputent pas à crime ton mariage catholique, ils t'accableront comme dilapidateur des deniers publics.

Danton fit mine de protester.

— Ose nier, s'écria Saint-Just, d'avoir gaspillé et dépensé en orgies, avec ton collègue Lacroix, quatre millions à vous confiés pour révolutionner la Belgique.

— Toujours la calomnie, dit Danton.

Robespierre intervint.

— J'ai là, dit-il d'un son de voix flûtée, les comptes de Cambon prouvant que vous ne pouvez justifier de quinze cent mille francs au moins. De plus, j'ai le détail énorme de vos dépenses personnelles. Vous avez vécu là-bas en proconsuls romains !

La main sèche de Robespierre secouait des liasses de cahiers.

Danton connaissait la redoutable exactitude de Cambon en matière de chiffres ; la probité de ce grand ministre des assignats était connue ; s'il accusait Danton, on le croirait.

— J'ai dû employer secrètement des sommes considérables ! dit Danton.

Saint-Just haussa les épaules et dit :

— Personne n'ajoutera foi à tes explications, si nous te laissons seul aux prises avec les Jacobins. D'autant plus que nous y joindrons la preuve de ta trahison, lorsque, voulant reprendre le rôle de Mirabeau, tu as cherché à te vendre à la cour. Tu as écrit une lettre qui te condamne. L'ex-ministre de la marine royale, Bertrand de Molleville, possesseur de cette lettre, l'a remise au ministre Garat qui te l'a rendue.

— Preuve anéantie ! dit Danton, haletant.

— Erreur ! Tu as eu l'imprudence de garder cette lettre. La voici ! Avec ton désordre accoutumé, tu l'as perdue. Faut-il la lire, ce soir, à la séance des Jacobins.

— Vous vous faites voleurs pour me perdre ! dit Danton qui sentit l'impossibilité de lutter.

— Je veux te sauver, dit Saint-Just, et je dédaigne ton insulte. Si tu te joins franchement à nous, si tu débarrasses la Convention des Girondins qui entravent la marche de la Révolution, si tu nous aides à appliquer les mesures de salut public, qui permettront à la République d'écraser l'ennemi à l'extérieur et à l'intérieur, si tu restes fidèle au pacte que nous allons conclure, nous laisserons dormir ton passé, nous jetterons un voile sur tes faiblesses présentes, nous oublierons l'homme pour ne voir que le patriote ! Et tu accepteras cette offre de concorde et d'union entre nous, Jacobins, et vous, Cordeliers, parce que, malgré tout, Danton, tu es un grand citoyen, et que, de notre alliance, dépend le sort de la nation.

Et Saint-Just tendit généreusement sa main à Danton qui la saisit franchement.

Robespierre, froid et réservé, était incapable d'une démonstration émue ; il dit tranquillement, d'un air doux et caressant :

— Maintenant que nous nous entendons, tenons conseil.

Et c'est dans cette entrevue mémorable que furent décidés ces grands mouvements populaires qui aboutirent à l'insurrection du 31 mai, à la chute des Girondins ; c'est alors que furent prises les mesures violentes qui inaugurèrent en France l'ère de la Terreur.

Les triumvirs étaient arrivés à discuter sur ce qu'il y avait à faire en Vendée. Les armées du Marais, du Bocage et de l'Anjou, réunies aux chouans de Bretagne, formaient une masse de trois cent mille insurgés.

— Encore, dit Robespierre, si nous avions de bons espions ! Mais nous sommes mal renseignés. Tous ceux que nous employons sont des traîtres ou des maladroits.

— Parce que, dit Danton, vous ne savez pas choisir. Vous employez les hommes qui sont bons tout au plus à observer un camp et à prévenir un général qu'il sera attaqué le lendemain. Mais si vous voulez pénétrer dans les conseils de l'ennemi, connaître tous ses projets, toutes ses intrigues, croyez-le, choisissez des femmes pour émissaires.

— Où les trouver ? fit Saint-Just.

Danton sourit.

— Laisse-les venir à toi ! dit-il. Ta beauté et ta réputation les attireront sûrement ! Le meilleur espion que tu puisses envoyer en ce moment, ce serait la Duclos, que tu viens de chasser.

Sur ce mot, la porte s'ouvrit et l'officieux annonça :

— Citoyen, la fille du municipal Sauveur massacré en Vendée demande à être reçue par toi.

Danton regarda Saint-Just qui interrogea Robespierre d'un coup.

— Faites entrer ! dit celui-ci.

Pour des républicains, pour des patriotes, la fille de Sauveur était de celles que des hommes de cœur devaient secourir et protéger.

Sauveur était un des membres de la municipalité de la Roche-Bernard ; une bande de Vendéens s'étaient emparés de cette commune et, après l'avoir mise à feu et à sang, ils avaient cloué Sauveur à un mur et l'avaient torturé pour lui faire crier : Vive le Roy !

Pendant sept heures, ce martyr subit des supplices atroces et il mourut enfin en criant : Vive la République ! ce qui le sauva d'une plus longue agonie, car, exaspéré par le cri, un des bourreaux lui fendit le crâne d'un coup de hache.

Saint-Just ne pouvait refuser de recevoir la fille de cet homme.

Elle entra.

Grande, belle sous son voile de deuil, très ferme d'attitude, elle portait le costume des paysannes vendéennes de la classe aisée ; mais il se dégageait d'elle ce je ne sais quoi d'élégant, de fier, de charmant qui dénonce une femme supérieure et l'impose.

Robespierre qui se croyait l'âme tendre, Danton qui était galant et Saint-Just qui était poli, se levèrent et firent asseoir la citoyenne Sauveur. Robespierre lui offrit, si elle était sans asile, d'habiter chez le menuisier Dupley, père de sa fiancée ; Danton jurait à la jeune fille que la République la vengerait ; Saint-Just se taisait.

— Citoyen, dit mademoiselle Sauveur à Robespierre d'une voix calme, je te remercie, car je vais repartir pour la Vendée.

A Danton :

— Les républicains ne peuvent punir les coupables, puisque les Vendéens sont plus forts qu'eux et les bravent! Partout ces bandits sont en nombre et massacrent les patriotes. Dix-sept gardes nationaux ont été brûlés vifs à Pontivy. Des villages entiers sont incendiés parce qu'ils tiennent pour la Révolution. Mais ce que vous ignorez, citoyens, ce que je viens vous apprendre, c'est qu'il a été décidé qu'un prince irait prendre le commandement général des armées et des bandes et donnerait de l'unité aux opérations.

— Comment savez-vous cela? demanda Saint-Just.

— Comme je sais beaucoup d'autres choses et comme j'en saurai beaucoup d'autres encore qui vous seront utiles. Je sais ce qui s'est dit entre Pache, Saint-Just et Robespierre, à Charenton, il y a huit jours. Je savais ce qui devait se dire ici entre Danton et vous. C'est pourquoi je suis venue. Je sais, d'autre part, quel prêtre non assermenté l'on veut donner à Danton pour confesseur.

— Pour confesseur!... s'écria Robespierre.

— Oui... pour confesseur... Il n'épousera pas mademoiselle Gély sans une absolution en bonne forme. Et je lui conseille d'accepter n'importe quel prêtre, excepté l'abbé Janson que l'on cherche à lui imposer.

— Ni celui-là, ni un autre! dit Danton.

Mademoiselle Sauveur laissa tomber cette protestation de Danton, et reprit :

— Vous vous demandez pourquoi je suis venue et ce que je veux... Je veux venger mon père moi-même, en faisant fusiller moi-même, par les Vendéens eux-mêmes à défaut des républicains, tous ceux qui ont torturé mon père. Je veux me venger aussi des nobles, parce qu'ils sont pourris et pourrissent la nation ; des prêtres, parce qu'ils sont hypocrites et parce que l'autel soutient le trône.

Et comme ses trois auditeurs s'entre-regardaient, mademoiselle Sauveur dit :

— Vous vous demandez comment une petite paysanne vendéenne peut vous parler ainsi. C'est que cette paysanne, cette fille de Sauveur, est la Duclos.

Elle releva son voile et les trois représentants éprouvèrent une sensation différente.

Danton sourit, Robespierre se pinça les lèvres, Saint-Just fronça les sourcils.

— Messieurs, dit résolument la Duclos, laissez de côté soupçons, mépris, défiance. Écoutez-moi et jugez-moi. Savez-vous pourquoi mon père est mort avec tant de courage pour la République après avoir défendu la Révolution avec tant d'énergie? C'est parce que sa fille lui a été enlevée à treize ans par un de ces grands seigneurs auxquels tout est permis. Parce que cette fille, il la retrouva quatre ans plus tard. Parce que rien ne pouvait plus l'arracher au vice. Je ne pouvais plus être mademoiselle Sauveur, puisque j'étais déjà la Duclos. Depuis cette entrevue avec mon père, qui fut profondément triste, je pris en haine et en mépris la noblesse. De là ces traits étranges que l'on cite de moi et qui passent pour des fantaisies. Vous vous rappelez ce souper célèbre chez la Duthé, où des princes du sang, nos amants, nous servirent en laquais et nous reconduisirent derrière nos carrosses. C'est moi qui donnai à la Duthé cette idée de mascarade avilissante, qui déshonora, par la livrée, les épaules de Leurs Altesses Royales. Fouillez ma vie! Vous y verrez toujours le besoin d'humilier, de ridiculiser et de ruiner mes amants. J'obéissais, du reste, en ceci, à l'instinct des filles qui sentent leur ignominie, se souviennent de leur première chute et se vengent du paradis perdu en faisant une vie d'enfer à leurs entreteneurs.

Robespierre écoutait curieusement. Danton faisait signe à Saint-Just qu'il pouvait en croire la Duclos.

Celle-ci reprit :

— Je passe pour royaliste parce que ces dames de la Comédie-Française le sont; vous les avez emprisonnées, du reste. A vrai dire, j'étais indifférente ou à peu près, quoique recevant les confidences de tous ceux qui conspirent ici : mes amants m'ont livré tous leurs secrets, ce qui vous explique comment j'ai appris tant de choses.

— Qui nous trahit à Charenton? demanda Roberpierre.

— Je ne puis vous le révéler et cependant vous allez le savoir avant peu. Auparavant, laissez-moi vous dire comment je suis devenue républicaine. En apprenant la mort de mon père, j'ai reçu de lui des lettres déchirantes qu'il écrivait dans ses heures de désespoir et qu'il ne m'envoya jamais. Les voici. C'est l'ami de mon père, Baco, le maire de Nantes, qui les a trouvées et qui, en venant solliciter les secours de la Convention pour sa ville menacée, me les a apportées. Quand vous aurez lu ces lettres, vous comprendrez ce qui s'est passé en moi.

Quand j'ai revu mon père, à dix-sept ans, je ne le compris pas. J'étais dans l'étourdissement. Je pleurais de son chagrin, mais je ne voulais pas, je ne pouvais pas retourner chez nous, au village. On ne se refait pas une virginité quand on a déjà scandalisé Paris par des aventures retentissantes. Mais cette mort de mon père et ses lettres m'ont bouleversée. J'aurais vécu près de lui, je me serais mariée honnêtement, il n'aurait pas couru au-devant de ses bourreaux, il ne les aurait pas provoqués comme il a fait, s'il m'avait conservée là, à ses côtés. J'ai le remords, donc j'ai la haine. Je me rappelle en frémissant cette toute-puissance du grand seigneur qui m'enleva et me cacha sans que personne osât prendre parti pour mon père. Je me rappelle le couvent où l'on me jeta ensuite; l'aumônier qui, après la violence brutale du noble, me fit subir l'obsession du prêtre! L'horreur me saisit quand je pense à ces Vendéens qui veulent rétablir trône, autel et privilèges. Je viens vous avertir que je pars pour venger mon père sur ces bourreaux ; un de ses amis, Baco, m'en a donné la liste. Je ne vous demande rien, mais je vous offre mes services.

— Lesquels ? demanda Robespierre.

— Ceux que peut rendre une courtisane dont des chefs dissolus se disputeront les faveurs. Je serai votre espionne et leur pomme de discorde. Remarquez que vous ne vous engagez à rien et en rien. Le pacte que je vous propose n'oblige que moi et le sang de mon père le scelle.

Saint-Just regarda en face cette belle jeune femme, et il lut dans ses yeux l'entière franchise.

— Mademoiselle, dit-il, j'ai foi en vous !

Danton était gagné depuis longtemps. Cela était visible.

Seul, Robespierre hésitait.

Mademoiselle Duclos, qui avait infiniment d'esprit et de pénétration, lui dit en souriant :

— Vous pensez, citoyen, que pour une actrice de ma force, jouer une comédie c'est facile. Vous verrez Baco, le maire de Nantes, qui vous attestera la vérité des faits. Après avoir lu les lettres de mon père, un seul doute pourrait vous rester. Vous vous demanderiez peut-être si j'ai l'énergie nécessaire pour exécuter mes projets. Vous allez en juger.

Elle se leva, ouvrit la porte et la referma brusquement derrière elle, laissant les trois représentants surpris par cette brusque sortie.

Presque au même instant, on entendait un coup de feu, un cri, un second coup de feu et la lourde chute d'un corps sur le plancher de l'antichambre.

Saint-Just, qui s'était précipité le premier dans l'antichambre, vit avec stupeur Joseph, son officieux, étendu raide mort dans une mare de sang.

Mademoiselle Duclos, un peu pâle, mais très calme, tenait encore en main un pistolet à deux coups, très court, mais de fort calibre, un chef-d'œuvre de l'armurerie d'alors.

Danton regardait tour à tour Saint-Just, le cadavre et l'actrice, puis il chercha des yeux Robespierre.

Celui-ci n'était pas encore sorti de la chambre.

C'était un nerveux, un tourmenté.

Il craignait le fer et le feu des assassins, comme on disait dans le style de l'époque; il se croyait voué aux poignards et aux balles.

Ces deux coups de feu inattendus l'avaient fortement secoué; il était pris à l'improviste, mais il vainquit son tempérament rebelle, domina ses nerfs et quand Danton mit la tête à la porte pour l'appeler, Danton vit Robespierre serrant avec ordre et méthode les précieux papiers épars sur la table.

— Qu'y a-t-il donc? demanda Robespierre d'un air imperturbable.

— Joseph vient d'être assassiné! dit Danton.

Un imperceptible tremblement secoua Robespierre, mais, absolument maître de lui, il passa dans l'antichambre.

De ces trois hommes, c'était lui qui était bien le maître. Il regarda sévèrement mademoiselle Duclos et l'interrogea.

— Pourquoi ce meurtre?

— Parce que, dit la jeune femme, cet homme trahissait. Vous m'avez demandé comment je savais ce qui se passait dans vos conciliabules de Charenton. C'est lui qui écoutait aux portes et vendait vos secrets aux émissaires des princes.

— La preuve?

— Voici deux lettres.

Robespierre et Saint-Just, après vérification, furent convaincus.

— Cet homme était un scélérat! dit Saint-Just. Je l'ai sauvé de la misère la plus noire, traité en ami, défendu en frère. Je lui ai sauvé la vie en le retirant du Rhin. J'aurais dû le mépriser, il était lâche.

— C'est pour cela que tu l'aimais ! dit mademoiselle Duclos. Il était l'ombre de ta lumière, ton repoussoir. C'est ainsi qu'une jolie femme a toujours une amie laide pour faire valoir sa beauté.

Robespierre ne goûta pas ces remarques philosophiques ; la désinvolture de mademoiselle Duclos le choquait.

— Je crois, dit-il, à la culpabilité de cet homme. Mais nul n'a le droit de se substituer à la loi ! Il fallait dénoncer cet individu dont le tribunal eût fait justice.

Mademoiselle Duclos sourit en regardant Danton ; elle trouvait Robespierre ridicule dans ce rôle de procureur.

— Je ne pouvais dénoncer ce misérable, dit-elle. J'y avais engagé ma parole d'*honnête homme*. Je ne pouvais pas le laisser vivre, il eût continué à trahir Saint-Just et il m'eût dénoncée moi-même. Un procès, devant le tribunal révolutionnaire, si expéditif qu'il fût, eût été un danger ; on trouve toujours un geôlier ou un valet de bourreau à qui confier que la Duclos s'est faite l'espionne des républicains. Et l'on m'aurait fusillée là-bas au coin d'un bois, comme une louve enragée. Je ne vous comprends pas, du reste. Au nom du saint public, vous guillotinez des milliers de citoyens et vous paraissez atterrés par la vue de ce cadavre ! A cet acte de justice, il manque les formes judiciaires et vous voilà troublés ! Ah ! tenez, vous êtes bien petits pour être de grands hommes d'État !

A Robespierre, directement :

— Vas-tu me jeter en prison, moi la fille de Sauveur qui viens d'assurer le succès de mon œuvre en supprimant ce Joseph, le plus vil des laquais que j'aie jamais rencontrés ?

Puis, pour bien éclairer l'acte qu'elle avait accompli, elle raconta tout ce qui s'était passé jusqu'au moment où Saint-Just avait refusé de la recevoir.

— J'avais prévu, dit-elle, cet affront que la Duclos méritait peut-être. J'ai envoyé Joseph chercher ce costume de paysanne vendéenne, en bas, dans ma voiture, et je l'ai jeté par-dessus l'autre. Eh bien! ce misérable qui me croyait toujours royaliste, voyant ce déguisement, me trouvant de la résolution dans le regard, s'étant aperçu que j'avais un pistolet, s'imaginant que je venais assassiner son maître, me dit : ne le manquez pas !

— Voilà, dit Danton, la reconnaissance d'un valet.

Robespierre, qui avait étudié le droit, qui était légiste, qui le fut jusqu'au bout, ne se rendait pas encore.

— Il faudra pourtant, dit-il, que l'on rende compte de ce cadavre à la justice !

Mais Saint-Just, tout respectueux qu'il fût de Robespierre, avait parfois des révoltes contre les arguties de son maître.

— Le cadavre, dit-il, sera enterré cette nuit. Je ferai dresser secrètement par les magistrats de la section un procès-verbal de suicide et le silence se fera sur cette mort. C'est ce qui convient le mieux.

— Mais... voulut dire Robespierre.

— A quoi bon discuter, fit observer Danton. Plus je creuse la question, plus je trouve que mademoiselle Duclos a bien fait. Du moment où elle avait été obligée de donner à ce Joseph parole de ne pas le dénoncer, elle n'avait d'autres ressources que de lui brûler la cervelle. Et puis, somme toute, elle va partir après nous avoir complètement rassurés sur la virilité de son caractère. Et j'estime que c'est quelque chose que de pouvoir compter sur l'énergie d'un agent.

— Soit ! dit Robespierre. Mais, avant de quitter Paris, je prierai la citoyenne Duclos de nous faire connaître tous les espions des princes dont elle sait les noms et les adresses.

Mademoiselle Duclos toisa Robespierre d'un air si hautain, il y avait tant de dignité offensée dans le regard qu'elle fit peser sur lui, qu'il en fut embarrassé.

— Monsieur, dit-elle, je suis une courtisane, c'est vrai, une actrice de mœurs libres; mais j'ai le sentiment de l'honneur, et ce que vous me demandez est une infamie. Avant la mort de mon père, liée au monde royaliste, j'ai reçu les confidences de mes amants et de mes amis. Vous dire leurs noms, ce serait trahir. Je ne suis à la République qu'à partir du jour où mon père est mort, nous n'avons conclu notre pacte qu'aujourd'hui; mes services ne dateront que de la mort de cet homme.

Robespierre n'admettait pas que rien au monde pût fermer la bouche de quiconque savait le nom d'un conspirateur; il voulut tenter de prouver à mademoiselle Duclos qu'elle devait parler.

Mais Saint-Just intervint encore.

— Il faut respecter la loyauté de la citoyenne Duclos, dit-il. Je l'approuve et j'estime que ses scrupules sont très honorables pour elle et très rassurants pour nous.

— Je ne comprends même pas que Robespierre insiste! dit Danton.

Mademoiselle Duclos les remercia tous deux d'une de ces révérences comme on n'en faisait plus qu'au Théâtre-Français depuis que la cour n'existait plus.

Robespierre, plus froissé, plus irrité, qu'il ne l'eût voulu paraître, dit à Saint-Just :

— Puisque tu as confiance dans le civisme de la citoyenne Duclos, je te laisse prendre la responsabilité de cette affaire. Nous nous reverrons tous trois à la Convention.

Il prit congé de ses collègues, n'accordant à mademoiselle Duclos que ce que commandait la stricte politesse; celle-ci lui répondit par un salut plein de réserve.

— Me voilà un ennemi puissant! dit-elle.

— Rassurez-vous, fit Saint-Just en riant, je vous défendrai. Du reste, Robespierre est juste et il finira par vous apprécier.

— En aura-t-il le temps avant d'être guillotiné ?

Danton tressaillit.

— Guillotiné ! fit-il.

— Je suis convaincue, dit mademoiselle Duclos, que nous sommes tous quatre voués à une mort prompte. J'ai entendu un soir, il y a de cela cinq ans, un homme d'infiniment de science et d'esprit, définir la marche future de la Révolution, et jusqu'ici il a eu terriblement raison. Je l'ai consulté il y a quelques jours et il m'a prédit la mort des Girondins, puis celle des Cordeliers, puis celle des Hébertistes, enfin celle des Jacobins. Quand on entend ses raisonnements, on comprend que c'est forcé, que c'est fatal.

— Possible ! fit Danton insouciant.

— Probable ! dit Saint-Just gravement.

— Mais, demanda Danton, je ne vois pas, mademoiselle, que votre place soit marquée sur l'échafaud !

— Oh ! moi, mon œuvre finie, je saurai disparaître.

— Pourquoi ?

— Parce que maintenant la citoyenne méprise la courtisane, parce que, ma vengeance satisfaite, ma vie sera vide, puisque je ne pourrai y mettre l'amour d'un honnête homme !

Ainsi, cette fille se désespérait parce qu'elle n'avait nul espoir d'épouser un homme honorable.

Ce cri de conscience chez la Duclos fut pour Saint-Just une révélation.

Saisi à vingt ans dans l'engrenage politique le plus puissant, absorbé dans sa passion exclusive pour la République, entraîné avec une prodigieuse rapidité dans le tourbillon de la machine révolutionnaire, Saint-Just très jeune encore n'avait pas vécu.

Il avait un idéal de République pure et sévère où la loi puissante et implacable ferait les mœurs rigides.

De là un mépris profond pour les courtisanes.

Il ne savait pas que, victimes du tempérament, de l'hystérie, subissant des fatalités de race ou de milieu, les pires prostituées conservent une aspiration très vive vers la maternité honorable et qu'elles rêvent toutes d'un amour vrai.

Je n'oserais pas dire que Saint-Just n'avait pas lu Manon Lescaut ; mais certainement il ne l'avait point comprise.

Et voilà que soudain, devant lui, se dressait le sphinx féminin, l'être inexplicable, posant inconsciemment au penseur ses questions redoutables.

Cette Duclos, créature admirable, souillée mais superbe, vicieuse et martyre, perdue dans la fange, au fond de l'abîme, venait d'avoir un cri sublime, un noble élan vers la pure lumière, vers l'amour chaste. Le feu sacré brûlait donc encore dans cette poitrine de courtisane !

Saint-Just se sentit touché.

Comment, après tant d'orgies, elle avait le regret de la virginité ! Elle en portait le deuil au fond du cœur ! Elle allait se réhabiliter comme fille, et, ne pouvant se réhabiliter comme femme ; elle chercherait la suprême purification dans une mort héroïque !

Voilà qui bouleversait les idées de Saint-Just, pétri tout comme un autre et plus qu'un autre des préjugés de son temps !

Il se prit à regarder la Duclos d'un autre air et peu à peu elle lui apparut sous d'autres traits.

La courtisane disparaissait pour faire place à mademoiselle Sauveur.

Au lieu d'une coupable, il ne voyait plus qu'une victime.

Puis la beauté de cette jeune femme s'imposait à lui ;

ces lignes riches et harmonieuses qui charmaient le regard, cette voix dont chaque parole était une caresse, ce regard pénétrant qui jaillissait de deux grands yeux limpides, ces parfums féminins capiteux et enivrants, ce chef-d'œuvre enfin de grâce et de séduction exerçait son irrésistible fascination.

Puis, retour inattendu de pudeur, après avoir jeté ce cri de désespoir : « Quel honnête homme m'épouserait ? » la Duclos rougit avec une candeur de fillette et ses seins de déesse, gonflés par l'émotion, soulevèrent sa gorgerette.

Orage ravissant du cœur !

Saint-Just eût pu se croire en face d'une ingénue, tant il y avait de jeunesse et de sincérité dans ce trouble délicieux. Il voulut la calmer, s'y prit gauchement et dit avec assez d'embarras :

— Citoyenne, tu désespères à tort ! Ton dévouement effacera le passé ! Tu épouseras un républicain honnête qui...

Elle s'était mise à le regarder si étrangement qu'il n'acheva pas cette phrase d'une déplorable banalité. D'autre part, il avait cherché comme un appui chez Danton dans l'approbation provoquée d'un coup d'œil, mais le large masque de Danton s'était épanoui dans un sourire railleur qui ne pouvait laisser aucun doute à Saint-Just sur ce que le grand tribun pensait de cette phrase malencontreuse.

La Duclos, du reste, la releva avec une franchise étrange, brutale même, mais brutale pour elle seule :

— Oui, je sais... fit-elle, je le connais ce mariage dont tu parles ! Un mari vulgaire, de ceux qu'on remue à la pelle ! Un rustre enchanté d'épouser une belle femme, un imbécile que je haïrais et qui ferait mon supplice, si je faisais mon devoir. Crois-tu, citoyen Saint-Just, que ce soit là mon rêve ! Quand je dis « un honnête homme », j'entends un galant homme que je pourrais admirer, adorer à deux genoux ! Car le mariage sans l'amour, c'est une prostitution pire que l'autre ! Et l'homme que j'aimerais je ne l'aurai jamais...

A Danton avec une familiarité qui étonna Saint-Just :
— Tu me comprends, toi, n'est-ce pas citoyen Danton ?
— Oui, ma fille ! dit paternellement le tribun.

A Saint-Just :
— De bonne foi, elle est trop belle, trop intelligente, trop artiste, pour ne pas être un morceau de roi. Lui proposer le premier républicain venu, c'est ridicule ; conviens-en. Du moment où ni toi, ni moi, aucun autre nous valant, ne peut l'épouser, il est évident qu'elle resterait fille ; elle est condamnée au célibat tout comme une religieuse.

— Se marier dans certaines conditions, dit la Duclos, pour une grande courtisane, c'est se mésallier !

Puis, voyant Saint-Just étourdi par ce mot, craignant de l'irriter en prolongeant cette conversation où il brillait peu, lassée du reste par cette scène où elle suivait son rôle, la grande actrice dit en montrant le cadavre de Joseph :

— Je te prie, Danton, pour ma sécurité là-bas, en Vendée, de veiller à ce que l'histoire du suicide de l'officieux de Saint-Just soit bien racontée. Il faut que ce soit dramatique, mais vraisemblable. Il ne s'agit pas seulement de tromper les badauds de Paris, mais surtout de donner le change aux espions des princes.

— Je raconterai à Camille Desmoulins, dit Danton, comment nous avons surpris le drôle écoutant aux portes, comment nous lui avons fait avouer ses trahisons, comment Saint-Just lui a mis le pistolet à la main. Nous aurons même une phrase à effet pour Saint-Just. Il sera censé avoir dit : « Fais-toi justice, misérable. » Sur ce, coups de pistolet, mort du traître et chute du rideau ! La pièce machinée comme cela vous va-t-elle, mademoiselle ?

— Oui, dit la Duclos.

— Décidément, fit Saint-Just un peu piqué, tu étais né pour être auteur dramatique comme Collot-d'Herbois !

— N'échangeons pas de compliments désagréables, dit Danton. Convenons plutôt de ce qu'il faut faire.

A la Duclos :

— Pour partir, citoyenne, il te faut un sauf-conduit, je te le ferai porter ce soir chez toi !

— Eh bien, citoyenne, il ne me reste plus qu'à te souhaiter bonne chance et à t'embrasser de bon cœur.

Elle tendit ses joues à Danton qui y mit deux baisers qu'elle lui rendit avec un franc mouvement de sympathie ; car Danton était, malgré sa laideur, un mâle attractif.

— Citoyen, lui dit-elle, au revoir, mais sans grande espérance. Je vais jouer une partie chanceuse ! Je compte sur toi, si tu me survis, pour dire un jour que la Duclos valait mieux que sa réputation.

A Saint-Just :

— Citoyen, tu verras Baco, le maire de Nantes, et tu resteras en relations avec lui. Lorsque j'aurai rendu quelques grands services à la Révolution, je te prie de m'envoyer ta poignée de mains de camarade par mon ami Baco.

— Mademoiselle, la voici !

Mademoiselle Sauveur prit la main de Saint-Just, la baisa et sortit laissant deviner un trouble profond.

— Ah ! fit Danton. Comme elle t'aime !

— Moi ? fit Saint-Just.

— Eh oui ! C'est surtout pour toi qu'elle a tué cet homme. Et si elle revient, garde-toi d'elle, car tu finirais par l'aimer !

Il sortit, laissant Saint-Just rêvant et pensant à tout autre chose qu'au cadavre qu'il avait sous les yeux.

CHAPITRE PREMIER

LES FANTAISIES DE CHARETTE

Le 10 juin 1793, les Vendéens ont pris Saumur; ils l'occupent depuis quarante-huit heures et ils se sont signalés par des vengeances atroces. Ils ont tué, brûlé, violé : ils ont volé surtout, beaucoup volé. C'est Cathelineau, un honnête homme pourtant, qui commande ou qui est censé commander.. Il n'a pu empêcher le massacre.

Enfin, après deux jours de sang et de feu, l'ordre règne à peu près sur les ruines de Saumur; les principaux chefs de bandes se sont établis, çà et là dans la ville, ils se font garder par l'élite de leurs troupes et ils protègent tant bien que mal le quartier qu'ils occupent.

Lescure, avec l'abbé Bernier, sont installés sur la grande place, dans l'hôtel du *Pigeon-Blanc*.

Presque en face, dans l'auberge du *Cheval d'Argent*, se trouve le chevalier de Fonbonne, qui a sous ses ordres une compagnie quasi régulière de deux cents hommes, presque tous anciens soldats. Ils pillent comme les autres et même plus savamment que les autres; ils vivent de maraudage et de rapines tout comme les bandes de

Charette, mais ils ne se dispersent jamais et ils restent sous la main du chef, étant soldés par lui.

D'où Fonbonne tirait-il l'argent, lui qui était gueux comme un rat d'église avant l'émigration?

Personne n'en savait rien.

Comment pouvait-il entretenir la Duclos si, comme cela semblait évident, la Duclos était sa maîtresse?

Stofflet, une méchante langue, un garde-chasse devenu chef, prétendait que c'était, au contraire, la Duclos qui entretenait le chevalier et que c'était elle qui, en réalité, commandait la compagnie Fonbonne.

Mais, pour avoir trop fréquenté l'officier au temps de sa domesticité, Stofflet passait pour avoir le caractère bas, vil, haineux, des domestiques qui inventent des racontars sur les gens de qualité.

Toujours est-il que les nombreux gentilshommes de l'armée vendéenne enviaient le bonheur présumé de Fonbonne; que les paysans respectaient fort la *Grande Garse*, tel était le nom qu'ils donnaient à la Duclos; nom historique qui n'entraînait aucune idée de mépris; car, dans leur patois, garse est le féminin de gars, et grande garse équivalait à grande demoiselle.

La beauté de la Duclos charmait tout le monde, et sa bravoure au feu était légendaire dans l'armée.

De là, grand respect.

C'était une situation singulière que la sienne.

Elle servait le roi tout comme un gentilhomme et elle était dans les rangs des Vendéens le pendant de Théroigne de Méricourt dans les rangs républicains.

Pour le moment, elle soupait, car il se faisait tard et la nuit tombait, elle soupait même assez convenablement dans l'auberge où elle s'était installée.

Comme elle avait fait respecter par ses hommes la vie de l'hôte, son vin, ses biens, sa femme et ses filles, celui-ci, en retour, nourrissait chefs et soldats plantureusement.

La Duclos mangeait seule, toujours seule !

Cela semblait bien un peu étrange et faisait douter du bonheur de Fonbonne ; mais comment croire à la chasteté d'une courtisane ?

Dans tout ceci, pourtant, il y avait mystère et étrangeté !

L'hôtel était occupé et gardé militairement, avec poste sous les armes et sentinelles devant les portes.

Fonbonne ne badinait pas sur la discipline ; la Duclos encore moins. C'était, du reste, un exemple peu suivi dans les armées vendéennes.

La Duclos s'était présentée à l'abbé Bernier avec une lettre du comte de Provence qui l'accréditait, la recommandait chaudement et affirmait qu'elle rendrait de signalés services.

Ces services, l'armée croyait les connaître, l'ayant vu se battre en héroïne ; les chefs seuls savaient qu'elle entretenait des espions chez les républicains.

Comme elle terminait son repas, sa femme de chambre, car elle avait une femme de chambre, vint lui apporter un mot écrit au crayon, disant que celui qui faisait passer son nom était en bas.

— Qu'il entre ! dit-elle.

Celui qui se présentait ressemblait à s'y méprendre au premier paysan vendéen venu ; il portait le même costume ; il était accoutré et armé de la même façon.

Un sergent l'accompagnait avec deux hommes.

— Mademoiselle, dit le sergent, en l'absence du capitaine Fonbonne j'ai cru bien faire en vous amenant cet homme qui a demandé à vous parler.

— Bien ! fit la Duclos. Allez, sergent !

Et toisant l'homme :

— Que voulez-vous ?

Celui-ci parut hésiter, puis il se décida à dire, avec l'accent vendéen et dans le patois du pays :

— Il paraît, mademoiselle, qu'en prononçant un certain mot devant vous, vous savez de la part de qui l'on vient vous trouver ?

— Oui. Dites le mot! Baissez la voix!

— Sauveur !...

— C'est bien! Vous venez de la part de Bourbotte, le représentant du peuple qui commandait dans Saumur?

— Oui, mademoiselle ! Et Bourbotte m'a choisi parce que, né en Vendée, j'en parle le patois.

— Et vous êtes?

— Officier républicain. Je me suis risqué à venir vous trouver sous ce déguisement.

— Vous avez bien fait. Que veut de moi Bourbotte?

L'officier, qui savait à quoi s'en tenir sur mademoiselle Duclos, lui dit :

— Le citoyen Bourbotte, après les victoires des Vendéens et la prise de Saumur, croit que vous seule pouvez sauver Paris. La situation est terrible. Tous les renforts dont la Convention a pu disposer sont aux frontières où les Autrichiens viennent d'infliger de graves échecs à nos généraux. Les chefs vendéens veulent marcher sur Paris.

Si leur projet se réalise, avant huit jours, ils auront poussé leurs avant-gardes jusqu'en vue de Montmartre et leurs éclaireurs contempleront Paris du haut du Mont-Valérien. A moins que vous ne trouviez le moyen de détourner cet orage, c'en est fait de la République.

Mademoiselle Duclos se mit à sourire :

— Rassurez-vous, dit-elle, et rassurez Bourbotte. Les Vendéens ne sont pas en mesure de tenter une attaque sur Paris. J'ai déjà semé la zizanie entre les chefs; la discorde s'est glissée dans leurs armées. Cette prise de Saumur, qui devait être la première grande étape sur la route de Paris, ne décide de rien, puisque les Vendéens n'ont pas bougé depuis trois jours; ils sont innombrables, ils remplissent la ville, campent sur les places et dans la banlieue; ils s'agitent, mais personne ne les mène; le comité-directeur trouve partout des résistances; Cathelineau n'est chef que pour la forme; chaque véritable chef de bandes se refuse à obéir à une direction générale.

— C'est notre salut, dit l'officier.

En ce moment, mademoiselle Duclos, qui de temps à autre surveillait du regard, par la fenêtre, une maison de la place, s'aperçut qu'une bande d'hommes du Marais, au service de Charette, stationnait devant la dite maison.

— Vous allez, dit-elle, assister à une scène de désordre que vous pourrez raconter par le menu au représentant Bourbotte. M. de Charette va faire des siennes; il veut enlever une jeune fille à un frère bâtard de Lescure. J'ai parié cent louis avec M. de Charette qu'il n'y réussirait pas. Piqué au vif, il va tenter le coup.

De là, haine à mort entre Lescure et lui, entre les Vendéens du Bocage et ceux du Marais. Depuis un mois, c'est la centième querelle de ce genre que j'allume.

Elle appela sa femme de chambre pour qu'on lui envoyât le sergent qui avait amené l'émissaire de Bourbotte.

— Sergent, dit-elle au sous-officier quand il se présenta, le gros de la compagnie est là?

— Vous voyez cette troupe de *grenouilles* du Marais sur la place?

— Oui, mademoiselle.

Et les yeux du sergent, au mot de « grenouilles » s'étaient allumés.

C'est que les « grenouilles » de M. de Charette s'étaient attiré la haine des autres Vendéens quels qu'ils fussent.

Ces hommes du *Marais* étaient de hardis coquins.

Ils habitaient cette Basse-Vendée qui avoisine la mer,

qui est presque sous l'eau comme la Hollande et qui est sillonnée par des canaux traversant d'immenses bas-fonds envahis par les hautes marées.

Depuis des siècles, les gens du Marais ne vivaient que de pêche et de contrebande.

La plupart étaient faux-sauniers, fabriquant clandestinement du sel qu'ils vendaient par fraude, échappant à l'impôt, bravant les gens du roi et volant l'État ; toujours en révolte, tuant les gabelous sans scrupules, livrant bataille à la maréchaussée, échappant aux poursuites à l'aide de leurs nacelles manœuvrées à la perche, et se servant de cette perche ferrée pour abandonner les barques et franchir des cours d'eau d'une largeur prodigieuse.

Réputés bandits sous la monarchie, contre les impôts écrasants de laquelle ils protestaient à main armée, les gens du Marais étaient devenus les ennemis acharnés de la Révolution qui égalisait les charges et mettait de l'ordre et de l'honnêteté dans les finances.

Ils s'étaient levés d'abord parce que la conscription les avait menacés ; mais ils étaient surtout furieux parce que la Convention voulait abolir l'impôt du sel.

Plus d'impôt, plus de contrebande.

Le clergé avait exploité ces deux causes de mécontentement et M. de Charette était venu surexciter les instincts de brigandage qui fermentent dans les bas-fonds des pays contrebandiers.

M. de Charette, une bête féroce sur laquelle Michelet a écrit une page indignée ; M. de Charette qui était un monstre de lubricité ; M. de Charette qui a été cloué au pilori de l'histoire ; M. de Charrette avait organisé l'armée du Marais qui épouvantait les plus mauvais parmi les pires des deux autres armées.

On appelait, par dérision, les soldats de Charette, « grenouilles du Marais » ; mais, au fond, les autres Vendéens les redoutaient et les haïssaient.

Seuls, les soldats de Fontbonne, d'homme à homme, ne redoutaient pas les « grenouilles ».

Cela tenait à ce que cette compagnie, au service de mademoiselle Duclos, était une élite de vrais soldats recrutés en Bretagne.

Déjà ils avaient eu maille partir avec les grenouilles.

De là, cette flamme dans les yeux du sergent en apercevant les hommes de Charette sur la place.

— Oh! oui, reprit-il, je les vois les « grenouilles ». Et j'imagine qu'ils sont venus là avec des idées de chicane et de provocation.

Mademoiselle Duclos sourit et dit au sergent en le caressant du regard :

— Ces gens de M. de Charette veulent enlever une jeune fille que protège le frère de M. de Lescure. J'ai parié cent louis que M. de Charette n'y réussirait pas! Que la compagnie parvienne à rosser les gens du Marais dans la bagarre et à empêcher l'enlèvement, je lui donne les cent louis. Mais je suis censée ne vous avoir rien commandé. Laissez les *grenouilles* commencer l'attaque.

— Mademoiselle, dit le sergent, c'est compris! Je réponds de la victoire.

Et il se précipita dehors.

Mademoiselle Duclos dit à l'émissaire :

— Et maintenant, vous allez en voir de belles !

Sur la place, en effet, la situation devenait menaçante.

La foule était houleuse, les groupes commençaient à se heurter et, des flots humains pressés, il sortait des grondements sourds.

Trois masses bien distinctes s'étaient formées et semblaient s'observer.

— Tenez, dit la Duclos à l'officier républicain, vous allez comprendre ce que c'est que l'armée vendéenne; vous voyez là trois troupes d'insurgés bien différents par le costume. En toutes circonstances vous pourrez faire la même distinction. Il y a trois Vendées, trois armées : Marais, Bocage et Anjou. Ces trois armées se jalousent et s'exècrent. L'Anjou a plus de haine pour le Marais que pour la Révolution. Le Bocage n'a que du mépris pour les deux autres. Question de race. Puis il y a question de chefs. Dans chaque armée les rivalités sont effroyables, les luttes d'influence acharnées; mais, parmi les officiers, il y a deux camps, les nobles et les paysans. Le chef roturier d'une paroisse est plein d'envie et de rancune contre le gentilhomme dont le conseil supérieur veut lui imposer la direction. C'est pour cela qu'il a fallu nommer Cathelineau, un héroïque imbécile, général en chef; c'est une des grandes habiletés de l'abbé Bernier d'avoir donné le commandement suprême à ce paysan, colporteur et sacristain. Il l'a doublé de Lescure qui, tout dévoué au clergé et à Bernier, est le véritable chef. Mais j'ai déjà semé le mécontentement. Les seigneurs trouvent injurieux d'obéir à un maroufle et les chefs de bandes roturiers se demandent pourquoi un imbécile comme Cathelineau leur donnerait des ordres. Le sieur Stofflet surtout, un Lorrain qui était garde-chasse, se juge très supérieur en talents militaires à Cathelineau. Je cultive précisément la basse envie du sieur Stofflet que j'excite sous prétexte de le calmer.

— Si pourtant ces gens-là allaient s'entendre pour marcher sur Paris !

— Jamais ! Paris est trop loin ! Il faut que tous les huit jours le paysan aille changer de chemise et voir sa femme. Jamais vous ne l'arracherez de son sol ! Au fond, il se soucie peu du roi, pas énormément de la religion; il ne s'est battu que pour ne pas servir la France, ne pas s'éloigner du village, ne pas être soldat. C'est la levée en masse décrétée par la Convention qui a fait lever les trois Vendées contre le service militaire. Le courage de ces gens-là est un égoïsme poussé à un degré inouï. Ils exècrent la France par amour du clocher. Et vous vous imaginez qu'on entraînera jamais ces hommes-là sur Paris? Non, j'en réponds!

— Ils sont voleurs et pillards! dit l'officier. L'appât d'un grand butin peut les fasciner. C'est ce que Bourbotte redoute.

— Encore une erreur! Paris leur paraît si loin que le prestige de ses richesses ne s'exerce pas sur eux; surtout quand ils ont sous la main une ville dont le luxe, étalé sous leurs yeux, excite directement leurs convoitises. Leur Paris, c'est Nantes! Jamais ils n'ont vu Paris et ils sont tous allés à Nantes. Là sont entassés les prodigieux trésors ramassés aux colonie; là sont les caves bondées d'or et d'argent des négriers. Dans les camps vendéens, on ne parle que d'aller piller la rue des bijoutiers de Nantes. Et c'est sur Nantes que je ferai converger les efforts de l'insurrection. Vous annoncerez à Bourbotte le siège de Nantes sous huit jours.

— Mademoiselle, prenez-y garde, Nantes est presque sans défense. Si cet orage s'abat sur la ville, elle sera noyée sous ce déluge de brigands.

— Eh! monsieur, il faut bien que la tempête s'abatte quelque part! Bourbotte m'a fait supplier de la détourner des ports de mer. Qu'un seul soit pris et voilà les Vendéens en communication avec les Anglais. Nantes est encore loin des côtes. Si par malheur la ville était prise, ce ne serait qu'une ville perdue. Mais elle sera défendue, parce qu'il s'y trouve deux hommes de cœur à la tête des deux partis qui la divisent; Baco, le maire, mon ami, est à la tête des Girondins; Meuris, le ferblantier, est à la tête des Jacobins. Ils s'uniront contre l'ennemi et le battront.

— Meuris, je le connais! Comment voulez-vous qu'avec cinq enfants, il aille se faire massacrer!

— Sa fille aînée est ici! Elle était chez une de ses tantes. Elle est sœur de lait du frère de Lescure, un magnifique bâtard, qui adore mademoiselle Meuris et veut l'épouser. M. de Lescure s'y oppose! Charette veut enlever cette belle enfant-là, comme il en a enlevé tant d'autres. Le rapt et le viol ne lui coûtent rien. Vous savez quelle bête fauve est ce Piémontais francisé. J'ai irrité son orgueil, fouetté ses brutales passions. Je l'ai mis au défi. De là cette bagarre qui commence. Les gens du Marais, les *grenouilles* de Charette, comme disent les autres paysans, provoquent une rixe générale, pour que leur chef s'empare de mademoiselle Meuris et l'emporte. Elle sera sauvée! Mais je puis vous prédire que l'abbé Bernier voudra la garder comme otage, sachant le père à la tête des révolutionnaires de Nantes. Quand Meuris connaîtra le sort de sa fille, les dangers qui la menacent, il soulèvera le peuple, se mettra à la tête des faubourgs et des quais. Vous connaissez ce monde-là; de rudes hommes, n'est-ce pas? Meuris se battra comme un lion à leur tête. L'armée vendéenne sera écrasée sous l'effort des Nantais.

En ce moment, le tumulte devenait si grand que mademoiselle Duclos s'arrêta pour regarder la lutte qui s'engageait.

— Ah! dit-elle, si ma compagnie fléchit, si Fonbonne ne fait pas de prodiges, cette jolie petite Meuris va tomber sous la griffe de Charette.

— Voulez-vous permettre? demanda l'officier républicain.

— Quoi?

— Que je m'en mêle! Cette jeune fille m'intéresse, moi.

— Et que ferez-vous?

— Je suis Vendéen! Je suis du pays de Cathelinau. Laissez-moi faire.

— Soit! Allez! Quoique, au fond, peu importe que cette petite soit sauvée ou pas.

— Oh! fit l'officier étonné.

— J'en connais et de meilleures qu'elle qui ont été victimes de gens ne valant pas Charette.

Mais, se repentant de ce mot amer, elle dit :

— Allez! allez! Faites pour le mieux! En somme, elle est charmante! S'il vous arrive un ennui à la suite de la bagarre, réclamez-vous hardiment de moi.

L'officier salua, sortit, et se jeta hardiment dans la mêlés.

M. de Charette qui causait tant de tumulte, est resté l'un des martyrs vénérés du calendrier vendéen.

Après sa mort, son parti a créé sa légende et on le propose toujours comme un type accompli de chevalier, comme un exemple aux jeunes générations légitimistes.

Si vraiment M. de Charette avait été le Bayard vendéen, comment admettre que cette échauffourée de Saumur eût pour cause le rapt audacieux de mademoiselle Meuris, tenté par Charette à la tête de ses grenouilles?

Fort heureusement, tous les Mémoires du temps s'accordent à peindre Charette tel qu'il était; nous avons, sur ses vues, les témoignages de ses compagnons d'armes, la solennelle attestation de l'histoire et l'admirable portrait que fit Michelet de cet aventurier.

« J'ai vu chez M. Sue (l'aimable et gracieux statuaire), un monument bien étrange : c'est le plâtre complet de la tête de Charette, moulé sur le mort. J'ai été frappé de stupéfaction. On sent là une race à part, fort heureusement éteinte, comme plusieurs races sauvages. A regarder par-derrière la boîte osseuse, c'est une forte tête de chat. Il y a une bestialité furieuse, qui est de l'espèce féline. Le front est large, bas. Le masque est d'une laideur vigoureuse, scélérate et militaire, à troubler toutes les femmes. L'œil arrondi, enfoncé, pour d'autant mieux darder l'éclair de fureur et de paillardise. Le nez est le plus audacieux, le plus aventureux, le plus chimérique qui fut et sera jamais. Le tout effraye, surtout par une légèreté incroyable, et pourtant pleine de ruse, mais jetant la vie au vent, la sienne et celle des autres. — Un mot fait juger Charette : son lieutenant Savin disait à sa femme : « Je crains moins pour toi l'arrivée des bleus qu'une visite de Charette. »

» Charette n'avait pas à se louer des nobles de la Haute-Vendée, qui ne parlaient de lui qu'avec mépris et le prenaient jusqu'alors (prise de Saumur) pour un simple chef de brigands, en quoi ils ne se trompaient guère.

» Ceux qui voudront comprendre à fond ce singulier personnage, doivent lire préalablement nos anciennes histoires des boucaniers et flibustiers, celle de nos premiers colons du Canada et d'ailleurs, qui vivaient avec les sauvages et leur devenaient tout à fait semblables. Les Hurons leur donnaient volontiers leurs filles, pour avoir de cette race singulièrement intrépide, celle qui poussait le plus loin le mépris de la vie. Nos joyeux compatriotes passaient le temps au désert à faire danser les sauvages. Nouveau trait de ressemblance avec l'armée de Charette, où l'on dansait toutes les nuits.

» Cette armée tenait beaucoup d'une bande de voleurs et d'un carnaval. Ces joyeux danseurs étaient très féroces. Le combat, le bal, la messe et l'égorgement, tout allait ensemble.

» Charette était un homme sec, d'une trentaine d'années, étonnamment leste et agile. Souvent, dans les moments pressés, il passait par la fenêtre. Il avait la poitrine étroite (on l'avait cru poitrinaire), une main brûlée dans son enfance, de petits yeux noirs perçants, la tête haute, le nez retroussé, menton saillant, bouche plate, bandée comme un arc... Ce nez au vent, cette bouche, lui donnaient l'air audacieux, l'air d'un déterminé bandit.

» Ce qui étonnait le plus les républicains, c'était de voir au col de cette singulière figure une coquette écharpe noire à paillettes d'or, ornement fantasque qu'il portait en souvenir de quelque dame. Non certes par fidélité. Il n'y eut jamais un pareil homme. Les grandes dames les petites filles de village, tout lui était bon. Des dames, le suivaient à cheval, quelques-unes vaillantes, parfois sanguinaires. Elles passaient des nuits avec Charette, puis rentraient chez leurs maris, résignés et satisfaits, pour l'amour de l'autel et du trône.

» Charette croyait être très noble. Il se faisait venir de certains Caretti du Piémont. Il y avait cependant des Charette dans la robe. Un d'eux se fit condamner à mort dans l'affaire de la Chalotais. La mère de Charette était des Cévennes. Son père, officier, et deux autres, passaient dans un bourg près d'Uzès ; il voient au balcon trois gentilles Languedociennes. « Ce seront nos femmes, » disent-ils : ils montent, demandent, obtiennent. Charette naquit de ce caprice, en 1765.

» Il avait vingt-huit ans, en 93. Il était lieutenant de marine, avait fait plusieurs campagnes de guerre, avait donné sa démission et vivait dans son petit manoir de Fonteclause, avec une vieille femme riche qu'il avait épousée pour accommoder ses affaires.

» Il ne tint pas aux nobles qu'il ne se dégoûtât bientôt de la guerre, ne les laissât là. Ils disaient qu'il n'était pas « noble », ils l'appelaient « le petit cadet » ou « Le Savoyard » ; ils assuraient qu'il était lâche, ne savait que fuir. Personne, en effet, n'en eut plus souvent occasion avec les bandes qu'il menait. Il les aguerrit à force de fuir et en fuyant avec eux. » (Michelet.)

Brave donc personnellement, mais d'une bravoure de tigre, M. de Charette était grand viveur, grand joueur, semeur d'or à pleines mains, ayant au moins les qualités de ses vices et surtout l'audacieuse franchise de tout dire aux nobles qu'il haïssait et aux princes qu'il méprisait.

C'est lui qui a rendu aux républicains l'immense service de stigmatiser la honteuse conduite de ces Bourbons refusant de combattre à la tête des Vendéens mourant pour eux.

Il les a cloués pour jamais au pilori de l'histoire par sa fameuse lettre au prétendant:

« *Sire, la lâcheté de votre frère a tout perdu...* »

Tel était l'homme qui, ayant vu mademoiselle Meuris et l'ayant trouvée jolie, avait parié de l'enlever et tentait ce rapt, après en avoir réussi tant d'autres.

Le plus étrange, c'est que les plus honnêtes, les plus vertueuses, celles qui avaient le plus redouté son arrivée, ne se défendaient pas contre lui; elles étaient terrifiées et fascinées, étourdies de peur, mais charmées en se sentant sous la griffe du tigre humain dont la redoutable mâlesse agissait puissamment sur elles.

C'était pitié du reste de voir la charmante fille de Meuris, menacée par ce grand fauve qui se précipitait à la tête de sa meute.

Son père, le chef du parti montagnard à Nantes, était de Tournai, la ville la plus française de la Belgique; il était venu s'établir à Nantes et il y exerçait une influence que contrebalançait, seule, celle du maire girondin Bacon.

La victoire des Vendéens avait surpris mademoiselle Meuris chez une de ses tantes à Saumur; mais, pour la protéger, la jeune fille avait vu accourir le frère bâtard de Lescure, de Roquebrune, un beau et superbe garçon de vingt-cinq ans, type de force, d'honneur, de bravoure hardie qui disputait à La Rochejacquelein l'admiration des paysans sur le champ de bataille.

Il a toujours passé et passe encore à Nantes pour le frère de lait de la fille de Meuris, ce qui n'est pas absolument exact, entre elle et lui, il y avait une différence d'âge de sept ans.

Mais il avait été nourri, élevé jusqu'à quinze ans par la femme de Meuris à qui sa mère l'avait confié.

De Lescure, qui savait le secret de la naissance de ce bâtard et qui l'aimait beaucoup, l'ayant vu souvent à Nantes, usa de ses droits d'aîné pour le recueillir et l'imposer à la famille.

De Roquebrune était donc reconnu et adopté par les Lescure et tout leur clan. Il était l'âme et la joie des bandes levées par son frère.

Sachant mademoiselle Meuris à Saumur, il lui avait audacieusement rendu visite sous un déguisement, la veille même de la prise; son rival en témérité, La Rochejacquelein, l'ayant appris, alla souper en ville sous un uniforme de soldat républicain. (Michelet.)

Roquebrune, élevé avec Rose Meuris, s'était pris pour elle d'une de ces tendresses plus puissantes que les grands coups de passion, qui sont souvent suivis de retours d'indifférence. C'était sa sœur et c'était sa fiancée.

Il avait tout enfoncé, pendant l'assaut, pour accourir le premier et la protéger contre la fureur des Vendéens.

Il y avait pleinement réussi, non sans avoir eu à rudoyer durement les pillards; il avait même chargé l'épée à la main des *grenouilles* de Charette qui lui en gardaient rancune.

Roquebrune, sur un mystérieux avis, n'avait plus quitté la maison de Rose, et, debout sur le seuil, entouré d'une vingtaine d'hommes déterminés, tous Bretons, tous Nantais, il attendait Charette, sachant bien à qui celui-ci en voulait.

La lutte ne pouvait finir sans un engagement corps à corps entre eux.

De lion à tigre !

Si Charette enlevait mademoiselle Meuris, personne ne pourrait la lui reprendre.

Qui donc aurait eu autorité pour faire plier la volonté de ce général indépendant appuyé sur vingt mille hommes ?

Cathelineau ?

Un brave soldat, mais un paysan, un soliveau n'ayant d'influence que sur les hommes de son canton.

Ah ! Charette se moquait bien de ce pauvre Cathelineau !

Il y avait un comité directeur où les prêtres dominaient.

Mais, seuls, Lescure, d'Elbée et Beauchamp, chefs dévots, obéissaient à ce comité dont les autres bravaient ouvertement les ordres.

L'épée, seule, pouvait donc décider entre Roquebrune et Charette.

Celui-ci le savait bien et il se précipitait à l'assaut de la maison avec la fougue ardente et féroce de la bête fauve surexcitée par des émanations de chair fraîche.

La vue de la jolie petite Meuris avait fouetté les appétits de ce félin avide de voluptés sensuelles.

Rose avait seize ans.

Elle tenait de son père les formes arrondies, le teint clair, la peau blanche, les lèvres rouges et savoureuses et la chevelure blond-cendré qui constituent le fond très attrayant de la beauté, chez les femmes de la Belgique française.

De sa mère, une Bretonne, elle tenait les yeux bleus doux et mélancoliques, le front rêveur et le regard profond accusant l'obstination dans la tendresse.

Gracieuse, du reste, bien élevée par sa tante de Saumur, bourgeoise aisée, ayant de bonnes façons et une élégante modestie dans les attitudes, beaucoup de réserve timide et fière avec les étrangers, un abandon charmant dans l'intimité.

Entre elle et Roquebrune, jamais il n'y avait eu un mot d'amour, une promesse, une allusion.

Jamais, non plus, il n'était venu à leur pensée qu'il leur fût possible de ne pas se marier ensemble.

Ensemble ils avaient grandi, elle s'appuyant sur lui, l'enlaçant par mille liens, comme la liane s'unit au chêne par les racines, par les branches, par l'enlacement que la hache seule peut trancher.

En recevant le billet anonyme qui le prévenait de la tentative que ferait Charette, Roquebrune s'était senti atteint d'un choc en pleine poitrine.

Ce Charette, il le haïssait déjà, pour les mêmes raisons que les autres nobles qui avaient contre les Caretti, Piémontais d'hier, une profonde aversion.

Puis Roquebrune n'estimait que la bravoure éclatante, en plein soleil ; il avait horreur de ce genre de courage mêlé de ruse, comptant sur la nuit et la surprise, rampant, s'enveloppant d'ombre, que le tempérament même de ses soldats imposait à Charette.

Roquebrune avait dit cent fois hautement que les brigandages de Charette déshonoraient la cause vendéenne.

Directement menacé, Roquebrune éprouva une secousse violente. Il lui semblait que cette rencontre, maintenant inévitable, était une des fatalités de sa vie, tant il y avait déjà entre Charette et lui de rancunes sourdes et de colères mal contenues.

Mais, en raison de son caractère loyal et généreux, Roquebrune avait ce désavantage de ne pas se défier assez des combinaisons sournoises et des pièges de son adversaire.

Charette avait combiné son plan et un plan de Charette comportait toujours quelque surprise ingénieuse.

Il avait fait étudier le terrain et il avait appris par Casse-Cailloux, l'un de ses plus fidèles, que la cour intérieure de la maison, où se trouvait mademoiselle Meuris, n'était séparée que par un mur, d'une autre maison dont l'entrée donnait sur une rue courant derrière la place.

Charette avait donné l'ordre à Casse-Cailloux de pénétrer par cette rue, de franchir et d'enlever la jeune fille pendant que lui, Charette, occuperait Roquebrune en l'attaquant par la place.

De ce côté, la lutte devint rapidement acharnée.

Quand une bande vient en provoquer d'autres, les prétextes à dispute sont bientôt trouvés ; les gens de Charette prétendirent qu'ils n'avaient plus ni vin, ni eau-de-vie, ni vivres dans leurs quartiers ; ils voulaient que l'on vidât pour eux les caves de l'hôtel où habitait Lescure.

Prétention énergiquement repoussée.

Cris, injures, coups et bataille !

Ce fut l'affaire d'un instant.

En quelques secondes, les gens de Lescure, de d'Elbée et de Cathelineau se ruèrent contre la masse compacte, épaisse, grouillante des grenouilles du Marais.

On vit la bataille éclater comme un orage de mars, la mêlée furieuse s'engager à fond au premier choc, les groupes s'étreindre, s'enlacer et se tordre, la foule se soulever en vagues furieuses, dont les remous allaient se briser aux murs des maisons.

Les cris des combattants, aux quatre coins de la place, mêlaient leurs échos qui renvoyaient au ciel une clameur effroyable, protestation des trois Vendées contre une union impossible entre elles.

Pareille à une personnification de la Discorde, pâle, la figure décomposée par l'âpre joie de la vengeance, la Duclos, du haut de sa fenêtre, dominait cette scène sauvage, et, du geste, elle lançait sa compagnie dans la mêlée, lui montrant Charette prêt à atteindre Roquebrune qui défendait désespérément le seuil de la maison qu'il gardait.

Au-dessus de la porte, penchée, presque suspendue

tant son angoisse était grande, mademoiselle Meuris, muette d'épouvante, ne quittait pas des yeux le bâtard de Lescure qui avait saisi un bâton breton, de ceux qu'on manie à deux mains, et qui assommait tous ceux qui s'approchaient.

Mais, autour de lui, presque tout son monde était tombé ; les « grenouilles » l'emportaient visiblement sur les autres groupes qui ne formaient pas comme « elles » une masse bien soudée.

C'est au moment critique où Roquebrune allait succomber, quand déjà Charette rapproché criait à ses hommes :

— Assommez-moi, le Bâtard comme un chien !

C'est alors que la Duclos avait lancé sa compagnie.

Rudes hommes ! Tous Bretons ! Tous anciens soldats ou marins ! Gens d'escrime, faits à toutes sortes de combats, sachant la guerre de rues, durs aux coups et lourds de mains.

Ils se lancèrent, en colonne serrée, les deux premiers rangs, baïonnette au canon, la queue poussant la tête, coin garni de fer qui entra dans la foule comme un coup de hache dans une motte de beurre, faisant sa trouée en quelques secondes, poussant Charette et quelques-uns des siens contre la maison.

Là, par une manœuvre très simple, mais très sûrement exécutée au milieu de la stupeur générale que cette charge avait produite, la colonne se divisa en deux tronçons par un à droite et un à gauche ; elle se déroula dans les deux sens devant la maison, la couvrit largement, sur six rangs d'épaisseur, les deux premiers rangs croisant la baïonnette, le premier genou en terre, la pointe du fer à hauteur du nez de qui voudrait attaquer ; deux autres rangs, fusils chargés et apprêtés.

C'était redoutable, menaçant, imprenable et si savant

au point de vue militaire que les « grenouilles » du Marais en furent émerveillées et décontenancées.

La masse coupée s'était reformée, mais elle piétinait sur les blessés que la charge avait renversés ; ceux-ci hurlaient sous les sabots de leurs camarades.

Le coup moral était porté plus profond encore que le coup physique.

De toutes parts, les gens du Bocage et de l'Anjou tombaient sur ceux du Marais ; chaque groupe avait reçu du renfort et revenait à l'attaque avec fureur.

Charette jugea, d'un coup d'œil, que les siens allaient faire retraite.

Il leur jeta, par-dessus la tête des hommes de Fontbonne qui le bloquaient au mur, un appel désespéré.

Les « grenouilles », séparées de leur chef par la muraille que formait la compagnie, tentèrent de le dégager ; mais piquées au nez, à la figure et au cou par les baïonnettes, les hommes de Charette reculèrent et l'abandonnèrent.

On vit alors Roquebrune s'élancer vers son adversaire, et, devant lui, les Bretons de Fontbonne ouvrir les rangs et lui laisser l'espace.

Entre la compagnie et le mur, dans un retrait de la façade, Charette, replié sur lui-même, insolent, l'épée à la main, attendait son rival.

Les hasards du combat leur avaient ménagé les vingt pas nécessaires à un duel !

Dans les séditions militaires, dans les rixes entre corps de la même armée, les soldats se battent entre eux, mais ils respectent volontiers les chefs.

Le prestige de l'autorité s'exerce encore.

La compagnie de Fontbonne venait de broyer les « grenouilles » sur son passage pour aller au secours de mademoiselle Meuris, mais elle s'était contentée de bloquer Charette au mur, parce que tuer Charette, c'était décapiter la troisième armée de l'insurrection ; de plus, Charette était vraiment un grand général de malandrins et le soldat le respectait.

Cependant, lorsqu'il tenta de regagner le centre de la place, les Bretons de Fontbonne croisèrent la baïonnette et lui dirent :

— Monsieur de Charette, ne nous forcez pas à vous massacrer. Nous vous tenons, nous vous gardons !

— Pourquoi ? demanda-t-il.

Les soldats ne répondirent pas.

Au fond, ils pensaient assez justement que, voyant Charette impuissant, les « grenouilles », privées de leur chef, s'en iraient à leur camp et renonceraient à leur entreprise.

C'est ce qui arrivait.

Quant les Bretons de Fontbonne virent de Roquebrune s'élancer vers Charette, ils se dirent de l'un à l'autre en souriant :

— Ils vont se battre !

Or, déjà les « grenouilles » mollissaient et se repliaient vers les issues de la place. Les autres groupes les poursuivaient.

Les circonstances étaient donc favorables pour que les soldats de Fontbonne, tous militaires, tous prévôts, tous friands d'escrime, fussent les témoins à peu près tranquilles d'un duel intéressant.

Roquebrune et Charette !

Lion et tigre !

Je le répète parce que les Bretons le répétaient.

Il ne vint à l'idée d'aucun d'eux d'empêcher ce duel ; le combat singulier entre chefs est une vieille coutume gauloise, une ancienne tradition chevaleresque.

Que de fois deux armées aux prises ont suspendu la mêlée pour assister à la lutte de deux chefs.

Les sympathies des gens de Fonthonne étaient partagées entre les deux rivaux.

Roquebrune, beau et mâle garçon, de tête loyale et superbe, secouait, au vent de l'émeute, comme une crinière de lion, sa belle chevelure fauve.

Il s'avançait l'épée haute, l'œil plein d'éclairs, la poitrine ouverte, les narines dilatées, contre Charette qui l'attendait dans une attitude non moins menaçante, rappelant le fauve replié et prêt à bondir.

De Roquebrune, une fois en face de son rival, le montra de l'épée avec mépris et dit aux soldats de Fontbonne :

— Messieurs, je vous prends à témoins que M. de Charette a fomenté un tumulte pour m'enlever ma fiancée. Je vous prierai de l'attester après que je l'aurai cloué au sol comme une bête venimeuse.

— Faites, monsieur de Roquebrune. Faites ! crièrent des voix.

Mais d'autres dirent à Charette :

— Allez-y en toute sûreté, général ! Nous sommes neutres. Seulement agissez loyalement.

Cette recommandation comportait une restriction peu flatteuse.

Aux quelques fidèles qui étaient restés auprès de chaque chef, l'attitude même des témoins imposait une réserve absolue.

Le duel s'engagea dans des conditions d'égalité aussi parfaites que dans la rencontre la plus régulière.

Charette, descendant des Caretti piémontais, avait adopté, par tradition de famille, l'escrime italienne, avec ses gardes basses, avec cet allongement du corps qui fait que le combattant semble ramper ; avec cette solidité d'arrêt qui permet à la main de s'appuyer au genou ; méthode de ce temps-là, compliquée de bottes réputées secrètes, mais, en tous cas, très dangereuses.

Roquebrune tirait à la française, supérieurement, avec l'avantage d'une force herculéenne et d'une taille élevée.

Les vieux maîtres de la compagnie de Fontbonne suivirent attentivement le premier engagement et tous les yeux tressaillirent au premier grincement du fer.

Mais quelques hommes aperçurent, à la fenêtre de la maison, mademoiselle Meuris qui, bouleversée par l'émotion, se tordait les mains avec désespoir, et se maudissant d'être la cause de cette rencontre.

Les soldats craignant que la vue de la jeune fille ne causât des distractions fatales à Roquebrune, se mirent à lui faire signe de se retirer.

Elle ne comprenait pas, ne remarquait pas leurs gestes ; son regard était rivé sur les épées.

Charette se défendait avec la souplesse, l'agilité et la puissante colère des félins poussés dans leurs derniers retranchements et luttant pour la vie.

Ses retraites de corps étaient merveilleuses ; il esquivait l'épée par des bonds qui formaient alors le fond de l'école napolitaine, et que pratiquent encore certains maîtres.

La tactique savante et correcte de Roquebrune était déroutée par ce jeu incroyable des jambes qui trompait les meilleurs calculs et ne livrait que l'air au fer.

Mais, en revanche, Charette avait vainement essayé de ses mauvais coups, de ses bottes secrètes enseignées par les coupe-jarrets italiens ; outre que le maître parisien de Roquebrune les lui avait presque tous démontrés, le jeu serré du jeune homme ne laissait rien aux fantaisies de l'épée.

Si bien que Charette, par ses retraites mêmes, finit par être acculé au mur de la maison qu'il sentit tout à coup derrière lui.

Il éprouva cette impression de rage féroce du chat qui

rencontre un obstacle dans la fuite ; il eut un prodigieux retour de force, d'énergie et de fureur.

Il détacha coup sur coup ses meilleures bottes, se dégagea, regagna un peu d'espace.

Mais Roquebrune l'enveloppa de nouveau dans le cercle de ses combinaisons sûres et méthodiques et il parut évident aux spectateurs que Charette finirait par être piqué au mur.

Tout à coup un grand cri retentit, cri de femme, cri désespéré.

Roquebrune reconnut la voix de mademoiselle Meuris ; il rompit, détourna la tête et vit la jeune fille se débattre aux mains d'un homme qui cherchait à l'emporter.

Au même moment, Roquebrune sentit le froid de l'acier dans sa chair ; Charette l'avait chargé et lui avait détaché ce coup d'épée.

Ce n'était pas chevaleresque, mais c'était de droit.

Tant que le combat n'est pas suspendu par les témoins on peut frapper. Tant pis pour celui qui se laisse distraire par un incident.

Roquebrune, avec une sûreté et une promptitude merveilleuses, riposta et traversa le bras de son adversaire, qui fut mis hors de combat.

Négligeant Charette, dont l'épée tomba, Roquebrune se jeta au secours de mademoiselle Meuris ; on entendait encore les appels de la jeune fille, mais elle avait disparu.

Les hommes de la compagnie de Fontbonne avaient vu cette scène de rapt.

Casse-Cailloux, un type de contrebandier colosse, gorille humain, Casse-Cailloux, surnommé aussi l'Homme-des-Bois, hideux sous la peau de bique qui lui servait de vêtement, Casse-Cailloux, connu de toute l'armée pour l'homme de main de Charette, s'était précipité sur mademoiselle Meuris, l'avait enlacée, étouffée à demi sous l'étreinte et l'avait enlevée aux yeux de la compagnie.

Pour celle-ci, c'était cent louis perdus et l'honneur de la journée ravi au dernier moment.

Furieux, les soldats s'élancèrent.

Casse-Cailloux avait passé par le chemin que nous avons dit, par cette rue, courant derrière la place, par la place, par la maison contiguë à celle de mademoiselle Meuris, par-dessus le mur de séparation et finalement, suivi de ses hommes, il avait pénétré dans les appartements et surpris la jeune fille à la fenêtre.

Il s'enfuyait par la voie qui l'avait amené, laissant à ses hommes, élite de bandits, le soin de protéger sa retraite.

En un clin d'œil, les contrebandiers, experts en ces sortes d'expéditions, avaient barricadé portes et fenêtres, entassé les meubles, opposé un premier obstacle à l'effort des assaillants ; puis ils avaient mis le feu à la maison.

L'incendie avait fait flamber les chaises brisées, pailles et bâtons, les armoires peintes et les commodes rompues, meubles arrosés de toute l'huile, de toute l'eau-de-vie trouvées dans la cuisine et dans les placards.

L'incendie prit des proportions considérables en moins de rien.

Et Roquebrune, blessé, perdant beaucoup de sang, vint s'évanouir au pied de la porte close que l'on entamait vainement à coups de crosse de fusil.

Charette s'éloignait en ricanant.

M. de Lescure, qui pendant toute cette échauffourée avait fait, avec l'abbé Bernier, tous ses efforts pour la calmer, ignorait le but réel des gens du Marais.

Mais il aperçut le Bâtard défendant la maison contre Charette, il vit mademoiselle Meuris et il comprit.

Prenant avec lui tout ce qu'il avait de monde sous la main, il fonça dans la direction où se trouvait son frère et il arriva juste à temps pour le relever quand il tomba.

— Ah! cria-t-il à Charette qui s'en allait le sourire aux lèvres, voilà encore de vos coups à la piémontaise!

Charette se retourna.

— Monsieur de Lescure, dit-il aussitôt, que je pourrai me servir de mon bras je me mettrai à votre disposition.

L'abbé Bernier qui passait son temps à étouffer les querelles et à prêcher l'union, supplia Lescure de ne pas relever le défi de Charette.

La réunion des trois armées vendéennes était le chef-d'œuvre de la diplomatique habileté de l'abbé; il tremblait chaque fois qu'un dissentiment éclatait, menaçant de mettre son chef-d'œuvre en miettes.

— De grâce, dit-il à Lescure qui était tout dévoué au clergé et au comité supérieur, ne provoquez pas M. de Charette.

Puis, sûr que la piété un peu niaise de Lescure lui imposerait silence, il courut à Charette.

— Ah! lui dit-il, général, que de déboires, que d'ennuis vous nous causez! Comment, vous, un serviteur du Roy, vous mettez tout à feu et à sang pour satisfaire un caprice! Je ne vous demande pas la continence de Scipion ou de Bayard; mais, pour l'amour de Dieu, n'incendiez pas une ville pour une jupe!

Charette regarda l'abbé Bernier d'un air railleur.

— Savez-vous, mon cher curé, qui est au juste cette jolie fille que je viens d'enlever dans l'intérêt du Roy, de la religion et du salut de l'armée?

— Hum! hum! fit l'abbé Bernier. Un rapt... au nom du Roy...

— Enfin, connaissez-vous cette petite fille? Non. Eh bien, c'est la petite fille de ce Meuris qui, à Nantes, dirige les Montagnards et fait couper le cou aux prêtres.

— Oh! oh! fit l'abbé.

J'ajoute que de Roquebrune en étant fou, fou à lier, le père n'avait rien à craindre pour sa fille tant qu'elle était aux mains d'un Amadis comme le Bâtard ; mais cette petite en ma puissance devient otage. On peut obtenir beaucoup du citoyen Meuris en le menaçant dans sa fille. Voilà pourquoi, curé, j'ai chargé Casse-Cailloux de conduire cette enfant-là dans mon camp. C'est pour le bien de la cause, comme vous voyez !

Et Charette, ayant trouvé un cavalier de sa troupe, lui emprunta son cheval et partit après avoir adressé un grand salut, très ironique, à l'excellent abbé Bernier.

Celui-ci retourna vers Lescure en murmurant :

— Diable ! diable ! La fille de ce Meuris ! Voilà qui change tout !

Il arriva devant la maison en flammes et vit que les gens de Fontbonne avaient fini par enfoncer une porte.

— Vite, mes enfants, dit-il, courez ! Tâchez de ressaisir cette jeune fille, de l'arracher à Casse-Cailloux. Cinquante louis et ma bénédiction si vous m'amenez cette demoiselle.

Les soldats qui avaient hésité à se jeter dans la fournaise, s'élancèrent sur cette excitation ; ils purent traverser la pièce en feu sur laquelle s'ouvrait la porte enfoncée et ils pénétrèrent dans la cour au moment où les derniers hommes de Casse-Cailloux sautaient le mur. — Hardiment, les soldats l'escaladèrent aussi, mais ils avaient peu d'espoir de rattraper Casse-Cailloux, lorsqu'ils virent celui-ci paraître sur un toit voisin ; il portait toujours mademoiselle Meuris dans ses bras.

La jeune fille était évanouie.

Dans la rue, on entendait de grandes clameurs.

Voici ce qui s'était passé.

L'officier républicain qui, déguisé en Vendéen, s'était jeté dans la bagarre, avait vu les groupes du Bocage et de l'Anjou plier sous la masse des grenouilles du Marais.

Lui aussi connaissait Meuris.

Lui aussi voulait sauver cette jeune fille à laquelle il s'intéressait.

Sûr de son accent, de son origine vendéenne, certain de ne pas se trahir comme républicain, il ne craignit pas d'aller chercher du renfort.

En parcourant la ville, il avait rencontré un gros de Vendéens du Bocage qui bivouaquaient sur une place voisine de celle où l'on se battait et mise en communication avec celle-ci précisément par la rue dans laquelle devait déboucher Casse-Cailloux.

L'officier avait appelé les Vendéens aux armes, leur criant que les « grenouilles » massacraient les gens du Bocage et il avait entraîné derrière lui deux ou trois cents hommes.

Casse-Cailloux, en se jetant dans la rue, mademoiselle Meuris sur son epaule, tomba presque dans l'avant-garde de cette bande; il se rejeta brusquement dans la maison; mais il avait été aperçu, reconnu, dénoncé.

On se précipita derrière lui.

Il escalada les escaliers avec l'agilité d'un singe, ouvrit une lucarne, se hissa sur le toit de la maison et s'enfuit avec une sûreté de pied d'autant plus grande qu'il avait abandonné ses sabots.

Jamais Casse-Cailloux n'avait mieux mérité son autre surnom d'Homme-des-Bois, on eût dit un gorille échappé à une ménagerie, ayant ravi une jeune fille et se faisant donner la chasse sur les toits d'une ville.

Il bondissait avec une audace effrayante, sautant d'une ruelle à l'autre avec son fardeau, risquant cent fois de se tuer et de tuer mademoiselle Meuris avec lui.

Derrière lui, des hommes aussi hardis, faux sauniers accoutumés à franchir des fossés de dix mètres avec deux cents livres de sel sur le dos.

Les soldats de Fontbonne, mêlés aux Vendéens de l'officier républicain, avaient, eux aussi, envahi les toits. Mais quelques-uns seulement étaient de force à s'aventurer sur ce périlleux chemin.

Cependant, l'attrait de la chasse, l'espoir de la récompense, le point d'honneur, la surexcitation avaient mis le feu sous le ventre aux plus hardis.

La poursuite continuait ardente, semée d'incidents et de péripéties.

L'officier républicain, très intelligent, avait jugé d'un coup d'œil la situation ; il avait compris que l'on pouvait bloquer Casse-Cailloux dans l'îlot des maisons sur lequel il courait ; le contrebandier pouvait franchir une ruelle, non une rue.

L'officier, communiquant son plan aux soldats de Fontbonne et au gros de ses Vendéens, fit garder toutes les rues du pâté de maisons, courant partout pour placer des postes en toute hâte et partout obéi, quoiqu'il parût être un simple paysan.

Casse-Cailloux qui ne s'apercevait pas de ce qui se passait dans les rues, crut avoir gagné une avance suffisante et il descendit les escaliers d'une maison, dont les habitants, terrifiés par cette apparition presque fantastique, ne songèrent pas à s'opposer à son passage.

Mais, en se lançant dehors, il vit un poste en armes, qui occupait la rue.

Infatigable, irrité, grondant comme un singe en fureur, il s'élança de nouveau vers les toits et y atteignit ses hommes qui, s'apprêtant à descendre, le virent reparaître.

Derrière lui, des pas et des cris.

On le poursuivait.

— Tenez ! Tenez bon ? Gardez la lucarne, cria-t-il. Empêchez ces cochons du Bocage de passer ! J'ai promis la fille à Charette ; il l'aura ou je la tue.

Et il recommença sur les toits glissants, sa course qui ressemblait à un vol.

Mais, de toutes parts, des bandes surgissaient des lucarnes, barrant les voies, resserrant le cercle, rendant la fuite impossible.

Bientôt Casse-Cailloux se sentit cerné, sur le point d'être pris.

Il tournoya un moment sur lui-même comme pris de vertige, défia du poing le ciel et la terre, puis courant à une cheminée bordant la saillie d'un toit, il se retint d'un bras au chapiteau, et, de sa main libre, suspendant mademoiselle Meuris au-dessus de l'abîme, il cria d'une voix retentissante :

— Si l'on fonce sur moi, je la lâche. Vous ne l'aurez pas vivante.

Un long murmure courut de toit en toit, glissa dans les rues, se répandit dans la ville annonçant la nouvelle de cette situation dramatique et semant l'anxiété partout.

CHAPITRE II

LE VICAIRE APOSTOLIQUE

Cet homme, tenant entre ses mains la vie d'une femme, fit courir un frisson d'effroi sur une ville, sur un camp, sur une armée.

La ville avait été prise et pillée l'avant-veille.

Le camp regorgeait d'un butin souillé du sang des victimes.

L'armée avait perdu des milliers de soldats dans l'assaut.

Qu'importait après une bataille meurtrière et un massacre qu'une jeune fille vécût ou mourût !

Cependant tous s'émouvaient, tous s'agitaient, tous accouraient.

Une foule immense envahit les rues, les places et les carrefours; citoyens de Saumur, Vendéens des trois Vendées, cent mille personnes s'entassèrent, se poussèrent, s'étouffèrent, les premiers rangs seuls voyant l'homme au bord du toit, la jeune fille prête à tomber dans le vide !

Ceux qui n'apercevaient rien et c'était la masse énorme, interrogeaient, s'inquiétant des péripéties du drame.

Mais il n'y avait pas de péripéties et pourtant c'était terrible.

Casse-Cailloux s'était assis, se tenant toujours à la cheminée d'une main, de l'autre ne lâchant pas mademoiselle Meuris couchée sur les ardoises.

Autour de leur chef qu'ils avaient suivi partout, les contrebandiers s'étaient assis sur le faîte du toit, et, se sentant maîtres de la situation, ils regardaient d'un air insolent et railleur leurs adversaires immobiles sur les toits voisins.

D'en bas, on demandait des nouvelles à ceux d'en haut.

Rien !.

Il n'y avait rien de nouveau.

Casse-Cailloux ne bougeait pas et personne n'osait avancer.

Pas de doute possible sur le sort de mademoiselle Meuris. A la moindre tentative de délivrance, cette brute féroce, cet Homme-des-Bois, ce gorille l'eût lancée sur les cailloux pointus du ruisseau.

Une heure dont la foule compta les minutes, une heure pleine, cette scène dura sans que rien fût modifié dans la situation.

Mademoiselle Meuris, ayant repris ses sens, avait ouvert les yeux et entrevu Casse-Cailloux; elle avait poussé un faible cri d'épouvante à l'aspect du masque hideux de ce grand singe humain.

Casse-Cailloux avait grogné avec un juron cynique :

— Ne bouge pas, ne crie pas, ou je te f... en bas !

Et mademoiselle Meuris avait refermé les yeux, pantelante sous la griffe.

Du côté de la foule, un mouvement s'était prononcé, un mouvement ascensionnel, qui, de la rue avait transporté la moitié des curieux sur les toits.

Quelques incidents s'étaient produits çà et là, mais n'avaient pas détourné l'attention générale.

Une charpente trop faible s'était effondrée sous le

poids de deux cents hommes; cette masse s'abattant avait successivement défoncé deux plafonds; il y avait eu des morts, des blessés!

A peine les plus proches s'étaient-ils préoccupés de cette catastrophe insignifiante.

Sur d'autres points, des maladroits ou des malheureux qu'on poussait par mégarde, dégringolaient et s'aplatissaient ou aplatissaient quelqu'un.

On jurait, on sacrait, on pestait contre les imbéciles; on les portait de mains en mains, vivants encore ou tués sur le coup, dans la maison d'en face; puis, chacun reprenait sa place, fixant son attention, tendant toutes ses facultés vers le point de l'horizon, vu ou non, où l'homme tenait la femme suspendue comme par un fil au-dessus de l'abîme.

Pourquoi tant d'indifférence pour des accidents mortels, et tant de curiosité passionnée pour ce fait-divers, comme on dirait aujourd'hui, pour ce fait-divers dont le dénouement le plus grave n'aboutissait qu'à la mort d'une jeune fille?

C'est que l'accident, si terrible qu'il soit, n'est que l'effet du hasard; il faut que la volonté de l'homme et ses passions soient en jeu pour que le drame existe.

Une question se posait:

Casse-Cailloux tuerait-il ou ne tuerait-il pas mademoiselle Meuris?

Ce rustre, cette brute, ce sauvage allait-il imposer sa volonté à toute une armée?

Un seul homme allait-il traverser la ville et les camps portant une proie à M. de Charette?

Depuis soixante minutes, on attendait un dénouement, et il semblait qu'il n'y eût pas de dénouement possible.

Quelques vains essais avaient été tentés en vue de parlementer.

Mais Casse-Cailloux n'avait daigné répondre à aucune proposition.

Cela pouvait durer ainsi longtemps encore.

Cependant, au sein de la foule, se produisait depuis quelques instants une agitation peu sensible, mais perceptible ; c'était comme une légère ondulation dont chaque vague poussait un homme qui gagnait ainsi du terrain peu à peu, arrivait auprès de la maison où se passait le drame et qui était déposé sur le seuil comme une de ces épaves que le flot amène sur la plage et qu'il y abandonne.

L'homme portait un paquet assez lourd avec lui et il avait vu les rangs des Vendéens s'ouvrir devant lui, par la vertu d'une formule magique.

Il redisait sur son passage :

— Place ! M. le curé Bernier m'envoie vers Casse-Cailloux ! Moi seul puis sauver la jeune fille !

Beaucoup de Vendéens connaissaient cet homme ; il était secrétaire de M. de Lescure !

Bien peu savaient son histoire.

Il disparut dans la maison, y trouva une chambre noire déserte, y entra avec son paquet et en sortit transformé en évêque, avec la soutane violette, la croix épiscopale sur la poitrine et l'anneau au doigt.

Il monta un escalier plein de monde et bénit les gens qui s'écartaient sur son passage.

Beaucoup se mirent à genoux, murmurant avec respect et surprise :

— Un évêque ! Monseigneur l'évêque !

C'est ainsi que le prélat improvisé arriva jusqu'à la lucarne du toit que gardaient les hommes de Casse-Cailloux.

Ces contrebandiers, ayant entendu une rumeur dans l'escalier, s'étaient penchés et avaient vu tout à coup surgir sous leurs yeux ce prélat, ce grand dignitaire de l'Église, enveloppé pour eux d'une prestigieuse autorité.

L'évêque, qui paraissait doué d'un coup d'œil très clairvoyant et d'une grande présence d'esprit, avisa, dans un coin du grenier, l'échelle qui donnait accès sur le toit lorsqu'il s'agissait d'y monter pour une des fréquentes réparations que la violence du vent nécessite dans les couvertures d'ardoises.

Il fit signe à ceux qui l'entouraient d'apporter cette échelle et de l'appliquer au bord de la lucarne.

Les contrebandiers de Casse-Cailloux se consultèrent du regard.

Pas un d'eux n'osa culbuter cette échelle.

L'évêque monta...

— Casse-Cailloux, dit un des hommes à son chef, voilà Monseigneur qui vient!

Casse-Cailloux crut que ce Monseigneur s'appliquait à Charette ; les paysans et ses fidèles lui donnaient ce titre.

L'Homme-des-Bois poussa un grognement joyeux, prit mademoiselle Meuris dans ses bras et accourut vers la lucarne.

Il en vit sortir un évêque...

A ce spectacle inattendu, le contrebandier, paillard, voleur et assassin, mais catholique superstitieux et convaincu, s'arrêta terrifié, anéanti.

Le prélat leva la main et laissa tomber cet anathème :

« Jean Bernard, dit Casse-Cailloux, moi évêque d'Agra, vicaire apostolique de notre saint-père le pape, représentant de Dieu sur la terre, je t'excommunie et je te voue à la damnation éternelle, si tu ne me rends pas cette jeune fille que je réclame au nom de notre sainte mère l'Église et au nom du Roy. »

Menacé des foudres de l'Église, paralysé par ce coup de tonnerre, Casse-Cailloux tomba à genoux et dit :

— Monseigneur, la voilà!

Et, sous la bénédiction de l'évêque, le bandit fit le signe de la croix.

III

BENEDICAT VOS !

La superstition, base de toutes les religions, est un des plus puissants leviers qui agissent sur l'âme humaine.

Elle engendre le fanatisme aveugle, l'obéissance passive au prêtre ; elle soulève les mondes, écrase les consciences, supprime la raison et met l'humanité sous le joug.

Son action est irrésistible sur la brute dont elle excite ou dompte les passions au profit des intérêts sacerdotaux.

Ce Casse-Cailloux, cet homme primitif, ce sauvage qui bravait quelques secondes auparavant toute une armée, contre lequel trente mille fusils ne pouvaient rien, ce bandit orgueilleux, capable de tuer cette jeune fille et de risquer mille morts, plutôt que de rendre sa proie, ce scélérat presque héroïque pour qui la vie n'était rien, avait eu peur de l'excommunication et de l'enfer ; il courbait la tête devant cet évêque comme jadis le roi franc Clovis devant saint Remy.

Et cent mille voix célébraient ce triomphe de la croix sur le glaive ; deux cent mille mains applaudissaient avec frénésie.

Ceux qui avaient vu et entendu, semaient la nouvelle

de toit en toit et criaient le nom du vicaire apostolique ; tous acclamaient l'évêque d'Agra.

Le prélat étendit les mains pour bénir, et les dix mille hommes qui pouvaient distinguer ce geste, crièrent :

— A genoux ! A genoux !

Le peuple se prosterna, le silence se fit profond et solennel et l'évêque prononça d'une voix claire le « *Benedicat vos, omnipotens Deus !* »

Chose étrange et qui frappa de surprise l'officier républicain agenouillé, lui aussi, au premier rang des curieux, mademoiselle Meuris resta debout.

L'évêque ayant lancé sa bénédiction aux quatre coins de l'horizon, se retourna, tressaillit d'étonnement, hésita, puis glissant sur l'incident, il dit à la jeune fille :

— Descendez, mon enfant !

La jeune fille vit des hommes au bas de l'échelle et recula.

D'un geste, l'évêque écarta tout le monde et mademoiselle Meuris s'aventura et descendit.

L'officier républicain fit à part lui cette observation que les yeux du prélat brillaient d'un singulier éclat en suivant les plis gracieux des jupes que les mouvements de la jeune fille faisaient onduler.

Si c'était de la sollicitude, c'était une sollicitude bien vive.

L'évêque descendit à son tour et s'empara d'autorité de la maison, il la fit évacuer par la foule, s'improvisa une garde personnelle de volontaires, et donna une chambre à mademoiselle Meuris qui fut aussitôt entourée de femmes empressées et reçut leurs soins !

Défense de la laisser sortir.

Défense à qui que ce fût d'entrer, excepté à l'abbé Bernier.

Celui-ci accourait, fendant la foule.

Il salua avec une grande affectation de respect le vicaire apostolique et ils s'enfermèrent tous deux, s'assurèrent qu'on ne pouvait les entendre et s'expliquèrent.

L'abbé Bernier paraissait stupéfait.

— Eh bien, dit l'évêque en riant! Le tour est joué! J'ai saisi la meilleure occasion aux cheveux! Si je vous avais écouté, l'abbé, nous en serions encore aux hésitations.

L'abbé secoua la tête et demanda :

— Êtes-vous bien sûr, mon cher Guillot, que la supercherie ne sera pas découverte ? Si l'on venait à savoir la vérité, ce serait désastreux.

— Mon cher curé, répondit l'évêque improvisé, il fallait bien risquer quelque chose. Je vous ai entendu cent fois déplorer que le Saint-Père n'envoyât pas un évêque pour appuyer de son autorité toute-puissante les décisions du comité. A chaque instant, l'union des trois armées est sur le point de se rompre! Il vous manquait un prince du sang et un vicaire apostolique. Le prince, vous l'aurez demain. C'est monseigneur de Talmont. Le vicaire, vous l'avez. C'est moi !

— Et si M. de Lescure ne voulait pas consentir à cette fraude et refusait de reconnaître son secrétaire pour un évêque ?

— Au point où nous en sommes, il fera taire ses scrupules et il acceptera le fait accompli.

— Comment l'idée de brusquer les choses vous est-elle venue ?

— Mon cher abbé, depuis un mois je vous ai proposé de me faire passer pour un évêque *in partibus*, pour un envoyé du Saint-Père avec ses pleins pouvoirs. Depuis un mois, tout en hésitant sur la décision définitive à prendre, vous me faisiez apprendre à jouer mon rôle. Il était convenu que, si l'on me présentait comme vicaire apostolique à l'armée, on dirait que si j'avais vécu obscurément auprès de M. de Lescure, c'est que le pape ne m'avait permis de me déclarer qu'après une grande victoire.

Or, nous avons pris Saumur. Las d'attendre, j'ai voulu vous forcer la main. Sachant ce qui se passait, j'ai fait un paquet des vêtements épiscopaux que nous avions préparés à tout hasard, j'ai passé à travers la foule en me servant de votre nom, et j'ai arraché cette jeune fille à Casse-Cailloux, affirmant ainsi le prestige du clergé sur toute l'armée. C'est le triomphe de l'Église. Quel chef oserait maintenant discuter un ordre du comité approuvé par moi ?

— Fort, très fort, mon cher Guillot! dit l'abbé Bernier.

— Oh! plus de Guillot! fit le faux évêque. Appelez-moi monseigneur, mon cher curé! Il faudra que M. de Lescure me donne aussi ce titre et très sérieusement.

— Sans doute.

— A propos, nous allons garder cette petite Meuris!

— C'est un précieux otage! dit l'abbé Bernier. Elle peut nous être très utile. Mais...

— Mais le Bâtard sera gênant, voulez-vous dire! Eh bien, mon cher ami, on cachera mademoiselle Meuris dans quelque bon coin où il ne la dénichera pas.

— M. de Lescure trouvera peut-être ce procédé mauvais.

— Oh! l'abbé, vous si fin! Vous êtes embarrassé pour si peu! Écoutez-moi! Le Bâtard veut épouser cette petite! Mésalliance, mon cher, mésalliance! Et avec qui? Avec une républicaine!

Avec une fille sans religion, sans principes, et qui ne s'est pas inclinée sous ma bénédiction! Voyez-vous M. de Lescure devenant beau-frère du ferblantier Meuris!

Un homme de rien! Un Jacobin! Oh! fi, fi! Ah! pouah! L'abbé, il faut courir chez M. de Lescure et l'avertir. Il prêtera les deux mains à l'éloignement de la petite!

En ce moment, on frappait à la porte et on prévint l'abbé Bernier que Casse-Cailloux le demandait.

— Je vais voir ce qu'il veut, dit l'abbé.

Et il sortit.

Seul, Guillot se dit à voix basse :

— Est-ce bien moi, Guillot, ex-enfant de chœur de Saint-Laurent, ex-membre du club des Jacobins, ex-soldat du 3ᵉ bataillon de Paris, qui suis, pour le quart d'heure, évêque, vicaire apostolique et maître des destinées de l'armée vendéenne.

La figure fine, jolie et spirituelle de l'effronté faubourien de Paris s'illumina d'une expression gouailleuse.

— Ah ! fit-il, que j'ai eu bon nez de faire le signe de la croix, quand, pincé par les Vendéens, j'allais comme les autres bleus passer au bleu. Comme j'ai bien fait de demander l'absolution à cet excellent curé Bernier avant de mourir ; cela m'a valu la vie sauve, puis ma place de secrétaire de M. de Lescure, puis la mitre et la crosse ! C'est maintenant que je vais pouvoir en pincer du cotillon...

Tout ceci marmotté à voix basse avec l'accent traînant du Parisien, auquel Guillot substituait dans sa conversation, la prononciation lente et grave, pleine d'onction qui convient aux dignitaires de l'Église.

Cette audacieuse transformation en évêque, en vicaire apostolique, d'un soldat républicain fait prisonnier, est un des faits historiques les plus curieux de cette guerre de Vendée.

Michelet, dans son *Histoire de la Révolution française*, a raconté cette étonnante mascarade et il termine ainsi :

« Tout ceci est parfaitement établi dans le procès de l'imposteur (Guillot de Folleville, ex-curé de Dol). M. de Lescure, fort dévot, favorisa visiblement cette fraude pieuse qu'il crut utile à la guerre sainte. Guillot voyageait dans sa voiture, et M. de Lescure mourut dans ses bras, quoique à cette époque, il fut déjà démasqué. (*Procès manuscrit de Guillot, collection* de *M. Dugast-Matifeux.*) On y voit entre autres choses curieuses que, quand les Vendéens le prirent, il lui trouvèrent sa carte de Jacobin. Et quand les républicains le prirent, ils lui trouvèrent un cœur d'or qui contenait, selon le procès-verbal : « des ordures religieuses » (des reliques peut-être) et des cheveux qu'une femme, dit-il, lui avait donnés. Il était joli homme, de belles manières. »

Guillot, que nous appellerons désormais l'évêque d'Agra, entendit quelque bruit sous sa fenêtre.

Il ouvrit et vit Casse-Cailloux en pourparlers avec l'abbé Bernier.

— Monsieur le curé, disait hardiment le bandit, chose promise, chose due ! Vous avez promis une récompense a qui vous ramènerait la jeune fille. Je l'ai rendue de mon plein gré. Vous me devez la somme.

Et levant la tête :

— J'en appelle à monseigneur d'Agra, dit-il.

L'évêque, fin diplomate, dit à l'abbé Bernier :

— Monsieur le curé, payez je vous prie et doublez la somme que vous prendrez sur ma cassette.

Cette déclaration, accueillie avec enthousiasme, fit retentir les vivats, et c'est ainsi que Casse-Cailloux devint fanatique de Mgr d'Agra.

CHAPITRE IV

LE CROIX ET L'ÉPÉE

Après avoir eu à subir la réclamation impérative de Casse-Cailloux et y avoir fait droit, l'abbé Bernier allait recevoir une sommation d'un tout autre genre.

Et comme c'était un curé très paillard et très peu disposé à céder une jolie fille à qui que ce fût, l'abbé Bernier allait se trouver dans une situation difficile. Car c'était le Bâtard en personne qui allait lui demander mademoiselle Meuris.

Or, au nom de la morale, de la politique, de la religion, de la chasteté; pour toutes sortes de bons et honnêtes motifs, l'abbé Bernier allait se faire un point d'honneur de refuser cette jeune brebis égarée à ce lion déchaîné qui avait nom Roquebrune et qui allait arriver « *quærens quam devoret! Cherchant une jolie fille à dévorer!* »

De Roquebrune avait été pris d'une syncope produite par la perte du sang; la blessure n'était pas grave, mais il y avait eu hémorragie abondante.

Presque toujours les tempéraments généreux éprouvent une faiblesse subite en cas de saignée; ce sont les plus forts qui tombent le plus vite en défaillance.

Mais, pansé par un chirurgien assez expert, de Roquebrune avait repris ses sens et s'était levé quoi qu'on pût dire.

M. de Lescure avait en vain cherché à imposer son autorité ; le Bâtard s'était habillé et avait demandé ses armes.

Mais, après avoir fait quelques pas, il se sentit chanceler.

On le soutint, et force lui fut de s'asseoir, car il allait tomber.

C'était pitié de voir ce grand et beau garçon, si vaillant tout à l'heure, réduit maintenant à l'impuissance par la perte d'une pinte de sang.

M. de Lescure en eut pitié.

— Jacques, lui dit-il, je sais ce qui vous inquiète. Des nouvelles m'arrivent. Toutes les mesures sont prises. Casse-Cailloux est cerné et l'on fait le siège de la maison où il s'est réfugié. Soyez donc tranquille et ne craignez plus rien.

— Merci, monsieur ! dit Roquebrune avec reconnaissance.

Le chirurgien lui prodigua les réconfortants et le jeune homme sentit la vie renaître en lui, la chaleur courir dans ses veines.

Il se leva encore et parvint à se tenir debout.

— Jacques, lui dit M. de Lescure, ce que vous faites n'est pas raisonnable. Je comprends votre impatience, mais, dans l'état où vous êtes, vous ne pouvez rien. Tenez-vous tranquille, de grâce !

— Monsieur, malgré vos assurances, je meurs d'inquiétude.

— Jacques, vous avez confiance en moi, je supppose ?

— Oh ! oui, monsieur !

— Promettez-moi de rester là jusqu'à mon retour, et je cours aux nouvelles. Est-ce convenu ?

— Oui, monsieur.

M. de Lescure sortit.

La situation du Bâtard, quasi légitimé, reconnu, doté et titré, explique les rapports affectueux de Roquebrune avec l'aîné des Lescure ; celui-ci était fier de ce héros qui faisait honneur à la famille.

A cette époque encore, dans les familles nobles, le droit d'aînesse était dans toute sa force ; le père mort, l'aîné devenait le chef du clan ; tous lui obéissaient, même la mère.

Un cadet appelait son frère : monsieur !

L'aîné, tout en gardant l'héritage, devait protéger, aider, pousser le cadet et subvenir à ses besoins.

C'étaient là des liens solides et la subordination des cadets était telle que manquer de respect à l'aîné, c'était presque aussi grave que s'il se fût agi du père.

On peut se faire, d'après les mœurs du temps, une idée exacte des rapports de Jacques avec de Lescure.

Celui-ci, du reste, était un gentilhomme d'honneur, de principes, d'esprit un peu étroit, de grand cœur, sincèrement pieux, charitable, très entiché de noblesse, entêté sur les droits, mais esclave des devoirs.

Il était vénéré comme un saint par les paysans.

Austère dans sa vie, il comprenait pourtant qu'un homme eût une maîtresse à la condition de bien se conduire avec elle, c'est-à-dire de la doter et de la marier, si elle devenait mère ; on devait aussi assurer le sort de l'enfant.

Mais épouser, se mésallier.

Oh ! cela, jamais !

Depuis quelque temps, M. de Lescure n'était pas sans inquiétude.

Il s'était aperçu que la tendresse de Roquebrune pour mademoiselle Meuris était devenue de la passion et il ne trouvait pas convenable que le jeune homme fît sa maîtresse de la fille de sa nourrice.

Meuris, le père, selon lui, était un exalté, un fou, un homme dangereux, mais honnête et qui avait été très dévoué pour Roquebrune.

Donc, Roquebrune eût commis une indélicatesse en lui prenant sa fille.

M. de Lescure n'avait même pas le plus léger soupçon que de Roquebrune, bâtard mais gentilhomme, pourrait jamais songer à un pareil mariage. Et, comme conclusion logique, il fallait l'empêcher de commettre une faute irréparable.

M. de Lescure comptait sur la loyauté de son frère.

— Je l'éclairerai, se disait-il! Il me comprendra! La guerre va le distraire, l'éloigner de cette petite! Il l'oubliera.

Mais la tentative de Charette était venue compliquer les choses.

M. de Lescure se demandait, non sans anxiété, ce qui adviendrait de cette querelle entre Roquebrune qui était le vrai général des Angevins et Charette, chef des « grenouilles », quand il apprit que Casse-Cailloux tenait la la jeune fille suspendue en l'air au-dessus du pavé.

Il n'osa retourner près de son frère, espérant que celui-ci, tenant sa promesse, ne sortirait point avant que lui-même fût de retour.

Et, successivement, M. de Lescure partagea les émotions de la foule aux premiers rangs, car on lui avait fait place.

Personne ne fut plus surpris que lui quand parut le faux évêque.

Monté sur le toit le plus voisin, M. de Lescure distinguait parfaitement les traits de son secrétaire; il était au courant de l'intrigue machinée depuis un mois et il s'y était opposé avec ménagement, mais avec une certaine fermeté.

La fraude maintenant était commise!

En entendant les acclamations de la foule, en voyant le succès de cette fourberie et calculant les conséquences qu'elle pourrait avoir, M. de Lescure, dont la probité avait été entamée par les raisonnements subtils de l'abbé Bernier sur l'intérêt de la bonne cause, M. de Lescure tout honnête homme qu'il fût, n'osa protester.

Il descendit précipitamment pour aller annoncer à son frère que mademoiselle Meuris était sauvée. Il ne trouva pas de Roquebrune.

En l'absence de M. de Lescure, le Bâtard avait perdu patience.

Les cris du dehors, les mouvements de la foule lui faisaient comprendre que quelque chose de tout à fait extraordinaire se passait. Il interrogeait...

On lui répondait évasivement.

Il envoyait aux nouvelles et personne ne revenait.

Le docteur faisait ce qu'il pouvait pour le calmer.

Survint le domestique Yvonnec Karradeuc, Breton bretonnant, compagnon d'enfance du Bâtard, ayant partagé tous ses jeux, mais non ses études, une brute entêtée, fidèle, obéissante, dévouée, mais aveugle, d'une brutalité naïve et originale.

— Yvonnec avait été assommé d'un coup de bâton par les « grenouilles », près de son maître ; il venait de se relever, de se remettre en buvant une pichée de cidre, suivie d'un grand coup d'eau-de-vie et il accourait.

En route, il avait appris ce qui se passait.

— Yvonnec, ici ! lui dit le Bâtard en le voyant. Tu sais la vérité. Dis-la ! Je le veux ! Où est mademoiselle Meuris?

— Monseigneur, dit le Breton, elle est suspendue, à la grâce de Dieu, à trente mètres au-dessus du pavé, par le gars Casse-Cailloux qui veut la lâcher si on essaye de la lui reprendre!

Le Bâtard n'avait fait qu'un bond dehors.

Suivi de son domestique, dogue fidèle, il avait pu traverser la foule, respectueuse et sympathique.

Une énergie fiévreuse le soutenait.

C'est ainsi qu'il arriva devant la maison où mademoiselle Meuris était détenue ; littéralement détenue.

L'abbé Bernier qui venait de donner un bon sur la caisse à Casse-Cailloux, vit arriver le Bâtard.

— L'ami, dit-il au contrebandier, reste-là ! Tu pourras affirmer à M. de Charette, que Mgr l'évêque d'Agra est juste et que, s'il reprend une jeune fille à l'un, ce n'est pas pour la donner à l'autre.

Roquebrune s'avançait, croyant n'avoir qu'à se présenter pour qu'on lui confiât celle qu'il appelait sa sœur. En route, il avait appris comment elle avait été sauvée.

Mais l'abbé Bernier, qui connaissait le cœur humain, savait déjà qu'il pouvait compter sur la compagnie de gardes volontaires de Mgr d'Agra qui venait de s'improviser.

Les plus récents enthousiasmes sont les plus ardents.

— Mes enfants, dit-il, la justice est la justice. M. de Roquebrune vient réclamer la jeune fille que monseigneur a retirée des griffes de Casse-Cailloux. Il ne l'aura pas ! Cette demoiselle est la fille de Meuris, un chef des bleus ! Si l'un de nos généraux était prisonnier, on pourrait échanger cette jeune fille contre lui. Nous la conserverons donc pour le bien de la cause.

— Oui ! oui ! dirent les Vendéens.

Et ils prirent une attitude hostile contre Roquebrune.

Celui-ci, à bout de forces déjà, parvint épuisé jusqu'à la porte.

— Monsieur le curé, dit-il, très pâle, haletant, le front baigné d'une sueur froide, je voudrais voir Mgr d'Agra, le remercier et emmener ma sœur.

— Monsieur de Roquebrune, dit le curé, monseigneur est invisible ! Mais je suis chargé par lui de vous dire qu'il veut mettre mademoiselle Meuris en lieu sûr, à l'abri de vos entreprises, comme de celles de M. de Charette.

Roquebrune connaissait à fond l'abbé Bernier et il eut comme une révélation subite du plan machiavélique de celui-ci.

— De gré ou de force, j'entrerai, dit l'impétueux jeune homme.

— N'y essayez pas! dit le curé.

Roquebrune mit l'épée à la main.

L'abbé Bernier, voyant M. de Roquebrune décidé à employer la violence, se tourna vers les hommes du poste et leur dit :

— Au nom de Dieu et du Roy, faites votre devoir!

Ivonnec, en entendant cela, se mit à crier :

— Ah! le failli chien de curé, le diable l'emporte!

Mais le bâton de Casse-Cailloux, assommant le Breton pour la seconde fois, le pauvre Yvonne tomba.

Et, près de lui, violemment repoussé par les gardes de l'évêque, Roquebrune roula dans la rue.

On le ramassa et on l'emporta évanoui.

M. de Lescure, qui le cherchait partout, le retrouva couché dans son logis, en proie à la fièvre et au délire.

Yvonnec, tête bretonne incassable, s'était relevé et transporté tout seul.

M. de Lescure interrogea le chirurgien avec anxiété sur l'état de son frère.

— Mon général, répondit le docteur, ou nous sommes en face d'un accident dont un peu de repos et quelques calmants auront raison en vingt-quatre heures ; ou nous avons à craindre une méningite. Je serai bientôt fixé, je ne quitte pas le blessé. Vous savez que vous pouvez compter sur moi!

M. de Lescure considéra pendant quelques instants son frère avec attendrissement et murmura :

— Pauvre garçon ! Il l'aime à la folie ! Oh ! jeunesse ! jeunesse !

Et il s'éloigna, sur l'insistance du docteur, qui voulait le calme absolu autour du malade et qui envoya Yvonnec cuver au fond de l'écurie une trop large lampée d'eau-de-vie qu'il avait bue pour se remettre une seconde fois.

M. de Lescure parcourait la ville pour se rendre compte de l'effet produit par l'affaire du faux évêque d'Agra ; il trouva partout des convaincus et des enthousiastes.

Un message de l'abbé Bernier lui avait déjà présenté, sous un jour fâcheux, la tentative de Roquebrune ; M. de Lescure, qui voulait rompre cette liaison, ne pouvait trouver mauvais que l'on eut empêché son frère d'enlever mademoiselle Meuris. Il se décida à se rendre chez son ex-secrétaire, maintenant son supérieur en prestige et en dignité.

La consigne donnée était rigoureusement observée ; personne n'était admis à monter chez monseigneur sans l'autorisation de l'abbé Bernier qui, prévenu, accourut et se confondit en excuses.

— Monsieur le curé, dit de Lescure, je comprends la nécessité de cette consigne. Conduisez-moi près de monseigneur !

Ce mot de monseigneur, tombant de la bouche de Lescure, eût suffit à consolider le faux évêque sur son siège épiscopal, alors même qu'il n'y eût été très solidement assis. Mais il y était rivé.

— Mon général, dit très bas le curé Bernier à de Lescure, je vous remercie. Vous venez de rendre un immense service à notre sainte cause.

— Monsieur l'abbé, dit de Lescure, je n'étais pas pour cette supercherie, si utile qu'elle pût être ; mais la chose étant faite, il faut en tirer le meilleur parti possible.

L'entrevue entre de Lescure et le faux évêque n'eut que l'abbé Bernier pour témoin ; Guillot se montra très humble, très respectueux, expliquant qu'il avait été saisi d'une inspiration d'en haut.

— Je me suis trouvé, dit-il, comme invinciblement porté à faire ce que j'ai fait.

Guillot, ex-rat de sacristie, nourri à l'ombre d'une église parisienne, était doublement roué comme enfant de chœur et comme faubourien.

Il avait le secret et la pratique de toutes les hypocrisies, de feintes humilités, des caresses aux forts, des cajoleries aux faibles pour s'en faire aimer.

Il savait son de Lescure par cœur; l'ayant étudié à fond, il le gagna, il le conquit d'autant plus facilement qu'en résumé il y a toujours beaucoup du jobard dans un dévot sincère. Après une demi-heure d'entretien, M. de Lescure était convaincu de la nécessité de soutenir l'imposture jusqu'au bout. Sa crainte était que le pape ne protestât.

— Impossible, dit l'abbé Bernier; plus tard, peut-être ! Il faudra bien en arriver à un compromis. On régularisera la situation de notre cher évêque. Mais, pour l'instant, tout autant que durera la guerre, l'intérêt de l'Église est que la cour de Rome se taise ! Elle se taira !...

— Il faudrait envoyer un émissaire au Saint-Père, dit M. de Lescure.

— Permettez-moi, mon général, dit finement le faux évêque, de vous faire observer que ce serait une imprudence. Solliciter l'approbation du pape, ce serait le mettre dans l'embarras. Je crois que Sa Sainteté préférera être censée ignorer la chose. Plus tard, j'irai à Rome me jeter aux pieds du Saint-Père ! Il m'autorisera à faire pénitence de ma fraude pieuse dans un couvent. Je vous l'ai souvent dit, mon général, la grâce m'a touché et j'ai horreur de mon passé de jacobin et je veux l'expier.

Le curé Bernier ne manquait jamais l'occasion de la réplique.

— Dieu, dit-il au faux évêque, qui a chosi saint Paul parmi les persécuteurs des chrétiens pour en faire le plus éloquent des apôtres, vous a distingué pour une haute mission ! Il entre dans les vues de la Providence de choisir ainsi les plus grands pécheurs pour en faire ses élus.

L'honnête M. de Lescure ne pouvait qu'approuver ces belles paroles.

On convint longuement de ce qu'il y avait à faire et l'on arrêta que monseigneur dirigerait le comité général, qui était une invention de l'abbé Bernier pour arriver à dominer les généraux et à imprimer une direction unique aux Vendéens.

Tout étant réglé sur ce point, l'évêque d'Agra aborda une question délicate, qu'il traita avec dextérité.

— Mon général, dit-il, après ce qui s'est passé aujourd'hui entre M. de Roquebrune et Charette, je dois vous parler de mademoiselle Meuris et vous éclairer.

— M'éclairer !... fit de Lescure.

— Sans doute ! dit l'abbé Bernier intervenant. A moins que le scandale qui vient d'avoir lieu ne vous ait ouvert les yeux sur la passion de M. de Roquebrune pour cette jeune personne.

— Passion bien dangereuse ! dit béatement l'évêque. Voilà l'union compromise ! L'armée de M. de Charette soutiendra son général et les Angevins soutiendront M. de Roquebrune. A moins que vous n'ayez le courage de prendre une décision qui couperait court à tout.

— Laquelle ?

— Confier à l'abbé Bernier le soin de cacher, dans un couvent à nous, cette jeune fille qui, du reste, est d'une impiété remarquable.

— Ah ! fit de Lescure.

— La fille d'un Jacobin ! Songez donc ! J'avais d'abord pensé que l'on pourrait la renvoyer à son père. Mais, outre que cette jeune fille devient un précieux otage, j'ai réfléchi au danger de voir M. de Roquebrune se risquer à Nantes pour la rencontrer. Et puis, qui sait ! Du moment où il pousse l'aveuglement jusqu'à vouloir à tout prix l'épouser...

De Lescure se redressa révolté.

— L'épouser ! s'écria-t-il.

— Mon général, j'ai reçu les confidences de M. de Roquebrune !

— Moi aussi ! dit l'abbé Bernier.

— L'épouser ! répéta de Lescure. Non, ce n'est pas possible ! Lui !... encore si sa mère était une roturière, je m'expliquerais cette folie ! Mais vous savez comme moi, l'abbé, que tout bâtard qu'il est, il ne coule pas une goutte de sang dans ses veines qui ne vienne de la plus pure noblesse de France !

— Eh bien, général, il y a eu un malheur dans tout ceci. On l'a laissé trop longtemps chez cette madame Meuris. Il a sucé les principes démocratiques avec le lait ! Il a revu trop souvent ces gens-là !

— Mon père, de son vivant, ne pouvait l'imposer à ma mère ! dit de Lescure. Mon père mort, je l'ai en quelque sorte adopté, mais trop tard, hélas ! trop tard !

Puis brusquement :

— Voyons, vous me proposez d'envoyer cette jeune fille dans un de nos couvents ? J'approuve !

Et avec une énergie de décision que l'orgueil blessé lui dictait :

— Messieurs, je prends sur moi cette résolution. Enlevez-la ! Mais vous ne savez rien, m'entendez-vous ? Vous êtes censés ne rien savoir. Soyez muets, s'il vous questionne. Quant à moi, comme j'ai trop de faiblesse pour lui, je vous ordonne de me taire le nom du couvent, messieurs ; quand même je vous demanderais ce nom, vous me jurez de ne pas me le dire ?

Tous deux prirent l'engagement demandé par M. de Lescure.

— Et maintenant, dit celui-ci, agissez ! Soyez prudents ! Profitez de la nuit ! Changez les escortes de distance en distance ! Déroutez les recherches ! Il ne faut pas qu'il sache où *elle* est ! Dût-il en mourir, il ne l'épousera pas. J'en jure sur mon honneur et sur Dieu.

Il partit.

Et, comme deux augures ne peuvent pas se regarder sans rire, les deux fourbes échangèrent un coup d'œil railleur.

— Elle est charmante, somme toute, cette petite ! dit insidieusement le curé Bernier qui avait des arrière-pensées et tâtait le faux évêque.

— Peuh ! fit celui, je ne comprends pas, moi, qu'un Lescure soit amoureux de ça !

Ce dédain fit plaisir à l'abbé Bernier.

CHAPITRE V

FIAT LUX!

C'est par un coup de foudre, par un éclair jaillissant au milieu des tempêtes d'une vie orageuse, par un miracle de la grâce divine, que les catholiques expliquent les conversions subites, éclatantes, mystérieuses ou... trop explicables. D'après eux, quand Dieu veut ramener au bien un pécheur aveuglé par les passions, il lance sur ce malheureux, égaré dans les ténèbres de l'erreur, le fameux *Fiat lux!* de la Genèse! Et voilà un illuminé de plus!

Fiat lux!
Que la lumière soit!
C'est à cette merveilleuse intervention de la volonté divine que les prêtres attribuent les volte-faces célèbres des grands mauvais sujets qui, comme saint Augustin, se sont laissé sacrer évêques pour reconquérir le bien-être perdu et rétablir leur réputation compromise.

Fourbes et habiles!
Dans l'histoire révolutionnaire, on compte aussi des conversions brusques, inattendues; mais la grâce de Dieu n'y est pour rien. La conscience révoltée par quelque grande injustice suffit à opérer le prodige; un

cerveau, obscurci par les préjugés, s'ouvre tout à coup aux splendeurs de la raison et le feu sacré s'allume dans une intelligence.

Fiat lux !

Que la lumière soit !

Non cette fausse lueur de la superstition qui a si longtemps égaré les peuples, mais la vraie, la pure lumière qui éclaire les étapes du Progrès et qui fait resplendir les horizons prochains vers lesquels notre génération s'élance.

C'est ainsi que l'indignation d'une âme généreuse allait priver l'armée vendéenne de son plus intrépide soldat.

M. de Lescure, qui voyait l'intervention d'en haut dans la transformation grotesque d'un Parisien farceur, d'un Jacobin peu sérieux, en évêque de fantaisie (*in partibus* ne l'oublions pas); M. de Lescure, qui était un simple, allait être la cause d'un grand scandale dans l'armée vendéenne par sa sotte soumission aux volontés de l'abbé Bernier.

Et il ne manquerait pas de regarder comme une épreuve envoyée par Dieu, le malheur qu'entraînerait son sot entêtement.

Roquebrune avait été reconduit chez lui et les espérances exprimées par le chirurgien à M. de Lescure s'étaient réalisées.

Roquebrune n'avait payé son imprudence que d'un mouvement de fièvre passager ; il avait été jeté dans un long et profond sommeil par une potion calmante et il s'était éveillé, encore faible, mais la tête libre.

Sa première pensée fut pour mademoiselle Meuris ; mais, retenu par une hésitation délicate, il n'en parla pas tout d'abord.

Il sortit péniblement de la somnolence qui l'accablait encore, ressaisit le fil de ses idées, et, se sentant très faible, il comprit que pour agir contre l'évêque d'Agra et l'abbé Bernier, il lui fallait l'appui de son frère.

Il regarda autour de lui et ne vit que le chirurgien et Ivonnec.

Celui-ci ayant reçu deux maîtres coups de bâton avait au front deux superbes bosses, seules traces de la double assommade qui l'avait couché bas.

A part ça, ingambe et buvant du cidre en préparant des tisanes pour son maître.

Celui-ci lui envoya un sourire et questionna le chirurgien.

— Docteur, demanda-t-il, où est M. de Lescure, je vous prie ?

— Parti, monsieur, dit le chirurgien. Parti depuis bientôt vingt-quatre heures.

— Où cela ?

— Pour Angers.

— On attaque la ville ?

— On l'a prise. Du reste, point de combat ! Elle était évacuée. Ne regrettez donc rien ! On n'a pas livré de bataille sans vous !

— Et l'abbé Bernier ?

— Parti !

— Et cet évêque d'Agra ?

— Parti aussi !

— Roquebrune hésitait à poser la vraie question.

Enfin, il demanda avec anxiété :

— Docteur, êtes-vous homme à me dire la vérité sur ce qui est advenu de mademoiselle Meuris ?

Le docteur secoua la tête.

— Voilà ce que je craignais, dit-il, c'est cette question. Que n'avez-vous dormi encore pendant quarante-huit heures !

Puis, prenant une détermination, il dit à voix basse :

— Tenez, monsieur de Roquebrune, vous êtes un homme

d'honneur ! Je puis me fier à vous ! Eh bien, moi, chirurgien de marine, je vous avoue que je regrette d'avoir quitté mon vaisseau et le service de la France pour suivre M. de Lescure. Je ne vois ici qu'intrigues, ambitions personnelles, querelles mesquines, cruautés atroces et violences infâmes. Je vous dis tout cela, monsieur de Roquebrune, parce que je veux que vous ayez foi en moi. La confiance appelle la confiance.

— Docteur, dit le jeune homme, je vous connais ! J'ajoute même que je vous avais deviné et que je vous soupçonnais d'être Jacobin ! Je n'en ai rien dit. Donc, confiance pour confiance, parlez. Je meurs d'inquiétude ! Mademoiselle Meuris ! Où est-elle ?

— Patience ! J'y arrive ! Mais il faut absolument que je procède par ordre ! Je continue par une sincère profession de foi. La conduite de Charette m'a indigné. Mais celle de M. de Lescure me surprend ! Croiriez-vous que de son secrétaire il a laissé faire un faux évêque d'Agra, un faux vicaire apostolique ?

De Roquebrune fut stupéfait. Il s'écria :

— Comment ! ce Jacobin ! ce prisonnier ! ce renégat révolutionnaire ! Évêque d'Agra ? Envoyé du pape ? Impossible ! Ce misérable sera démasqué ! On sait d'où il vient !

Le docteur secoua la tête et dit :

— N'espérez rien en ce sens ; l'aveuglement est tel qu'un domestique de M. de Lescure ayant exprimé de l'étonnement, fut roué de coups par la foule et faillit être assassiné ! Comment, du reste, accuser ce Guillot d'être un fourbe, quand M. de Lescure atteste qu'il est réellement vicaire apostolique.

— M. de Lescure prêter les mains à cet odieux mensonge, voilà qui me passe, dit de Roquebrune.

— Hélas, dit le chirurgien, le fanatisme obscurcit les meilleurs esprits. Du moment où l'intérêt de la religion est en jeu, M. de Lescure se fait un devoir de mentir.

— Tant de loyauté et en arriver à se faire complice d'une fourberie! s'écria de Roquebrune.

Et, revenant à sa préoccupation ardente, il demanda :

— Voyons, docteur, vous me tuez sûrement si vous ne me dites pas où est mademoiselle Meuris! Laissons la politique et parlons d'elle.

— Encore quelques mots indispensables, dit le chirurgien. Je crois que l'on veut vous éloigner de votre fiancée! Car c'est votre fiancée, n'est-ce pas?

— Docteur, douter de la loyauté de mes intentions, ce serait me faire injure!

— Eh bien, voilà précisément ce qui a indigné M. de Lescure : ce mariage! On lui a révélé vos projets de mésalliance.

— Et qu'a-t-il fait?

— Il a fait enfermer la jeune fille dans un couvent éloigné, dans quelque coin perdu de la Bretagne ou de la Vendée. Je ne sais où! Mais elle est relativement en sûreté. Donc, pas de danger immédiat.

Roquebrune, malgré cette assurance, voulait se lever, le docteur le contint.

— Voyons, dit-il, du calme. Je veux que vous retrouviez mademoiselle Meuris, que vous l'envoyiez à son père et que vous l'épousiez. Si vous commettez la moindre imprudence, si vous vous levez, si vous courez les chemins, vous en avez pour une heure avant de tomber dangereusement malade. Si vous m'écoutez, dans quarante-huit heures vous pourrez rejoindre M. de Lescure en voiture. Dans cinq ou six jours, vous monterez à cheval! Je vous jure sur l'honneur que je vous dis la vérité. Lequel vaut mieux, dans l'intérêt de votre fiancée, tenter l'impossible et risquer la mort, en tout cas un mois de maladie, ou vous tenir quarante-huit heures en repos? J'ajoute que M. de Lescure, très ému, croyez-le, m'a recommandé de vous dire, de vous répéter qu'il répondait de mademoiselle Meuris. Qu'elle serait gardée contre Charette comme s'il s'agissait de la reine.

— Et contre l'abbé Bernier? demanda Roquebrune et contre ce Guillot, un Parisien taré?

— Remarquez que d'ici à quelque temps du moins, ni l'un ni l'autre ne peuvent quitter l'armée qui va être occupée au siège de Nantes. Donc, pour le moment, rien à craindre de ces deux misérables.

— Ah! docteur, merci pour le mot « misérables », vous les connaissez bien!

Prenant une résolution subite, le blessé dit à son domestique Yvonnec :

— Tu vas chercher par toute la ville et trouver un carrosse. Tu y feras jeter un matelas et nous partirons.

— Vous ne ferez pas cette folie! s'écria le docteur.

— Je vous jure que si! Je joue quitte ou double, je le sais. Mourir ou arriver à temps. Mais je sens que mademoiselle Meuris est en péril. Je connais la paillardise de l'abbé Bernier. C'est, sous sa robe de prêtre, un satyre insatiable. Je sais ce que vaut le Parisien. Il est corrompu jusqu'aux moelles. Il faut que j'arrive, que je voie mon frère, que je l'éclaire, que je démasque ces misérables. Docteur, vous me suivrez à cheval.

— J'aimerais mieux soigner un fou qu'un amoureux, dit le chirurgien sentant que toute observation était inutile.

Et, une demi-heure après, le carrosse se mettait en marche pour Angers, transportant le blessé qu'escortaient Yvonnec et le chirurgien.

On cheminait assez vivement, car les chevaux étaient excellents et bien conduits par un habile cocher.

De Roquebrune, tout couché qu'il fût, n'en remarquait pas moins et l'allure de l'attelage et le confortable de la voiture.

Il se demanda comment son domestique avait pu trouver si à propos un pareil carrosse dans Saumur où l'on avait réquisitionné tous les moyens de transport pour l'armée.

Il questionna le cocher.

— Mon ami, lui demanda-t-il, à qui es-tu, je te prie?

— A vous, monsieur.

— Pour l'instant, oui. Mais chez qui sers-tu?

— Chez mademoiselle Duclos.

— Comment se fait-il que ta maîtresse, qui est à Angers, ne se soit pas servi de sa voiture pour y aller?

— Parce qu'elle voulait vous la laisser. Elle m'a dit : « Joseph, dès que M. de Roquebrune pourra se remuer, il voudra partir. Vous vous mettrez à sa disposition avec mon carrosse. »

De Roquebrune demeura bien étonné; tout plein de l'idée d'épouser mademoiselle Meuris, il n'avait jamais papillonné autour de la Duclos.

Cependant le cocher continua :

— Je guettais le moment où vous seriez disposé à vous mettre en route. J'ai vu votre domestique revenir avec une méchante charrette, j'ai compris que c'était pour vous, alors j'ai offert mon carrosse.

— Pourrais-tu me dire ce qui me vaut cette gracieuseté de ta maîtresse?

— Ma foi, monsieur, je n'en sais rien. Vous le lui demanderez vous-même à Angers.

Pendant tout le voyage, le Bâtard fut rêveur. Cette attention de la Duclos le préoccupait fort.

D'autre part, il se rappelait l'intervention des Bretons de Fontbonne; il était évident que mademoiselle Duclos avait envoyé cette compagnie à son secours.

Il se promit, quoi qu'il advînt, d'aller la remercier et de savoir pourquoi elle s'intéressait à lui.

Il ne pouvait supposer qu'elle eût un caprice pour lui;

car elle était fille à ne pas hésiter devant le premier pas. Elle ne l'avait pas fait!

Longtemps le blessé songea à cette singulière attention de la Duclos pour lui; puis, peu à peu, il en revint à penser à l'accueil que lui ferait son frère.

— S'il me refusait justice! pensait-il. Que ferais-je?

Et tout en lui se révoltait à l'idée que M. de Lescure livrât sa fiancée à deux fripons, pour empêcher son mariage.

Alors il se sentit emporté par un courant irrésistible à sonder le néant des préjugés et il se fit comme une aube dans les ténèbres de sa conscience.

Il se demanda pourquoi des nobles, pourquoi des privilèges, pourquoi une religion d'État?

Une grande lueur morale brillait devant ses yeux quand on toucha au terme du voyage, qui s'était accompli sans incident sur des routes encombrées; on avait marché de nuit.

En arrivant à Angers, au jour, de Roquebrune, qui n'avait pu dormir pourtant, émerveilla le docteur par la rapidité avec laquelle il avait retrouvé ses forces.

On chercha le quartier de M. de Lescure et le carrosse s'arrêta devant sa porte.

De Roquebrune, au bras du chirurgien, se présenta chez son frère.

Sur l'ordre de celui-ci, on le fit s'asseoir sur un canapé, dans le salon de la maison et M. de Lescure vint tout aussitôt l'y trouver.

Le docteur les laissa seuls.

De Roquebrune comprit à l'attitude de M. de Lescure qu'on lui avait fortement monté la tête.

Ce n'était plus l'ami, le frère, le camarade de combat qu'il avait connu jusqu'alors. C'était un chef de famille froid, réservé, hautain, prêt à dicter des ordres sans réplique.

— Monsieur, dit-il sèchement, je vous avais fait prier de demeurer à Saumur jusqu'à parfaite guérison. Pourquoi ne m'avez vous pas fait le plaisir de vous conformer à mes désirs?

— Parce que, monsieur, dit de Roquebrune, un impérieux devoir m'attirait ici. J'avais absolument besoin de vous parler et d'obtenir justice.

— Contre qui?

— Contre l'abbé Bernier qui, quoique votre ami, est loin d'être un galant homme, et contre ce prétendu évêque d'Agra, qui est un goujat. Tous deux ont enlevé et caché mademoiselle Meuris, et je ne la crois pas en sûreté entre leurs mains.

— Elle est dans les miennes, monsieur! Et je saurai défendre cette jeune fille aussi bien contre M. de Charette que contre vous.

— Contre moi, monsieur? Mais elle ne me considère pas comme un ennemi, je vous jure. Elle m'aime tendrement!

— J'ajoute, alors, que je la garderai contre elle-même! En faire votre maîtresse, ce serait odieux! En faire votre femme, est impossible! Guérissez-vous donc, monsieur, au physique et au moral! oubliez cette folie et conduisez nos Angevins au sac de Nantes qui aura lieu prochainement.

— Pardon, monsieur, voudriez-vous me dire pourquoi il est impossible que j'épouse mademoiselle Meuris?

— Est-ce que vous oseriez me dire en face que telle serait votre intention.

— En face, mais respectueusement, oui, je vous le dis.

— C'est un Lescure qui parle ainsi à un Lescure?

— Oh! je suis si peu Lescure et si bien bâtard que vous ne pouvez trouver dans ce mariage une bien grosse mésalliance.

— Ainsi, vous faites bon marché du sang de votre père?

— Je pourrais vous répondre : Mon père je ne le connais pas !

— Mais vous me connaissez, moi !

— Et je vous ai aimé jusqu'ici.

— Ce qui signifie que vous ne m'aimez plus ?

— Je vous aimerai toujours, mais je vous plaindrai d'être aveuglément conduit par les machinations de l'abbé Bernier.

— L'abbé sert la cause du Roi et de l'Église par sa diplomatie, comme vous par votre épée.

— Mon épée est loyale, la diplomatie de l'abbé est faite d'hypocrisie, de mensonge et de perfidie. Et je vous le dis avec une profonde douleur, je suis désolé que M. de Lescure, l'honneur même, couvre de son nom sans tache les odieuses menées de ce prêtre libertin !

— Monsieur...

— Monsieur, mon général, mon ami, vous que je nomme mon frère pour la dernière fois peut-être, je vous pose cette question et je m'inclinerai devant votre réponse : « Le curé Bernier est-il un prêtre de mœurs honnêtes ? »

Dans le plus sincère dévot, il y a du jésuite ; M. de Lescure esquiva une réponse catégorique.

— On peut être un mauvais curé et un excellent homme d'État, dit-il.

— C'est possible ! fit de Roquebrune. Mais on n'en est pas moins un déplorable mauvais sujet. Et ce n'est point là une réputation qui puisse me rassurer quant à mademoiselle Meuris.

— Vous y revenez encore.

— J'y reviendrai toujours.

— Alors, c'est une raison de plus pour que vous ne revoyiez jamais cette jeune fille.

De Roquebrune s'était contenu jusqu'alors ; il était reconnaissant et aimant.

Mais il devint tout à coup si pâle que M. de Lescure lui demanda :

— Vous souffrez ! Cette discussion est pénible !

— Atroce, monsieur ! Elle brise entre nous des liens sacrés ! Me voilà forcé de vous résister, de vous désobéir, de vous combattre.

— Vous méconnaîtriez mon autorité ?

— Monsieur, vous m'y poussez.

Tous deux baissèrent la tête et ils sentaient qu'un choc entre eux allait briser leur amitié.

De frères, ils étaient sur le point de devenir ennemis.

A cette époque les préjugés nobiliaires étaient si profondément enracinés, que se mésallier c'était pire que se déshonorer.

M. de Lescure regardait l'entêtement de Roquebrune comme une monstrueuse fantaisie ; il le jugeait d'autant plus coupable qu'il était bâtard et que, comme tel, il aurait dû, au contraire, tendre à effacer la barre de bâtardise sur son blason, par une grande alliance que la famille lui avait préparée.

— Monsieur, dit-il, je vais souffler sur votre folie comme sur une bulle de savon et faire évanouir ce songe en fumée.

Je ne voulais point vous le déclarer avant la fin de la guerre ; mais me voici forcé aux confidences. Sachez donc que le prince de Talmont m'a fait des ouvertures ; on vous accorderait volontiers mademoiselle de Sablé que votre haute valeur et votre bonne mine ont touchée. Le roi, monsieur, cette guerre finie et Paris conquis, vous fera comte et lieutenant général ; son consentement à ce mariage est acquis d'avance.

— Il y manque le mien !

— Comment ! vous refuseriez ?

— Alors même que je n'aimerais pas mademoiselle Meuris, je n'épouserais pas mademoiselle de Sablé.

— Pourquoi ?...

— Eh, morbleu ! monsieur, c'est chose étrange que vous me proposiez la fille d'une courtisane, titrée, il est vrai ; la mère fut la maîtresse du roi et d'une foule de grands seigneurs. La fille est honnête, peut-être, mais terriblement évaporée. Je veux une femme pour moi, monsieur ! Je craindrais fort, en vérité, que mademoiselle de Sablé, qui a déjà des escapades à se reprocher, ne suivît l'exemple de sa mère et ne fût la femme de tout le monde. Je sais que c'est très bourgeois, très peuple, d'avoir des idées austères en fait de ménage. Mais je suis ainsi bâti que de tous les maris trompés par nos rois un seul me plaît : M. de Montesnan ! Encore a-t-il été mou ! Je ne me serais pas contenté d'insulter ma femme et son royal amant. J'aurais tué Louis XIV, moi !

M. de Lescure, comme tous les esprits étroits que l'on pousse à bout, ne trouva pas d'autre ressource que de se réfugier dans son droit d'aînesse.

— Monsieur, dit-il, il me semble que vous êtes sur le point de me manquer de respect par ce persiflage ! Oubliez-vous que je suis l'aînée des Lescure ? Au nom de notre famille, je vous somme d'obéir.

— Non, monsieur, non ! Je n'oublie rien, mais s'il fallait abandonner ma fiancée à ces deux misérables, je ne serais plus Lescure.

— Puisque vous faites si bon marché de la famille, je vous parlerai au nom de la noblesse de France qui vous a si bien accueilli et qui vous acclame dans nos camps ; comme gentilhomme, je vous défends cette mésalliance.

— Monsieur, je ne serai plus noble. Les paysans m'appellent le Bâtard, je serai le Bâtard.

— Au nom du roi, je vous demande, à vous, officier du roi, de ne pas semer la division dans une armée trop divisée déjà. Cette jeune fille, disputée par M. de Charette et par vous, ne sera ni à vous, ni à lui.

— Elle sera ma femme envers et contre tous ! Et si pour cela il faut donner ma démission et quitter le service du roi, eh bien ! monsieur, je le quitterai sans trop de regret. Et je vous confesserai même que je n'ai plus grande confiance dans une dynastie dont pas un prince n'a le courage de se mettre à notre tête.

— Il ne vous reste plus qu'à basphémer Dieu !

— Depuis longtemps je ne crois plus aux prêtres ! Et si je ne sauve pas mademoiselle Meuris, je douterai de Dieu !

— Jacques, vos paroles seraient celles d'un traître, si elles n'étaient celles d'un fou.

— Vous seul, monsieur, dit avec violence le Bâtard, pouvez impunément me jeter de pareilles injures au visage. Mais je ne les supporterai plus !

— Une menace ?

— Non, monsieur, un adieu !

— Jacques... partir c'est trahir ! Qu'en pensera l'armée ?

— Ce qu'elle voudra ! Jusqu'ici je n'avais entendu que mes préjugés : mais voilà ma conscience qui parle !

Et, fièrement, la décision dans les yeux, d'égal à égal, prêt à tout, il demanda :

— Monsieur de Lescure, voulez-vous oui ou non me rendre ma fiancée ?

— Non, monsieur ! répondit M. de Lescure avec l'obstination d'un homme aveuglé. Non, jamais !

Une flamme passa dans les yeux bruns du Bâtard ; mais la gravité de l'acte qu'il allait accomplir lui imposait le calme.

Il dompta sa colère, étouffa la rage qui bouillonnait en lui et, détachant son épée, il la laissa tomber aux pieds de son frère.

— Monsieur, dit-il, un traître livrerait sa troupe à l'ennemi. Moi, je vous quitte ! Je vous rends mon nom, mes titres, mon épée ; je reprends ma foi et renie une religion qui a pour représentants des Bernier et de faux évêques comme celui d'Agra ; si Dieu m'abandonne, je renierai Dieu !

Mais ce que j'affirmerai toujours, c'est que vous êtes un honnête homme, un brave capitaine, trompé par deux fripons ! Je souhaite que vous y voyiez clair bientôt. Je puis affirmer qu'une grande lumière s'est faite en moi.

Puis s'inclinant :

— Monsieur, mon ami, mon frère, adieu ! Et pour toujours !

Il sortit, n'osant regarder de Lescure dans la crainte de voir dans les yeux de son frère le reflet des larmes qui tombaient des siens.

CHAPITRE VI

LE DÉPART

Comme il sortait, il trouva son carrosse débarrassé des matelas et attelé de chevaux fringants et reposés.

Dans le carrosse, la Duclos.

— Eh ! monsieur de Roquebrune, lui dit-elle, montez donc ! Je vous attends.

Il était encore sous l'agitation fiévreuse de cette entrevue et il grimpa lestement sur le marchepied.

— Mademoiselle, dit-il, je suis heureux de vous remercier...

— Bon ! bon ! Asseyez-vous. Je vais vous rendre un nouveau service. Vous me prouverez votre reconnaissance en bloc.

Au cocher :

— En route !

— Nous allons ? demanda de Roquebrune très étonné.

— Mais... où vous allez ! fit-elle.

— Je vais donc quelque part ?

— Sans doute ! ne venez-vous pas de donner votre démission ?

— Comment le savez-vous ?

— Vous n'avez plus votre épée, donc vous l'avez rendue.

— Cela ne veux pas dire que j'aille quelque part.

— Pardon, vous vous êtes brouillé avec M. de Lescure à cause de mademoiselle Meuris, n'est-ce pas ?

— Oui. Il ne veut pas me la rendre.

— Et vous voulez la reprendre ?

— Sans doute.

— Naturellement vous vous ferez aider, car la tâche est au-dessus des forces d'un homme seul.

— Vous pensez ?

— Mais cela est évident ! Alors, vous allez chercher du renfort. Et vous vous adressez à votre allié naturel, au citoyen Meuris, le père de votre fiancée...

De Roquebrune jeta un regard du côté du cocher.

— Oh ! fit mademoiselle Duclos, rassurez-vous, mon cocher est sourd et muet. Il nous conduit ventre à terre à Nantes, mais il est tellement myope, qu'il serait incapable de dire où il vous a mené. Moi, je vais vous laisser courir ! Du train où vous allez, l'abbé Bernier n'aura pas le temps de vous faire rejoindre et emprisonner.

— Il oserait ?

— N'en doutez pas ! C'est pourquoi j'ai tout préparé, même des relais sur votre route. Votre domestique et votre chirurgien vous précèdent à chaque poste. Voici une lettre en chiffres pour Baco, maire de Nantes.

— Vous me faites républicain de force et vous êtes royaliste ?

— A un galant homme comme vous, je n'ai qu'un mot à dire : Je suis la fill. de Sauveur et je viens enlever à la Vendée sa meilleure épée ! Votre cocher est un officier de Kléber ! Adieu ou au revoir ! Je saurai où est mademoiselle Meuris et vous le ferai dire.

Sur un signe, le carrosse s'arrêta, permit à la jeune femme de descendre et repartit emportant Roquebrune étourdi par cette singulière intervention.

CHAPITRE VII

LES DEUX AUGURES

Jetez une femme entre deux soldats, le sabre en décidera.

Confiez une femme à deux prêtres, ils se la disputeront par la ruse, l'hypocrisie ; ils ourdiront les plus savantes intrigues et la lutte sera tout à la fois acharnée et savante.

Le soldat avec ses brutalités, avec ses férocités, est moins à craindre que le prêtre ; le supplice est court, s'il y a supplice !

Le soldat a ses retours de tendresse et de générosité !

Le soldat est une brute, mais c'est un mâle !

Le prêtre, avec sa robe, son onction, ses appétits contenus aboutissant à des vices contre nature ; le prêtre sournois, hypocrite, lascif et tortueux ; le prêtre émasculé des grandes qualités viriles, mais plus puissant qu'aucun pour les monstrueuses inventions de la lubricité, le prêtre est un amant sinistre.

Son égoïsme est hideux.

Lui, toujours lui, ses sales voluptés, la femme pour moyen, la femme salie et martyrisée, voilà ses amours.

Et si deux prêtres se disputent une victime, c'est elle

qui subira les plus cruelles, les plus lâches blessures de la lutte sourde dont elle sera l'enjeu !

Le vainqueur l'asservira, la torturera, l'avilira.

Le vaincu fera tout, dans les voies ténébreuses de la calomnie, pour se venger, sur elle surtout !

Tous deux, du reste, la sacrifieront sans pitié à leur sécurité.

Dans la crainte du scandale, faire disparaître la femme, c'est la règle.

Les *in-pace* des couvents et les cryptes des églises ont laissé parfois pénétrer les secrets effroyables de la nuit glacée où l'on faisait expier, à de malheureuses filles, les séductions dont elles avaient été l'objet de la part des prêtres.

Ce qui m'épouvante le plus dans le prêtre pour la femme, c'est la soutane, c'est la robe contre la robe ; c'est la perfidie, c'est la dissimulation, la caresse menteuse, la finesse, toutes les armes de la femme au service de l'homme avec la force en plus de son côté, une terrible force de concentration.

Et la lutte pour la possession de mademoiselle Meuris allait s'engager, implacable, entre l'abbé Bernier et le faux évêque d'Agra.

Le plus prêtre des deux n'était peut-être pas l'abbé.

Le faux prélat, l'ex-enfant de chœur faubourien, devait aux vices infâmes qui règnent dans l'ombre des sacristies d'avoir été injecté jusqu'au cœur, par le venin sacerdotal.

Entre eux, du reste, tout était contraste.

L'abbé Bernier était un paysan.

Le faux évêque d'Agra était un Parisien.

L'abbé Bernier avait reçu au séminaire une instruction donnée par des cuistres. Ce n'est pas en bourrant de latin le cerveau d'un rustre que l'on ouvre son intelligence, on l'obstrue. Au séminaire, moins d'éducation encore que d'instruction. On vous lit un manuel de civilité qui est le comble du ridicule ; c'est tout. Devenu curé d'une paroisse, l'abbé Bernier était resté en relations avec des paysans et il était redevenu plus que jamais paysan quant au fond ; mais de constantes relations avec le château l'avaient légèrement policé ; et il y avait comme un vernis jeté sur cette nature fruste.

Mais en grattant le prêtre on aurait retrouvé le manant.

Très intelligent, du reste, dans la sphère étroite de cette action diplomatique qui consistait à maintenir l'union des trois Vendées à l'aide de l'influence religieuse, l'abbé Bernier n'avait cependant pas une haute portée de vues ; mais il connaissait admirablement son terrain d'opération : les Vendéens nobles ou paysans ; avec cela, fourbe comme un usurier de village, roué comme un notaire de campagne, sans plus de scrupule qu'un marchand de cochons, ingénieux pour la fraude comme un maquignon, il incarnait en lui la ruse sournoise du villageois toujours en garde pour défendre ses intérêts et en attaque perfide contre ceux d'autrui.

De plus, paillard à outrance et sans vergogne.

Il ne s'en cachait qu'à peine et n'avait nul besoin de s'en cacher.

Les mœurs ecclésiastiques du temps autorisaient les plus étranges scandales.

La corruption effrénée des évêques et du haut clergé ne permettait point de censurer les curés.

Les habitudes de certaines régions de l'Italie et de l'Espagne étaient implantées en Vendée et en Bretagne ; comme aujourd'hui encore, dans les républiques du Sud-Amérique, il y avait un sorte d'autorisation tacite pour le prêtre de vivre en concubinage.

Celui qui s'en tenait à ce demi-mariage n'offusquait personne.

Le paysan séparait l'homme du prêtre; le personnage était doublé.

Le même Vendéen qui venait de se gausser des aventures scabreuses arrivées à son curé, s'inclinait humblement devant ce même prêtre revêtu du surplis et recevait avec dévotion les sacrements distribués par cette main impure.

Il y a mieux ou plutôt il y a pire.

La race est si rabelaisienne, au fond, qu'un curé, entreprenant auprès des femmes, passait pour un luron, pour un gaillard et se faisait une popularité.

Ainsi de l'abbé Bernier.

Nature de sanglier, du reste, dont les instincts sales et brutaux n'excluaient ni la finesse, ni le flair, ni le goût pour les choses exquises et raffinées.

Toutes les races de porcs aiment la truffe.

L'évêque d'Agra était d'une autre pâte que ce paysan pétri du limon vendéen; il avait été tiré de la boue des ruisseaux parisiens; c'était une nature pourrie jusqu'aux moelles, mais fort délicate; c'était le voyou recueilli par des bedeaux, cachant ses vices d'origine sous la robe rouge, servant la messe le matin, exploitant à la nuit les plus ignobles ressources du pavé; il avait reçu tout jeune les leçons des vieilles dévotes, éprises de sa jolie figure émaciée, charmante d'espièglerie sous la calotte rouge, au milieu du chœur; il était cafard avec esprit, cynique sans effronterie, gracieux sans recherche par une grâce d'état, ayant été le mignon d'un nonce du pape et les délices d'un cardinal.

De là, l'idée de se faire passer pour un vicaire apostolique et les manières épiscopales qu'il sut prendre si rapidememt.

C'était un vicieux, mais un doucereux.

Par conséquent plus dangereux qu'un violent.

Tout miel d'abord ; glu ensuite ! Tout le monde s'y prenait, hommes et femmes !

Mais il allait se trouver en face des sauvages vigueurs de l'abbé Bernier, et celui-là était capable de lui détacher quelque coup de bouton mortel.

Il le savait.

Il se défiait.

Mais il se sentait supérieur à l'abbé en pénétration, en calculs machiavéliques, en prévision.

Lorsque l'abbé eut appris le départ de Roquebrune, il se précipita chez l'évêque en criant avec rage :

— Monseigneur, le Bâtard est parti ! Il m'échappe. Je le tiens de mademoiselle Duclos dont il a pris le carrosse ! Il passe à l'ennemi !

L'abbé avait l'air furieux.

— Mon cher curé, lui dit l'évêque, voulez-vous, s'il vous plaît, fermer la porte de mon cabinet et vous calmer.

Puis, d'un air railleur :

— Vraiment, vous jouez bien votre rôle. On vous croirait en colère.

— Mais... je le suis ! dit Bernier.

— Alors vous m'étonnez ! Que voulez-vous faire du Bâtard ?

— Le mettre en prison ! Il nous aurait laissé tranquilles !

— Et vous croyez que M. de Lescure aurait longtemps tenu son frère sous les verrous ? Que les Angevins n'auraient pas réclamé leur général ? Lui, sorti, nous aurions été dans une jolie position ! Tandis que le voilà chez les bleus !

— Il va chercher à délivrer cette petite Meuris.

— Vous y tenez donc bien à cette enfant ?

L'abbé tressaillit.

— Pour le bien de l'Eglise ! fit-il.

— Parfait ! Mais j'imagine que vous seriez satisfait si vous pouviez faire fusiller le Bâtard ?

— Un traître !

— Un gêneur surtout ! dit en souriant l'évêque. Rien de plus facile maintenant que de tendre à ce garçon une bonne embuscade.

— Oh ! vous m'ouvrez les idées !

— Il est ardent, chevaleresque, généreux ! Il se fera pincer dans une souricière avec ingénuité.

— Monseigneur, merci du conseil.

— Vous voyez bien que vous auriez tort de maudire la fuite de M. Roquebrune ! Allez ! l'abbé.

Et le faux évêque, qui avait déjà pris un ascendant énorme sur le curé, le congédia d'un geste empreint d'une grande supériorité.

Puis, seul il dit :

— Cet imbécile va travailler pour moi. Décidément tous ces provinciaux sont des jobards !

L'évêque d'Agra jouait son rôle si merveilleusement que, du premier jour, il s'était imposé.

De Lescure en était arrivé à baiser, devant le monde, l'anneau épiscopal que le faux prélat portait au doigt ; puis, l'habitude prise, il ne sortait jamais sans remplir cette formalité, même quand il n'y avait d'autres témoins que Bernier.

Quant à celui-ci, il donnait toujours du monseigneur au prétendu vicaire apostolique. Guillot était arrivé très habilement à ce résultat.

Il avait employé toutes les chatteries féminines de son tempérament, toutes les roueries caressantes dont il avait le secret.

Ces deux hommes subissaient, à leur insu, la malsaine influence de ce joli garçon.

L'abbé Bernier, sans s'en douter, obéissait au doigt et à l'œil.

De Lescure était mené sans qu'il s'en aperçût.

Le faux évêque n'eût pas été Parisien s'il n'avait eu un ami ; la rage du faubourien, c'est la camaraderie.

Or, dans les rangs des Vendéens, se trouvaient nombre de marins, déserteurs de la flotte ; parmi ceux-là, l'évêque avait reconnu un faubourien de sa rue.

C'était un de ces gamins hardis, intraitables, qui finissent par fatiguer leurs parents par des escapades auxquelles il est de tradition de mettre un terme en les envoyant comme mousses dans la marine militaire.

On en sait qui sont devenus des officiers distingués.

Mais Léon Leroux, le camarade de Guillot, n'avait jamais rien fait de bon.

Ce n'était pourtant point une mauvaise nature.

Il avait de la franchise dans ses vues, de la loyauté dans ses débauches, de l'honneur dans sa crapule.

Franc, téméraire, insouciant, rieur, insolent, bon garçon, boute-en-train, très canaille, bambocheur à outrance, montrant une imagination brillante, quand il s'agissait de jouer des tours à la gendarmerie, dans les bordées qu'il tirait le plus souvent possible, résigné aux fers, au fouet, à la cale sèche, narguant les chefs, riant sous la garcette, il était aimé des matelots, exécré par le capitaine d'armes et estimé en somme par ses supérieurs en raison de son audace.

A cette époque, il avait vingt-cinq ans.

Il avait quitté son bord, après avoir assommé un quartier-maître auquel il en voulait et il avait pris parti dans l'armée vendéenne, se mettant à la tête d'une trentaine de déserteurs comme lui, gens de sac et de corde qui s'étaient déjà fait une réputation par les tentatives incroyables qu'ils avaient menées à bien.

Parisien quand même, Leroux appelait sa troupe : *La bande à Bibi!*

Guillot, simple secrétaire de Lescure, n'avait pu résister au désir de se faire reconnaître de Leroux.

Il voulait avoir à qui parler du boulevard.

Leroux l'avait dominé, fasciné, par la mâle supériorité de ses vues et de ses qualités.

Il avait été mis dans le secret des plans du futur évêque et il avait approuvé, poussé Guillot.

— Voir ce petit carcan-là mitré et crossé, cela me va ! disait-il.

Guillot, sûr de ne pas être démasqué par son ami, avait réalisé son rêve.

Après son coup d'audace et sa transformation en évêque, il avait appelé Leroux près de lui.

Il en avait fait le capitaine de ses gardes.

La bande à *Bibi* s'était mise aux ordres de monseigneur.

Et Leroux avait dit aux siens :

— Attention ! Nous voilà soldats du pape ! On va se la couler douce. Mais faut de l'hypocrisie !

Ses loups de mer avaient pris des allures aussi respectables que le comportaient leurs allures et ils se composaient des airs de tête aussi béats que leurs figures tannées et originales le permettaient.

Mais, à la prise d'Angers, il avait été impossible de les tenir et ils s'étaient conduits abominablement.

Guillot comprit que de pareils gardes du corps le compromettaient.

Et puis, Leroux, quand il avait bu quelques bouteilles de vin d'Anjou, devenait ridiculement tendre et il l'appelait le petit évêque de son cœur.

Guillot voulut s'en débarrasser, et, après avoir expédié l'abbé Bernier, il fit appeler Leroux.

Celui-ci se présenta devant son évêque dans un état raisonnable.

Il n'est pas gris, heureusement ! pensa Guillot.

Et il lui dit :

— Voyons, franc jeu entre nous! Toi et tes matelots vous vous ennuyez à rester tranquilles comme des saints en niche.

— Le fait est, dit Leroux en riant, que la bande à Bibi s'embête à crever. A part le sac d'Angers, on ne s'est pas amusé! Et si tu peux nous payer une distraction, va-z-y gaiement, nous irons de bon cœur.

— Je vais te donner une mission.

— Ah! ah! difficile la mission de monseigneur?

— Oui! mais bien payée!

— Oh... entre nous... la somme ne fait rien... affaire de cœur... Combien donnes-tu, pour voir?

— Vingt mille livres!

— Hein! En assignats?

— Non! en or!

— Tu m'envoies donc à la guillotine?

— Non. Mais je veux que tu réussisses et j'y mets le prix. Écoute-moi.

— Sacrebleu! si c'est sérieux, vingt mille livres en or, c'est bien beau!

— Voici ce qu'il s'agit de faire. Tu n'es pas un imbécile à préférer une jupe à une autre. Le sexe ne manque pas, par ici.

— Il est de fait que l'on s'en paye autant qu'on veut.

— Eh bien, il faut que tu ailles garder mademoiselle Meuris dans le vieux château où elle est cachée. Il faut que tu la respectes absolument...

— Ça, tu peux y compter!

— J'y compte d'autant plus que si tu manquais à ce devoir, tu n'aurais pas un sou des vingt mille livres.

— Il n'y a pas au monde une femme valant son poids de cuivre, et tu me payes ma sagesse vis-à-vis de cette petite, son poids d'argent! Compte sur moi comme le Grand Turc sur le chef des eunuques.

— Et tes hommes?

— J'en réponds ! Des lions avec tout le monde. Avec moi, des agneaux !

— Très bien ! je t'ai apprécié et je sais que tu les mènes au doigt et à l'œil.

— Je suppose que ce n'est pas uniquement pour monter la garde autour d'un pucelage que tu me donnes vingt mille livres ?

— Il s'agit aussi de tendre une embuscade à l'amoureux de mademoiselle Meuris.

— Au Bâtard ?

— Oui !...

— Il faut le tuer ?

— Oui !

— C'est dommage !

— Tu hésites ?

— Non. Je dis seulement, c'est dommage ! c'est un brave !

— Puis-je être sûr que tu le feras fusiller ?

— Bête ! Puisque tu payes.

— Oh ! rubis sur l'ongle ! Mais il y a encore autre chose.

— Quoi donc ?

— L'abbé Bernier veut aussi se payer la petite.

— Ah ! le gros porc ! Je le reconnais bien là !

— Je t'aviserai quand il sera temps. Je te prierais bien de me débarrasser de lui ; mais j'en ai encore besoin. En attendant, il faudra lui infliger une de ces leçons, tu sais, à la mode du gaillard d'avant, lui faire une de ces avanies qui guérissent un galant de la fantaisie d'y revenir.

— On lui fera une réception corsée à ton curé.

— Enfin, méfie-toi de M. de Charette, tu sais qu'il a ses vues.

— Connu ! connu ! Mais cette petite, tu en es donc toqué.

— Non ! Mais son père est le chef des Jacobins de Nantes. Tu peux être pris ; je puis être pincé. Je veux, en ce cas, échanger l'enfant contre celui de nous auquel il arriverait malheur ! Il faut naturellement rendre au bonhomme la jeune fille intacte. Quoi qu'il arrive, l'armée vendéenne serait-elle écrasée, cette petite, en nos mains, c'est le salut pour nous deux !

Leroux regarda son ami avec admiration et lui dit :

— Truqueur ! C'est malin ça ! Quand partirai-je ?

— Aujourd'hui.

— Et... l'argent... est-ce sûr ?

— Je l'envoie en Angleterre, et je te donne le reçu de la banque Thomson à ton nom, dès que tu auras expédié le Bâtard.

— Vingt mille francs ! Une poire pour la soif ! Tu vas voir comment Bibi fais travailler sa bande.

— A ce soir. Tu voyageras de nuit !

— A ce soir !

Et Leroux s'en alla décidé à déployer la bravoure de César contre le Bâtard et la continence de Scipion vis-à-vis de mademoiselle Meuris.

CHAPITRE VIII

L'IN PACE

En quittant l'évêque, Leroux qui, en vrai marin, commandait sa troupe au sifflet, fit appel à sa bande.

Trois ou quatre autres coups de sifflet répondirent au sien.

On vit, des bouges voisins, accourir une trentaine de matelots qui, en un clin d'œil, furent rangés en bataille, la hache d'abordage à la ceinture, les pistolets en sautoir, le fusil au poing, en très bel ordre, en assez bonne tenue; car tout marin, même le corsaire, est propre; mais ils offraient à l'œil une collection de têtes à prouver que l'homme peut descendre du singe, et aussi de toutes les bêtes féroces.

Il y avait là des individus à longues mâchoires, à petits yeux fixes et féroces, qui rappelaient certainement le type du caïman; il y avait là des nez en bec de vautour, des gueules de requins, des masques de tigres mobiles et menaçants, toute une collection de ressemblances avec les grands fauves et les oiseaux rapaces à faire le bonheur de Darwin.

Leroux, qui était à cheval sur certains points : l'exactitude entre autres et le bon entretien des armes, passa la revue avec l'orgueil d'un capitaine qui se sent à la tête d'une troupe d'élite.

Il ne prit qu'un homme en faute.

— Sacré failli-chien, lui déclara-t-il, je t'ai déjà dit que je voulais une bretelle en cuir à ton fusil. Je ne veux pas que la bande à Bibi ressemble à une troupe de Vendéens. Il n'y a que deux compagnies ici, les Fontbonne et vous autres ! Le reste, c'est un ramassis de paysans.

Pourquoi as-tu mis de la ficelle à ton arme, marsouin pourri ?

Et, d'un coup de poing, il renversa l'homme.

Puis il passa disant :

— La première fois, je te brûle la gueule, triple cachalot avarié que tu es.

Puis, l'inspection finie, il se planta devant sa troupe :

— Le cercle ! ordonna-t-il.

On l'entoura.

— Près, tout près ! Vos gueules à tous sur la mienne.

On le serra à l'étouffer.

— Ce soir, dit-il, après la nuit noire, deux par deux, trois par trois, on se rassemblera sur la route de Nantes, au premier bouquet de bois, à une heure de marche d'ici. Qu'on ne se fasse pas remarquer ! Voyage de nuit ! Armes et bagages ! Pas de tapage ! Le premier que je trouve saoul est mort ! Qu'on se taise ! Rompez et soyons sages ! Après... bombance ! Des noces à tout casser !

La compagnie se dispersa, enchantée d'avoir une expédition en perspective.

Une heure après, mademoiselle Duclos recevait d'une main mystérieuse l'avis suivant :

— La compagnie part ce soir. Le capitaine nous en a prévenus. Je vous tiendrai au courant.

Mademoiselle Duclos sourit.

— Bon ! dit-elle, je m'y attendais. L'évêque d'Agra

doit envoyer le capitaine Leroux garder mademoiselle Meuris. C'est dans l'ordre des choses à prévoir.

Et elle écrivit à son tour un ordre très laconique.

Tant que la compagnie n'eut pas mis une bonne distance entre elle et Angers, le faux évêque d'Agra ne dit rien à l'abbé Bernier de ses intentions au sujet de mademoiselle Meuris.

Il fallait jouer serré.

L'évêque avait besoin du curé, de là certains ménagements.

Bernier avait noué les fils de tant d'intrigues politiques, il tenait en mains les ficelles qui faisaient mouvoir tant de pantins, que Guyot ne pouvait encore s'en passer.

Sans cela...

Pour le moment, il s'agissait de le décourager par quelque mésaventure éclatante et fâcheuse ; on verrait plus tard à s'en débarrasser tout à fait.

Mais il importait que le curé ne pût faire remonter à l'évêque la responsabilité de ce qui pourrait lui survenir de désagréable ; il fallait que le curé ne s'en prît qu'à lui-même.

L'évêque manœuvra en conséquence.

Le lendemain du départ de la *bande à Bibi*, le curé Bernier s'aperçut qu'elle n'était plus à son service.

Il vint trouver Guyot.

— Eh ! dit-il, monseigneur, vos sacripants de matelots ne sont pas là ? Est-ce qu'ils seraient partis en bordée ?

— Mon cher curé, ils sont en mission.

— Et où les avez-vous envoyés ?

— A Chanteclair.

— Au couvent ?

— Sans doute.

— Pour garder mademoiselle Meuris ?

— Et surtout pour prendre le Bâtard. Car c'est là le point essentiel.

— C'est vrai ! dit Bernier. Mais je crains la dent du loup pour la poulette. La bande à Bibi ne vaut pas cher et le capitaine encore moins.

— Un brave.

— Oui, mais un sacripant.

— Je sais.

— Eh bien alors...

— Eh bien, curé, connaissant mon homme, je n'ai pas hésité à m'en servir.

Bernier fronça les sourcils ; Guyot sourit et dit :

— Leroux n'est pas raffiné, Leroux n'est pas un délicat. C'est un mâle à tous crins. Il lui faut de la jupe ; mais pourvu qu'il en chiffonne, il est content et il n'est pas difficile dans le choix. Les belles filles ne manquent pas par là, du côté de Chanteclair !

— Oui ! mais...

— Mais je lui ai promis vingt mille livres s'il était sage. Je lui ai montré un bon sur les Thomson. Il le recevra dès que Roquebrune sera tombé dans le panneau. Croyez-vous que Leroux estime à ce taux un caprice pour mademoiselle Meuris ?

Le front de l'abbé Bernier s'était rasséréné.

— Il ne nous restera plus qu'à justifier, vis-à-vis du comte, de cette somme assez considérable ! dit-il.

— Oh ! fit l'évêque, le chapitre des dépenses secrètes pour espions à Paris offre une grande élasticité. Vous y avez déjà introduit de gros chiffres, mon cher curé, et vous avez su les faire admettre.

— Très bien ! dit Bernier. Mais je suis assez inquiet de ce qui peut se passer à Chanteclair. Les bonnes sœurs qui s'y sont réfugiées, auront-elles bien compris nos instructions ?

— Les vôtres, curé ! Les vôtres ! Je n'en ai donné aucune,

10.

— J'ai conseillé pour le mieux ces pauvres sœurs ! dit l'abbé.

— Vous avez dit...

— D'être douces avec la jeune fille, de l'amadouer par les petits soins et les caresses. De...

L'évêque d'Agra, qui souriait, se mit à rire franchement, ce qui interloqua l'abbé Bernier.

Provincial, il s'inquiétait dès qu'il voyait la raillerie poindre sur les lèvres de ce Parisien.

— J'ai donc eu tort ? demanda-t-il.

L'évêque se leva, secoua toutes les apparences sacerdotales dont il s'enveloppait devant Bernier, et, cynique, gouailleur, il lui dit en lui tapant familièrement sur le ventre :

— Allons, mon gros père ! Il faut abattre les cartes et montrer ton jeu ! Tu es amoureux de la petite ! Tu flambes ! Allume ! allume ! Ça chauffe à blanc ! Tu la veux ! Soit, tu l'auras ! Tu ne crois pas plus que moi à toutes les blagues royalistes et religieuses. Tu vises à être évêque, puis cardinal, si le roi triomphe. Nous aurons la même fortune. Nous sommes alliés. Entre temps, tu te toques tantôt d'une femme, tantôt d'une autre. C'est ton affaire. Pas de mal à ça. Je te passe la Meuris, tu auras bien d'autres choses à me passer. Carte blanche.

L'abbé Bernier, stupéfait et ahuri de cette cynique déclaration de principes, se sentit troublé.

— Eh ! lui dit Guyot, pas d'hypocrisie ! Veux-tu que je te confesse, mon gaillard ?

Puis, changeant brusquement de ton, redevenant un prêtre fin et délié, étonnant Bernier par cette transformation à vue, il lui dit :

— En somme, mon cher curé, vous voulez gagner le cœur de cette petite... au Seigneur ; vous pensez y arriver par l'onction et les confitures ; vous vous trompez. Vous. avez affaire à une nature arrogante, hautaine et intrépide. Il faut la dompter! Rappelez-vous que mademoiselle Meuris est restée debout, quand je bénissais ce bon peuple vendéen, du haut des toits!

— C'est vrai! dit Bernier.

— Donc, envoyez des ordres là-bas, à vos nonnes, pour que l'on agisse rigoureusement, très rigoureusement avec mademoiselle Meuris. Il y a bien un *in-pace* quelconque à Chanteclair?

— Oh! sûrement.

— Qu'on l'y enferme! Vous la laissez à ses terreurs et à ses souffrances dans ce trou noir.

— Puis?...

— Et puis vous arrivez, vous la délivrez, vous la traitez paternellement et vous profitez de la réaction qui s'opèrera en elle pour la gagner... au Seigneur.

Redevenant, en un clin d'œil et pour quelques secondes, le drôle sceptique qu'il était, Guyot mit sa main sur l'épaule de Bernier et lui demanda :

— Est-ce joué, ça, mon vieux? Es-tu content? Ah! vieux coquin, tes babines de sanglier tressaillent déjà. Ton groin flaire la truffe. A l'occasion, souviens-toi que pour rendre service à un ami, il n'y a pas plus gentil que moi.

Et grave, solennel, à très haute voix :

— Allez, monsieur le curé! Et croyez qu'en vous conformant à mes instructions, vous servirez au mieux Sa Majesté et la cause de notre sainte mère l'Église Catholique.

Bernier n'avait pas pu retrouver son souffle pendant cette scène.

Il était étourdi comme un homme ivre.

Il avait tacitement au moins avoué ses visées sur mademoiselle Meuris, il avait confessé ses turpitudes en bloc; n'osant protester, il était maintenant l'humble complice de l'évêque et entièrement dominé.

En s'en allant, il murmurait :

— Comme il va ! Comme il va !

Et cela l'inquiétait.

Mais la passion, la passion qui aveugle l'homme parlait en lui plus haut que l'ambition, plus haut que sa clairvoyance politique.

— En somme, dit-il, c'est un bon garçon. Il m'abandonne la petite ! S'il devient gênant plus tard, nous verrons ! Je serai toujours à même de le démasquer à temps.

Quant à Guyot, une fois seul, il reprit le masque railleur du voyou parisien et avec un geste de faubourien canaille il dit :

— Encore un dans le sac !

Et il envoya un exprès à Leroux avec une petite lettre d'une dizaine de lignes, écrite en argot et dans un style énigmatique que, seul, pouvait comprendre le capitaine de la bande à *Bibi*.

CHAPITRE IX

LES ANGOISSES DE NANTES

Le 15 juin 1793, Nantes qui depuis un mois était entourée par l'insurrection vendéenne, Nantes qui se sentait menacée d'un déluge de cent mille barbares, apprenait que Saumur était à sac, qu'Angers s'était livré sans combat, que les armées républicaines, battues partout, reculaient partout, que les armées vendéennes et les bandes bretonnes se mettaient en marche de toutes parts pour l'attaquer.

Trois cent mille pillards suivaient et poussaient le flot de l'invasion.

Pour l'arrêter, Nantes avait cinq bataillons réguliers atteints d'un morne découragement, quatre compagnies de canonniers parisiens et sa garde nationale.

Depuis si longtemps que cette ville se sentait isolée entre la Vendée et la Bretagne soulevées en masse, elle avait envoyé à la Convention, puis au Comité de Salut public, appel sur appel, sans rien obtenir.

Pourquoi cet abandon?

Parce que la France était alors dans une situation effroyable.

L'ennemi, aux frontières, écrasait nos armées; tous

les renforts étaient dirigés vers le Nord et vers l'Est envahis.

Au dedans, régnait une anarchie qui paralysait tout effort et stérilisait les meilleures bonnes volontés.

Poussé par Robespierre, Danton avait accusé la « Gironde » dont les chefs avaient été arrêtés.

Les députés girondins avaient fui de Paris en province et soulevé les départements; partout la guerre civile était commencée et prenait des proportions formidables; non plus la lutte des royalistes et des révolutionnaires, mais la guerre plus dangereuse entre républicains.

Lyon, Marseille, Toulon, Bordeaux, tout le Midi, la Normandie, la Bretagne, tout l'Ouest, Orléans au Centre, partout enfin les Girondins armaient pour écraser les Jacobins en province et marcher ensuite sur Paris.

C'est au milieu de ce déchirement que les Nantais avaient demandé du secours. Leurs voix suppliantes s'étaient perdues au milieu du bruit de la tempête qui battait la Convention de toutes parts.

Du reste, la Montagne triomphante avait peu de sympathie pour Nantes qui était girondine.

Girondin son maire.

Girondine sa municipalité.

Girondines ses classes riches, très nombreuses, très influentes dans une ville si marchande, si riche, encombrée des trésors amassés par le trafic maritime et la traite des nègres.

La Montagne s'était faite sourde aux cris d'appel d'une ville réputée aristocratique.

La députation nantaise fit cependant en juin de tels efforts pour obtenir des renforts, qu'on voulut avoir l'air de faire quelque chose; on envoya six cents hommes à une ville qui avait cent mille Vendéens à repousser!

Le 22 juin, les députés nantais indignés s'écrièrent en

quittant la barre de la Convention : « Vous nous abandonnez... le torrent vous emportera. »

Ne pouvant rien obtenir de Paris, Nantes avait lancé des adresses aux départements voisins qui, girondins comme elle, lui montrèrent de la sympathie. Les Côtes-du-Nord, Ille-et-Vilaine, Mayenne, Maine-et-Loire, Orne, Seine-Inférieure, Seine-et-Marne et Seine-et-Oise avaient envoyé des volontaires; mais bien peu en raison de la désorganisation générale.

La Convention avait fait partir deux représentants. Mais ceux-ci n'étaient là que pour surveiller d'un œil défiant cette ville suspecte. Jusqu'au dernier moment, ils voulurent se retirer avec la garnison.

Dans la ville, la population était divisée en deux partis.

L'argent, l'influence, la supériorité du nombre étaient aux Girondins, bourgeois et marchands.

L'énergie, la vigueur, l'ardente conviction qui donne la foi, étaient aux Jacobins, appuyés sur trois mille ouvriers et deux mille portefaix.

A la tête des Girondins, Baco, le maire, un vieillard superbe, plein de feu, l'œil jeune, les traits nobles, la barbe blanche, une tête de vieux lion pleine de majesté. Républicain sincère, mais très aristocrate de manières. Girondin par éducation. Appartenant à ce parti libéral qui avait horreur de la dictature, Baco en avait l'instinct et il exaspérait les Jacobins par la compression qu'il exerçait sur eux; ceux-ci ripostaient et se défendaient avec un entêtement formidable. A leur tête était le ferblantier Meuris, un Wallon de Tournai établi depuis longtemps à Nantes et chef du club établi dans l'église Saint-Vincent.

Meuris avait formé des bataillons d'ouvriers qui avaient rendu de grands services; ils avaient plusieurs fois dégagé les environs de Nantes des bandes qui les infestaient.

Baco avait pour lui les vieux bataillons girondins de la garde nationale; mais il les trouvait un peu mous et il avait imaginé de les renforcer par des compagnies de volontaires, composées de la jeunesse dorée de Nantes, très portée aux aventures par la tradition des familles d'armateurs ; les mauvaises têtes, les duellistes, les boute-feu y abondaient. On les avait appelés la légion nantaise.

On les avait soldés et on laissait sans prêt et sans pain les bataillons d'ouvriers.

De là, colère de ceux-ci.

De là, rancune.

Entre ces deux éléments de la garde nationale, cinq bataillons de ligne, tirés de différents régiments, pleins de mépris pour la milice nantaise, ne croyant pas à une défense possible, et convaincus qu'ils allaient battre en retraite et abandonner la ville à l'ennemi. Lorsque le soldat juge impossible militairement de sauver une ville, il devient hostile à la population qui veut se battre. Il l'en empêcherait volontiers. Il regarde comme une injure, que des civils prétendent lutter, quand il y renonce.

Ne croyant pas à la légion nantaise, encore moins à la garde nationale, la garnison semait le découragement dans la ville.

La ligne, du reste, penchait pour le parti des Girondins.

Mais les canonniers de Paris avaient apporté le feu sacré qui animait leur ville ; ils voulaient la bataille et ils étaient Jacobins.

Telle était la position réciproque des partis de Nantes, le 15 juin au matin, quand éclata la nouvelle sinistre :

— Les Vendéens marchent sur nous!

Et rien, rien à espérer!

L'armée de Brest était réduite à son minimum. L'armée de Lorient, commandée par Biron, auquel on attribuait trente mille hommes, n'en avait que neuf mille, dont trois mille recrues. L'armée de Bourbotte et de Ronsin était en déroute.

Pas d'espoir au dehors !

Au dedans haine, défiance et affaissement général.

Les deux représentants ne cherchaient pas à relever l'esprit public. Merlin de Douai, un jurisconsulte qui n'avait rien d'héroïque, n'entendait rien à la guerre ; il était, par caractère, indécis et hésitant. Chauvet, son collègue, était nul.

Tous deux prenaient l'avis de Canclaux. Et Canclaux, bon général quoique marquis, n'ayant aucune confiance dans les milices en général, et moins en celles de Nantes, si divisée, qu'à toute autre, Canclaux déclarait qu'on ne pouvait, avec cinq bataillons, défendre une ville immense éparse sur trois rivières, sans murailles, ouverte partout. Les représentants préparaient donc l'évacuation de la ville.

Aussi, le 15, les Nantais, sentant venir l'orage, se jugèrent-ils perdus. La ville fit en quelque sorte son testament, le président du département écrivait au *Morbihan* : « Nos maux sont extrêmes. Demain, Nantes sera livrée au pillage. Une troupe immense de brigands nous enveloppe ; ils sont maîtres de la rivière. Tous les chemins sont fermés ; aucun courrier n'arrive à nous. Nos subsistances sont pillées ; la famine va nous saisir. Au nom de l'humanité, donnez-nous de vos nouvelles. Adieu, frères, cet adieu est peut-être le dernier ! »

Les soldats commencent à montrer cet esprit d'indiscipline qui s'empare des mauvaises troupes découragées.

Ils se mettent même à piller les vivres, furieux de ce que les Nantais veulent tenir quand même.

Les mauvaises nouvelles sont semées partout par les royalistes ; la ville prend spontanément les armes, comme si déjà les ennemis étaient aux portes.

Les bataillons Meuris garnissent les quais, la légion nantaise est sur les places.

Les Girondins reprochent aux Jacobins la lâcheté des représentants qui trahissent Nantes et vont retirer la garnison.

Les Jacobins accusent la Gironde d'avoir perdu la France en la divisant et en s'opposant aux grandes mesures révolutionnaires.

On se menace et des rixes s'engagent.

On va se battre, on va faire feu.

Tout à coup un bruit étrange se répand, c'est une rumeur vague, inquiétante ; on parle d'un grand chef vendéen entré dans la ville, il arrive à cheval, il cherche Meuris, des cavaliers républicains l'escortent, il vient, le voilà, c'est lui !

Et les bataillons de Meuris qui l'ont connu enfant s'écrient : — C'est le Bâtard !

Les querelles sont suspendues.

L'on regarde et l'on attend !...

Le Bâtard avait naturellement demandé Meuris, et, parcourant les quais sous l'escorte des cavaliers républicains, à la recherche de son père nourricier, il avait pu juger de l'état où se trouvait la ville.

Le carrefour où il venait de s'arrêter était celui où les hostilités étaient sur le point de s'engager.

Dans ce grand carrefour, débouché des quais sur la ville, les chefs des deux partis se trouvaient en présence, s'étant portés tous deux au point le plus périlleux, c'est-à-dire à l'endroit où il y avait contact entre la tête des bataillons jacobins et la queue de la légion nantaise.

Meuris et Baco faisaient tous leurs efforts pour contenir leurs hommes.

Le Bâtard paraissait au moment où, de chaque côté, on se renvoyait des injures ; déjà même les baïonnettes s'étaient abaissées et les sabres étaient sortis des fourreaux.

D'un côté, ces beaux jeunes gens de la légion nantaise,

en brillant uniforme, pimpants, fringants, beaucoup se disant Girondins qui étaient au fond royalistes; la fine fleur de leur élite, leurs épées fameuses, étaient groupées devant l'état-major des Jacobins et les patriotes du club Vincent-la-Montagne ; la querelle était ardente.

Chose assez bizarre, c'étaient des hommes établis à Nantes, mais étrangers à sa race, qui menaient cette dispute acharnée.

Du côté des Girondins, d'abord le chef d'un corps de la cavalerie bourgeoise, le général des dragons rouges de Bretagne, l'ex-chirurgien Beysser. C'était un Alsacien, très brave, buveur et rieur, l'un des beaux hommes de France. Il avait fait la guerre aux Indes. Il avait une confiance incroyable qui souvent le faisait battre. Il chansonnait l'ennemi, et fit des chansons jusque sous la guillotine. Inconséquent et léger, il n'était pas au niveau d'une affaire aussi grande que la défense de Nantes; mais il était étourdissant de verve contre Meuris et les Montagnards. (Michelet.)

Un autre chef des Girondins, Coustard, plus calme et plus sérieux que Beysser, adressait aux Jacobins de Nantes de cruels reproches, les accusant d'avoir jeté la division en France en contribuant par leurs adresses à l'arrestation des Girondins, le 2 juin précédent.

— Toi aussi, tu es un assassin ! criait-il à Meuris ! Car ton club et toi vous avez pétitionné contre nous, et demandé nos têtes pour l'échafaud !

Coustard était un créole intrépide, s'était fait Nantais, et représentait Nantes à la Convention. Héroïque à la bataille de Saumur, il voulait maintenant défendre Nantes, ou bien y périr. Sans nul doute, il avait senti que Nantes abandonnée serait l'opprobre éternel du parti girondin, la confirmation de tout ce qu'on disait de ses liaisons avec la Vendée. Nantes sauvée, au contraire, la Gironde était sauvée, du moins dans l'histoire.

Et, tout révolté qu'il fût contre la Convention, il voulait prouver que les Girondins ne pactisaient pas avec les royalistes.

Mais l'esprit de parti lui inspirait des diatribes violentes contre Meuris auquel il reprochait d'être Belge.

Celui-ci répondait fièrement qu'il avait le cœur français et qu'il l'avait prouvé.

Beysser, lui, beau tireur et bel homme, venait de voir ses plaisanteries relevées par deux amis de Meuris, deux vaillants hommes, deux capitaines qui méritent bien qu'on en parle. L'un était un très beau jeune homme, aimé des hommes, adoré des femmes, un Nantais de race d'Irlande, le maître d'armes O'Sullivan, tête prodigieusement exaltée, noblement folle, à l'irlandaise ; c'était une lame étonnante, d'une dextérité terrible dont tout coup donnait la mort. L'autre, non moins brave, était un nommé Foucault, véritable dogue de combats, dont on a trop légèrement accusé la férocité ; eût-il mérité ce reproche, ce qu'il a fait pour la France dans ce siège mémorable a tout effacé dans nos souvenirs. (Michelet.)

Foucault qui aboyait avec fureur ; Meuris qui, d'une main, contenait ses hommes, de l'autre repoussait par un geste énergique les invectives de Coustard ; O'Sullivan qui provoquait Beysser ; Baco qui sentait une grave responsabilité tomber sur lui et qui voyait ces discussions précipiter la ruine de Nantes ; derrière les chefs, les lieutenants, plus agressifs encore ; puis la foule des deux partis ; et, tout à coup, entre les deux camps, un homme !

Le Bâtard !

Un Vendéen !

Un chef célèbre !

Autour de lui, des cavaliers républicains et l'officier qui, après avoir servi d'espion, avait repris son uniforme.

La sensation fut profonde.

L'effet fut immense !

Comment ! Un blanc !

Pourquoi !

Un parlementaire sans doute !

Telle fut la première pensée !

Et il voyait la ville aux prises avec elle-même.

Honte sur les partis !

Girondins et Jacobins furent saisis de rage en songeant que leurs dissentiments les livraient à l'ennemi.

En somme, républicains sincères, sauf quelques faux Girondins, ils se sentirent coupables d'étaler leurs dissentiments en présence d'un Vendéen.

Mais celui-ci étendit la main et dit :

« Citoyens ! »

Ce mot tomba sur la foule et produisit une sensation profonde.

Citoyens !

Lui, un général angevin, il ne se sentait pas la bouche écorchée par ce mot révolutionnaire !

C'était bien étrange.

Le Bâtard apercevant Baco poussa son cheval vers lui, salua le maire de Nantes et lui dit :

— Pour vous, monsieur !

Les deux hommes se regardèrent.

Le vieux lion de Nantes, secouant sa crinière blanche, regarda ce beau et loyal jeune homme qui, secouant sa chevelure d'or, criait déjà aux masses un appel passionné.

Baco ému, lut la lettre de mademoiselle Sauveur, en même temps qu'il écoutait.

Le Bâtard, en quelques mots puissants, avait conquis tout ce peuple.

— Citoyens, avait-il répété, je quitte une armée où règne la désunion et qui n'entrera jamais à Nantes, si vous êtes unis. Mais je vous trouve armés les uns contre les autres. Je viens loyalement offrir une épée à la République et il faut, en arrivant ici, que je me demande pour quelle république un bon Français doit combattre? Je quitte avec indignation le service du roi, parce que servir le roi, c'est servir l'Anglais; et j'entends ici que les uns reprochent aux autres de trahir! J'avais cru à une République *une et indivisible;* j'avais cru qu'ici, à Nantes, terre de France, on ne songeait qu'à sauver une terre française de l'invasion des habits rouges. Vendéen, je maudissais la Vendée trahissant la patrie. Faut-il haïr et mépriser les Nantais qui se déchirent ayant les barbares à leurs portes?

Les paroles du Bâtard passaient vibrantes, réveillant l'amour de la patrie au fond des cœurs. Mais des voix crièrent, car le soupçon était au fond des âmes, à cette époque; des voix demandèrent impérieusement dans les deux camps :

— Qui est celui-là?
— Qui en répond?
— Pourquoi ce Vendéen ici?

Deux hommes s'avancèrent.

L'un, Baco, tendit la main à Roquebrune, et dit à haute voix :

— Je réponds de lui!

L'autre, Meuris, s'élança et embrassa le jeune homme.

Cette scène extraordinaire produisit une réaction immédiate.

Roquebrune qui avait sauté à terre pour se jeter dans les bras de Meuris, remonta à cheval.

— Citoyens, cria-t-il d'une voix vibrante, je suis la Vendée française! Le salut du pays est la République, mais je demande l'union et la concorde! Plus de royalistes! Plus de Girondins! Plus de Montagnards! Des Français, des soldats! Nous devons marcher à la mort et à la victoire, la main dans la main!

Des cris enthousiastes accueillirent ce chaleureux appel ; les mains se tendirent pour s'étreindre, les compagnies se mêlèrent et toutes les rancunes furent oubliées.

On jura de sauver la ville.

Résumant cette révolution opérée dans les esprits à Nantes par l'arrivée de Roquebrune, Michelet raconte ainsi cette fête de l'union des partis à la veille des combats :

« La nouvelle grave et terrible de la bataille de Saumur, de l'évacuation d'Angers, la marche des Vendéens vers l'ouest, firent taire ces rivalités. Les Montagnards furent admirables. Goullain, au nom du club de Saint-Vincent, proposa au club girondin et aux corps administratifs de se réunir tous à Saint-Pierre, dans la cathédrale, pour aviser au salut public et fraterniser.

» On convint que, tous ensemble, Montagnards et Girondins s'inviteraient dans l'église ; et, se prenant par le bras, iraient ensuite les uns chez les autres prendre le dîner de famille, et, de là, toujours ensemble, travailleraient aux fortifications.

» Cette proposition excita une joie universelle. Toute la nuit, les membres des deux clubs allèrent de poste en poste pour annoncer cette grande communion révolutionnaire. Elle eut lieu le lendemain ; tous y puisèrent une incroyable force et jurèrent de sauver la France (15 juin 93).

» Il avait suffi d'un homme pour opérer ce miracle, et cet homme était le Bâtard de Lescure. » (Michelet.)

CHAPITRE X

PATRIE ET PATERNITÉ

Lorsque Roquebrune eut lancé, dans les bras les uns des autres, les deux partis républicains ; lorsque la foule émue et reconnaissante se fut écoulée, les Girondins, emmenant les Jacobins et les rudes ouvriers des quais conduisant les jolis garçons de la légion nantaise dans leurs taudis pour y boire un verre de vin de l'île de Ré et y manger une tranche de jambon ; lorsque l'union fut consommée, quelques hommes restèrent en présence : les chefs.

En eux était la haute pensée, le sentiment élevé, la conscience de la ville.

Meuris, un petit homme rouge de poils, avec des yeux gris, vifs, pétillants, la flamme de l'éternelle protestation du peuple dans le regard, Meuris, loyal, franc, mais souvent meurtri, sentait bien que Baco, le roi Baco, le lion Baco, devait avoir quelque chose à lui dire.

Et, non pour lui, mais pour ce peuple qu'il représentait, Meuris devait attendre que le maire, le citoyen riche, fît le premier pas.

Baco vint noblement, la main ouverte, vers Meuris.

— Citoyen, lui dit-il, nous dînons tous chez moi ou chez toi.

— Chez toi ! dit le ferblantier. Mon cœur est aussi

grand que le tien. De ce jour, Baco, je t'aime comme si tu pensais comme moi. Mais ta maison est grande, la mienne est petite. Elle ne pourrait contenir tant d'amis !

— Je vous attends tous dans deux heures, dit Baco. D'ici là, courez la ville, visitez les postes. Annoncez partout la bonne nouvelle. Dites aux soldats qu'à Nantes il n'y a que des Français et des républicains. Et revenez consacrer notre amitié en rompant le même pain, arrosé du même vin.

Puis, par un privilège des grandes natures sympathiques, prenant sur les chefs jacobins la même dictature que sur les Girondins :

— Beysset et O'Sullivan, ensemble, partout, allez dire aux avant-postes que Nantes est unie et que Nantes vaincra. Foucault et Coustard, vous irez tous deux dans toutes les rues de la ville, sur les quais, au fond des faubourgs. Vous crierez à haute voix que Meuris dîne chez Baco ! Si quelqu'un se dit Girondin, qu'on le fusille. Et que l'on fusille également qui se prétendra Jacobin.

Avec un geste énergique et sincère d'une grande noblesse :

— Plus rien, absolument rien des anciennes querelles. Plus de partis ! On se battra contre les Vendéens ! On est soldat ! Rien que soldat !

Puis embrassant Meuris :

— Tu vas recevoir un choc terrible, mon ami ! Mais quelqu'un veille sur ta fille et la sauvera ! je l'espère ! je le crois ! va, pleure, désole-toi ! Tu as deux heures pour oublier la patrie et te souvenir que tu es père. Dans deux heures, je t'attends ! Je te demande d'avoir oublié tout, même ton enfant, pour ne te souvenir que du salut de Nantes ; et, la ville sauvée, compte sur Baco pour t'aider à délivrer ta fille.

Puis souriant :

— Du reste, voici de Roquebrune...

— Pardon ! dit le jeune homme. Pas « de ».., pas. « Roquebrune ». Je n'ai plus qu'un titre, plus qu'un nom : Le Bâtard !

— Eh bien, voici un bâtard, dit Baco, qui a fortement envie de te donner des petits-fils très légitimes ! A nous tous, que diable, nous viendrons bien à bout de l'abbé Bernier et de l'évêque d'Agra.

— Ah ! ces prêtres ! s'écria Meuris.

Et il s'éloigna avec de Roquebrune.

Meuris devinait tout et ne savait rien.

Il venait de recevoir au cœur un coup terrible.

Sa fille !

L'aînée !

Il la croyait en sûreté. Et voilà que, tout à coup, au milieu des troubles de Nantes, il apprenait que sa fille était en danger !

— Viens ! dit-il au Bâtard.

Et il l'entraîna dans un cabaret voisin où il s'isola avec lui.

S'il est un peuple au monde qui adore ses enfants, disons le mot, ses petits, c'est cette race des Wallons belges. Chez eux l'amour paternel est développé à un degré inouï, intelligent et bestial à la fois.

De plus, Meuris était peuple et le peuple a pour sa progéniture une tendresse aveugle et touchante ; il la pousse jusqu'à l'exagération, jusqu'à la folie.

L'ouvrier honnête n'a qu'un but, des enfants ! Les élever les instruire, les faire prospérer, les arracher à la glèbe du prolétariat s'il le peut, voilà l'objectif auquel il s'acharne.

On peut dire qu'il travaille à la lueur des regards d'enfants dardés sur lui. C'est pour eux, c'est pour la nichée, qu'il a peur de manquer !

Le mot qui revient le plus souvent dans ses conversations c'est celui qui résume sa vie de labeurs : les petits.

C'est pour les petits qu'il lutte, travaille et peine !

Et Meuris, devenu tout à coup chef de parti, avait eu peur que son affection pour sa fille ne paralysât son énergie et sa volonté.

Il avait cru se rendre fort, en assurant son sort et en l'éloignant de Nantes toujours menacée.

Il l'avait envoyée à Saumur chez une de ses tantes du côté maternel, avec ordre de reculer à la première menace et de fuir sur Paris.

Et sa fille était prise !

Il sentait dans sa poitrine une tempête qui cherchait une issue.

Mais la vie politique, dans ces terribles crises, l'avait accoutumé à se dompter et il avait pris sur lui-même cet empire qui fait qu'un homme commande aux masses.

Puis le mépris des mots inutiles, des phrases perdues, s'était emparé de lui comme de tout homme qui lutte.

Il était laconique.

Il entraîna donc le Bâtard, sans question oiseuse en route, dans une salle de ce cabaret, voisin du carrefour, où il s'enferma avec lui, et il lui dit :

— Parle et dis tout!

Roquebrune était soldat et éloquent.

Il savait dire beaucoup en peu de mots.

Il raconta clairement, rapidement ce qui s'était passé.

Un seul point restait obscur.

— Pourquoi, demanda Meuris, la tante ne s'est-elle pas réfugiée à Caen ? Je le lui avais ordonné.

— Elle allait partir ! dit Roquebrune. Je me suis risqué dans la ville, sous un déguisement et je lui ai juré qu'elle n'avait rien à craindre des royalistes.

— Et ma fille ne s'est pas indignée ? Elle ne t'a pas livré ?

— Mais... elle m'aime !

— Et moi aussi, je t'aime, s'écria Meuris. Mais je t'aurais vu ici, à Nantes, venant me parler de salut, quand toi et les tiens vous menaciez la ville, je t'aurais fait guillotiner sans pitié, quitte à me faire hacher le lendemain dans la première sortie de mes bataillons.

Roquebrune comprit en ce moment ce que le fanatisme révolutionnaire, l'amour sacré de la patrie, le dévouement à l'émancipation du peuple, peuvent inspirer de grand à un esprit d'une trempe vigoureuse.

Roquebrune cependant avait une objection; il dit :

— Mais ta fille ne peut comme toi, un homme, marcher sur son cœur et faire taire ses sentiments. Va donc parler à une femme de livrer son frère, à une mère de jeter son fils sous la hache.

— Voilà, dit Meuris gravement, pourquoi l'homme est supérieur à la femme. Tu es mon fils, maintenant. Tu es plus que l'enfant de mon sang, puisque tu es celui de mon esprit. Puisque, soustrait depuis si longtemps à mon influence, tu me reviens républicain, toi, bercé depuis ton départ sur les genoux des marquises. Eh bien! essaye d'avoir une faiblesse!

Reviens à ta cause royaliste, penche pour l'indulgence, demande-moi la grâce d'un ami! Et tu verras! Et tu verras ce que c'est qu'un vrai républicain.

Roquebrune ne savait pas ce que c'était qu'un homme de principe, d'honneur et de caractère, chauffé à blanc par la fournaise révolutionnaire.

— Vous ne pouvez fouler aux pieds tout sentiment humain! dit-il. Un père reste un père. Je comprends que, pour moi, fils d'adoption...

Meuris indigné se leva, ému par un de ces grands mouvements tragiques, qui sont bien plus dans les situations que dans les hommes.

— Jacques, dit-il, je dis ce que je pense, je fais ce que je dis, je suis sincère et pour le prouver, défense, entends-tu, défense à toi de me dire un mot de plus sur ma fille.

J'arrache mon cœur! Nantes est menacée! Sauvons Nantes. Puis, le grand devoir civique accompli, nous songerons à ma fille et à ta fiancée. D'ici là, ni père, ni amant, ni frère. Baco l'a dit : Nous sommes soldats. Rien que soldats. Plus rien de mon enfant. Je l'oublie! Jacques, si tu as une âme de Français, un âme d'homme, tu oublieras jusqu'à la mort ou jusqu'au lendemain de la victoire.

CHAPITRE XI

UN CHAPITRE DE L'HISTOIRE DE NANTES

L'histoire des Révolutions est faite de grandeurs et de petitesses; rien de moyen. La force des circonstances, la pression des événements, la puissance des crises pèsent sur l'homme, l'écrasent ou le poussent, l'aplatissent ou l'exaltent.

Tout est crime ou tout est vertu.

A côté d'un Montagnard, comme Meuris, stoïque plus grand et resté plus humain que Brutus; à côté de Baco, de Coustard, de O'Sullivan, des héros, Nantes vit un spectacle lamentable, un de ces généraux de parade, empanaché, sans talent comme sans valeur, qui s'improvisent grands capitaines sur la place publique et qui vont scandaliser les camps par l'étalage de leur insolente nullité.

Notre Révolution a fait surgir par milliers du sein de la foule armée des hommes de guerre incomparables, que la flamme du patriotisme éclairait, et auxquels l'enthousiasme donnait le génie des batailles. Meuris, pour n'en citer qu'un! Meuris immortalisé par le combat de Nort qui sauva Nantes.

Mais en face de lui se dressait Ronsin, une sinistre caricature militaire de cette grande époque.

Et tant valait le général, tant valait son armée.

Sous Meuris, ces admirables volontaires nantais, qui servaient avec un désintéressement généreux et qui, partis cinq cents pour Nort, revinrent trente...

Sous Ronsin, des mercenaires, des hommes achetés à tant par tête, pour former une troupe à leur général.

Ils ne combattirent jamais.

Ils furent la honte de Paris.

Ce sont eux qui ont permis aux écrivains réactionnaires de calomnier les volontaires parisiens confondus à dessein avec ces vendus.

Paris, dit Michelet, les vomit en Vendée; Ronsin s'y gorgea à plaisir, paradant en voiture découverte devant le front de l'armée, avec des filles publiques, avec un monde d'épaulettes, de jeunes polissons à moustaches qui n'avaient jamais fait la guerre que dans les cafés de Paris.

Ces braves avaient une excuse pour ne pas voir l'ennemi. Leurs troupes n'étaient pas formées. Les *héros* à 500 *livres* que l'on avait engagés, étaient généralement des ivrognes indisciplinables qui commandaient à leurs chefs, et, colorant leurs frayeurs de défiances fausses ou vraies, criaient aux moindres rencontres : « On nous vend... Nous sommes trahis! » La plupart restaient à Tours, s'obstinant à attendre les canons qu'on leur promettait de Paris, protestant que, sans canons, ils ne pouvaient faire un pas.

Ronsin vint à Nantes avec ses dix aides de camp, et l'effet fut tel dans Nantes, qu'on prit le parti de chasser indistinctement tous les agents du pouvoir exécutif et de leur fermer les portes. On alla jusqu'à leur dire qu'on les ferait arrêter.

Il est curieux de savoir ce que Ronsin et Santerre proposaient pour sauver Nantes : Santerre voulait qu'on fît venir six mille hommes de Dunkerque! Ronsin douze mille hommes de Metz! Inventions admirables dans un danger si pressant! J'aime mieux une autre idée de Rossignol et de Santerre : « Envoyez-nous un bon chimiste... Fourcroy, par exemple. Par des mines, fumigations ou autres moyens, on pourrait détruire, endormir, asphyxier en peu de temps l'armée ennemie. » (Michelet.)

Cette expulsion de Ronsin ne fut possible qu'avec l'assentiment de Meuris indigné contre ce général de barrière; Montagnards et Girondins s'unirent pour se débarrasser de ce panache encombrant.

Ronsin furieux, ayant pleins pouvoirs militaires, pesa sur Canclaux, général commandant la garnison et sur les représentants en mission pour que la ville fût abandonnée.

On le chassait.

Il conseilla de fuir la ville en la livrant sans défense aux Vendéens.

Cette expulsion de Ronsin explique aussi dans une certaine mesure pourquoi Nantes fut si peu secourue.

Canclaux, fort des conseils de Ronsin, n'était que trop disposé à évacuer la ville ; excellent officier, l'ex-marquis de Canclaux, général distingué, était un esprit froid et ferme, connu par de bons ouvrages sur la tactique militaire. Son avis toutefois, conforme à celui du commandant de l'artillerie et du château, était qu'on ne pouvait défendre la ville. Canclaux, arrivé à l'âge de cinquante-quatre ans, avec une bonne réputation militaire, se souciait peu de la compromettre.

Canclaux ne croyait guère qu'aux troupes de ligne, et il n'en voyait que cinq bataillons. (Michelet.)

Lorsque la sommation de se rendre arriva, il y eut comme un mouvement de défaillance.

Déjà les avant-gardes de la grande armée vendéenne environnaient la ville. C'était le 28 au soir. On voyait sur les collines et dans les prairies de grands feux qui s'allumaient. Des fusées d'artifice qui montaient au ciel, étaient les signaux que, de la rive droite, l'armée faisait à Charette qui était sur la rive gauche. Les assiégeants arrivaient très confusément, s'appelaient par de grands cris pour se réunir par paroisses; ayant encore peu de tambours, ils y suppléaient en hurlant dans des cornes de bœufs. Ces sons barbares et sinistres qui semblaient moins des voix d'hommes que de bêtes, remplissaient tout de terreur; on disait dans les rues de Nantes : « Voilà les brigands. »

Le peuple était fort ému, frémissant à la fois de crainte et de courage.

L'attitude des soldats et des représentants l'inquiétait, le décourageait; les atrocités des Vendéens l'indignaient, il eût voulu les punir.

Ce n'était pas la mort qu'on avait le plus à craindre, mais bien les supplices. Les Vendéens en avaient inventé d'étranges et vraiment effroyables. Les Nantais arrivèrent en reconnaissance à Challans, ils virent cloué à une porte je ne sais quoi qui ressemblait à une grande chauve-souris; c'était un soldat républicain qui depuis plusieurs heures restait piqué là, dans une effroyable agonie, et qui ne pouvait mourir.

Lorsqu'on reçut ces terribles nouvelles d'assassinats, de massacres, d'hommes enterrés vifs, il y avait une grande panique. Les femmes, dans une sorte d'agonie de peur et de défaillance, s'accrochaient à leurs maris et les retenaient. Baco et les magistrats firent une chose insolite : ils parcoururent la ville à pied, s'arrêtant, se mêlant aux groupes, demandant à chacun ce qu'il fallait faire, relevant les courages et représentant à la foule que capituler c'était se livrer sans défense aux pillages et aux tueries des Vendéens.

La sommation des Vendéens, apportée le 22 juin, demandait qu'on livrât la place et les deux représentants du peuple qui s'y trouvaient, promettant de garantir les personnes et les propriétés. C'était promettre plus qu'on n'eût pu tenir. Rien n'aurait arrêté la haine des paysans, ni la fureur du pillage. De trente lieues à la ronde, il venait des gens tout exprès pour piller Nantes. Naguère encore (1852), une vieille femme me disait : « Oh! oui, j'y étais, au siège, ma sœur et moi, nous avions apporté nos sacs. Nous comptions bien qu'on entrerait tout au moins jusqu'à la rue de la Casserie. »

C'était celle des orfèvres. Quiconque voit, les jours de marché, la naïve admiration des paysans plantés devant les boutiques d'orfèvres, leur fixe contemplation, tenace et silencieuse, comprend quelle attraction devaient exercer les richesses de Nantes sur une foule ignorante et avide (Michelet).

Le maire fit comprendre aux bourgeois que les promesses des Vendéens étaient un leurre; qu'ils mettraient les boutiques et les maisons à sac.

Meuris n'eut pas de peine à prouver aux ouvriers que les paysans, en haine du jacobinisme, les égorgeraient et violeraient femmes et filles.

Puis il fut arrêté que, le lendemain, on tiendrait un conseil de guerre pour décider si l'on défendrait la ville ou non.

La situation était terrible pour la garde nationale, si la garnison, comme tout l'indiquait, évacuait la ville.

CHAPITRE XII

AU CAMP DE CHARETTE

L'armée de Charette, bien munie de canons, aurait dû avoir à faire le gros de la besogne dans le siège.

M. de Charette s'attendait donc à attaquer la ville sur un point vulnérable.

Les ordres du comité directeur lui assignèrent le seul côté de la place à peu près imprenable.

De là une irritation qu'il ne se contraignait point à cacher.

Il venait de recevoir ses instructions, dans son camp, la veille de l'attaque, et il s'emportait en récriminations, quand un message lui arriva.

Il contenait ces mots :

« Général,

» La petite est à Chanteclair ! La bande à Bibi la garde ! Faut-il l'enlever ? En ce cas, envoyez-moi deux cents hommes choisis et je réponds du succès.

» Surtout, méfiance du côté de Casse-Cailloux ; il trahit.

» J'ai un moyen sûr.

» La petite est dans un *in-pace* et c'est ce qui fait que je peux la surprendre, la prendre et l'amener.

» Votre affectionné lieutenant.

» JOLY. »

Cette lettre de Joly, l'un de ses lieutenants, mit Charette en joie.

Il ne douta pas que Joly n'eût trouvé quelque moyen de parvenir, sans être découvert, jusque dans les souterrains de Chanteclair et de réussir à enlever mademoiselle Meuris.

Il ne se doutait pas que Joly subirait le charme irrésistible de cette jeune fille dont la beauté attractive troublait tous les cœurs.

Il ne s'attendait guère à ce que son lieutenant devînt son adversaire acharné.

Ce Joly fut un des types les plus remarquables de cette guerre.

Il était du peuple et cependant royaliste et fanatique ; il poussa le dévouement à sa cause jusqu'à montrer un stoïscisme atroce qui ne le cédait en rien aux mâles abnégations de Meuris.

Le vrai rival de Charette, dit Michelet, fut un Bordelais, Joly, homme vraiment extraordinaire, ignorant, qui savait d'instinct tous les arts : excellent tailleur, horloger, peintre, architecte, cordonnier, forgeron, chirurgien. Il était d'une bravoure et d'une férocité extraordinaires. Il fit fusiller son fils qui servait les patriotes. Il méprisait les nobles (comme Stofflet), et détestait Charette, qui le fit tuer.

Au moment du siège de Nantes, général et lieutenant étaient encore unis.

Charette, pour suivre les avis de Joly, se débarrassa de Casse-Cailloux en l'envoyant prendre le commandement de l'avant-garde, ce qui écartait ce témoin gênant.

Puis, faisant choix de ce qu'il avait de plus leste, de plus hardi et de plus dévoué parmi ses grenouilles », il envoya cette bande à Chanteclair.

C'est ainsi que tous les périls convergeaient vers une

fillette de seize ans, menacée par toutes les brutales passions qui se déchaînaient dans les camps vendéens, à l'ombre du drapeau et sous l'enseigne de la sainte Croix.

Prêtres, gentilshommes et paysans, tous bandits.

CHAPITRE XIII

LA COLONNE INFERNALE

La ville était gagnée à la défense ; mais il y avait à craindre une nouvelle défaillance de la population, mobile et impressionnable.

L'autorité avait pris une mesure terrible : elle avait mis du sang entre Nantes et les armées vendéennes.

Les bandes de Charette et de Cathelineau égorgeaient les républicains ; les républicains jugèrent et fusillèrent les prisonniers insurgés.

Cette rigueur convainquit les Nantais que jamais ils n'obtiendraient quartier des assiégeants ; mais elle convainquit aussi les Vendéens qu'on ne mollirait jamais devant eux. Le jury, qui venait de condamner des insurgés, fit savoir à l'administration que, si l'on exécutait le jugement, l'ennemi mettrait à mort cent soixante patriotes qu'il avait entre les mains : l'administration donna ordre d'exécuter sur-le-champ.

Après cet acte de rigueur, la masse entière de la ville se trouva engagée, aussi bien les riches que les pauvres, aussi bien la plèbe que la bourgeoisie. Et c'est ce qui fit le salut ; la résistance aurait été fort douteuse, si elle n'avait pris un caractère entièrement populaire, si la question ne se fût posée dans ses véritables termes, entre le Nantais et le Vendéen, l'ouvrier et le paysan, les souliers et les sabots.

Si la défense eût été toute militaire, Nantes était perdue. Si elle eût été bourgeoise seulement et par la garde nationale où dominaient les marchands, négociants, gens aisés, etc., Nantes était encore perdue. Il fallait que *les bras nus*, les hommes rudes, les travailleurs, prissent violemment parti contre les brigands, et devinssent une avant-garde. Les bourgeois ne manqueraient pas d'agir également par émulation. (Michelet.)

Baco et Meuris étaient donc sûrs de la population ; tous les Nantais étaient prêts à vaincre ou à mourir.

Mais il fallait gagner le militaire, le rallier à la défense.

La garnison commençait à se conduire déplorablement.

Malheureusement, dit Michelet, les soldats de ligne (qui pourtant se battirent très bien) goûtaient fort l'avis de leurs chefs qui était pour la retraite. On en jugera par ce fait. Un Nantais (M. Joly), rentrant en ville avec du blé, les soldats veulent le lui prendre. « Pourquoi me prenez-vous mon blé, quand vous ne manquez pas de pain ? — C'est, disent-ils, pour que les Nantais, n'ayant pas de vivres, n'essayent pas de se défendre. »

Pour arrêter net ce commencement de débandade, un acte d'énergie était indispensable.

C'est alors que Beysser, Meuris et Baco, sommant les représentants d'agir, firent afficher l'état de siège, la loi martiale et la peine de mort contre quiconque commettrait un acte d'indiscipline.

De fortes patrouilles de gardes nationaux, appuyées par la légion nantaise, balayèrent les pillards et firent rentrer toute cette garnison dans l'ordre avec une inexorable fermeté.

Pendant ce temps, des affiches placardées partout, rappelaient les décrets de la Convention invitant les municipalités à créer des « colonnes infernales » chargées d'exterminer par le fer et par le feu les bandes d'insurgés et les villages qui leur donnaient asile.

Le club Vincent-la-Montagne annonçait qu'il formait un bataillon qui prendrait le nom de Colonne infernale nantaise.

Dans des termes très sobres, très énergiques, les affiches portaient avis que cette troupe devait donner l'exemple de l'intrépidité aux soldats de ligne et de leur prouver que les citoyens savaient « combattre et mourir », les volontaires ne seraient acceptés qu'après avoir fait serment de sacrifier d'avance leur vie à la patrie.

C'était un défi, une leçon aux soldats.

Ils le sentirent.

Le coup était porté sur la troupe qui commenta fort les termes de cette affiche.

Restaient les chefs.

Les chefs continuaient à affirmer que la défense était impossible.

Baco fit aux généraux la seule réponse à faire en ces circonstances ; il leur imposa sa volonté et décréta qu'ils se battraient et seraient victorieux. Il fit convoquer un conseil de guerre où il montra une énergie farouche qui, appuyée par une héroïque démonstration de Meuris, força les chefs militaires à montrer du cœur et à tenter ce qu'ils regardaient comme impossible !

Lorsque le conseil fut assemblé, les représentants du peuple déclarèrent qu'ils s'en rapportaient aux généraux.

Canclaux déclarait la ville intenable ; le commandant du château, la seule fortification qui existât, prétendait qu'on n'y arrêterait pas l'ennemi une heure.

Le commandant d'artillerie déclara qu'il ne répondait nullement de défendre la ville : « Eh bien, moi, dit le maire, je la défendrai !

— Et moi aussi, dit Beysser ; honte aux lâches ! »

Il est étrange de constater qu'en temps de crise et de révolutions, ce sont les militaires qui ne veulent pas défendre les villes et qui évitent le combat volontiers, tandis que ce sont les énergies civiles qui se manifestent.

Un siècle plus tard, Paris devait voir se renouveler ce phénomène : des généraux sans confiance dans le succès, décourageant l'effort d'une population.

La vigueur de Beysser et de Baco fit effet sur les officiers ; mais ils discutaient encore quand on entendit dans la rue le bruit du tambour. Un bataillon défilait sombre, résolu, le drapeau noir déployé à côté du drapeau tricolore.

En tête, Roquebrune, O'Sullivan, Foucault et Meuris.

Celui-ci fit faire halte et face à l'hôtel de ville.

Les généraux, le maire, tout le conseil s'étaient mis aux fenêtres.

La scène était saisissante et se passait devant un immense concours de peuple.

Meuris, montrant ses soldats aux représentants leur dit :

— Nous sommes cinq cents. C'est une *colonne infernale* que j'ai formée conformément aux décrets de la Convention! Nous allons défendre Nort, et y arrêter l'armée vendéenne. Nous avons juré de tenir jusqu'à demain et nous tiendrons. Les soldats doutent de la garde nationale ! Quand nous rentrerons, ils compteront nos morts ! Citoyens représentants, ceux qui vont mourir vous saluent ! Vive la République !

Et au milieu d'un silence solennel, la Colonne infernale

traversa lentement les rues de Nantes se rendant au poste d'honneur d'où trente hommes seulement devaient revenir.

Les autres y sont tombés pour l'honneur de Nantes et de la patrie !

CHAPITRE XIV

UN COMBAT IMMORTEL

Si, pendant près d'un siècle, la réaction n'avait point banni de nos écoles l'histoire de la Révolution française, la Colonne infernale de Nantes serait l'objet d'autant d'admiration en France que les trois cents Spartiates des Thermopyles, et Meuris aurait sa statue sur les quais de la ville qu'il sauva par le combat de Nort.

Mais l'éducation cléricale a si bien faussé et obscurci l'esprit des générations qui ont suivi quatre-vingt-neuf, que, soldat, j'ignorais encore le nom de Meuris; je ne savais de l'histoire de Nantes que les noyades ordonnées par Carrier.

L'exaltation à froid sur les hauts faits des héros antiques n'est point dangereuse pour l'Église; mais si, jetant un regard attentif, dans un passé récent dont trois révolutions ont ravivé le souvenir, la jeunesse de France allait s'éprendre des grands hommes et des grands faits de l'époque révolutionnaire, pas un cœur de dix-sept ans ne résisterait à l'enthousiasme dont Berryer, lui-même, le puissant orateur légitimiste, était saisi quand il parlait de la Convention à la tribune.

Qui donc écrira pour nos écoles une histoire de la Révolution?

Pour moi, appuyé sur le solide terrain de l'histoire et restant fidèle à la vérité jusqu'au scrupule, j'essaye de combler par le roman une immense lacune dans l'éducation du peuple; dans le récit de drames réels qui ont été vécus, je cherche à encadrer les récits de nos écrivains illustres.

Le combat de Nort a fort heureusement échappé à l'oubli, grâce à la plume de Michelet; il fallait le talent de ce passionné pour comprendre et pour peindre les sentiments qui, de l'âme de Meuris, passaient en flamme dans les rangs de ses soldats décimés. Ce père songeait à sa fille, au sacrifice qu'il faisait d'elle à la patrie et il voulait que ce sacrifice fût immortalisé par l'héroïsme.

Meuris, en choisissant Nort, comme poste de combat, montrait un coup d'œil militaire remarquable.

L'armée vendéenne était séparée en trois grandes divisions.

Il était nécessaire que Nort fût occupée, pour que la communication fût établie entre ces trois corps.

La petite ville, perdue au milieu des tourbières, était le poste avancé de Nantes, toujours aux prises avec les brigands; sa garde nationale, excellente, était en permanence sous les armes. Une fois, sous l'effort des bandes vendéennes, toute la population avait dû émigrer à Nantes; puis, avec les bataillons Meuris, elle avait repris la ville.

Quand Meuris parut à Nort, le 27 au soir, avec la Colonne infernale, il trouva les hommes de Nort aux prises avec l'ennemi

D'Autichamp amenait à Charette quatre mille tireurs bretons, célèbres par leur adresse, braconniers au coup d'œil infaillible, aidés par de forts détachements vendéens. A la faveur du crépuscule qui dure si longtemps en juin, d'Autichamp voulait emporter Nort qui barrait sa route et l'empêchait de conduire à Charette ses fameux Bretons.

Le plan de l'armée vendéenne était d'attaquer Nantes, à deux heures du matin et de surprendre Nantes pendant la nuit.

La résistance de Nort sauva tout.

Meuris, distribua ses hommes le long de l'Erdre qui couvrait la ville, et, malgré le feu terrible dont elle était accablée, la Colonne infernale tint toute la nuit contre une armée de quinze mille hommes.

Dix tentatives d'assaut contre le pont furent repoussées.

Au jour, les Vendéens qui sentaient le prix des heures, désespéraient d'enlever cette bicoque qui retardait la bataille et faisait échouer toutes les espérances de surprise.

Une paysanne royaliste connaissait l'existence d'un gué et elle se désolait de ne pouvoir l'indiquer à l'ennemi, car elle était enfermée à Nort avec les assiégés.

Cette femme avait apporté des poules sous prétexte de les vendre, en réalité pour espionner. Elle eut l'idée d'un stratagème pour montrer le passage aux assiégeants.

Elle s'en alla avec ses poules du côté du gué et chassa sa volaille vers la rivière, puis elle fit mine de la poursuivre malgré les cris et les avertissements de Nantais qui ne comprenaient point qu'elle s'exposât à être tuée pour si peu. Ils ne soupçonnèrent sa ruse et sa trahison qu'en la voyant franchir le gué et être reçue à bras ouverts par les Bretons de l'autre côté de l'eau.

La connaissance de ce gué faisait tomber l'effort de la résistance; le braconniers d'Autichamp se rassemblèrent de ce côté, et, par un feu terrible, assurèrent le passage de la rivière à une colonne énorme de Vendéens.

La ville était perdue.

Meuris avec un grand sang-froid fit évacuer la ville

par la population ; puis il prolongea la lutte avec un acharnement inouï, secondé par l'admirable dévouement de ses Jacobins et de la garde nationale de Nort.

C'est alors que se passa le fait d'armes incroyable qui reçut le nom de combat des Trente.

Le Bâtard, à cheval, réunit tous les chefs montés et quelques cavaliers que Meuris avait emmenés pour servir d'estafette ; en tout trente sabres !

Il embusqua son monde dans une petite rue étroite, et, au moment où les Vendéens entraient dans la ville par la rue principale, Roquebrune se lança à corps perdu, à la tête de sa poignée de cavaliers, sur la queue de la colonne assaillante qu'il sabra et qu'il traversa, dit-on, cinq fois, culbutant tout.

Les Vendéens fuyaient en hurlant :

— C'est le Bâtard ! C'est le Bâtard !

Il y eut panique.

Le gros de la colonne chargée par Meuris fut repoussé et la prise de Nort fut retardée d'une heure.

La colonne vendéenne se reforma, revint à l'assaut et cette fois encore fut assaillie par les Trente ; mais les tireurs bretons avaient ordre de veiller sur ces cavaliers ; ils furent salués d'une salve qui n'en laissa pas cinq debout !

Roquebrune faillit être pris.

Il revint se mettre à la tête des gardes nationaux de Nort, secondant avec une bouillante valeur les efforts du bataillon de Meuris.

Ces hommes obstinés, acharnés, disputèrent tout le terrain pied à pied à la baïonnette ; puis quand ils eurent perdu Nort, ils continuèrent de se battre sur une hauteur voisine, jusqu'à ce qu'ils fussent tous par terre, entassés en un monceau. L'Irlandais O'Sullivan, percé de coups, dit à Meuris : « Pars ! laisse-moi, et va dire aux Nantais d'en faire autant ! »

Meuris empoigna le drapeau. Il ne voyait plus que trente hommes autour de lui. Ils reviennent ainsi à Nantes, couverts de sang. Qu'on juge de l'impression quand on vit ces revenants, quand on apprit qu'un bataillon avait arrêté une armée, quand on demanda où il était ce corps intrépide et qu'on sut qu'il était resté pour garder éternellement le poste où le mit la patrie.

Les Trente étaient encore si furieux du combat, qu'ils ne sentaient pas leurs blessures. Foucault était effroyable par un coup bizarre qui lui abattit la peau de la face; le dur Breton, sans s'étonner, avait ramassé son visage, et, en allant à l'hôpital, il criait de toutes ses forces : « Vive la République! » (Michelet.)

Le peuple grandit en ce moment d'une manière extraordinaire. Il parla avec autorité de ses magistrats. Il fit revenir Merlin qui était déjà parti. On le retint chez Coustard, qui enfin lui fit entendre raison. Du reste, on avait coupé les traits des chevaux et dételé les voitures. Merlin, le jurisconsulte, fut forcé d'être un héros.

Si Meuris n'avait tenu huit heures à Nort, d'Autichamp et ses Vendéens seraient arrivés le soir, et le combat eût commencé, comme il était dit, à deux heures de nuit, un moment avant le jour. Il ne commença que fort tard, à dix heures, en pleine et chaude matinée. Charette avait tiré à deux heures, et se morfondait dans l'attente, ne sachant comment expliquer le silence de la grande armée.

Il lui manquait ce corps d'élite, ces tireurs bretons retardés à Nort, quatre mille hommes qui, faute de barques ne purent passer la Loire et se trouvèrent obligés à un grand détour pour trouver un pont. (Michelet.)

Baco rencontrant Meuris, à son retour de Nort, le prit à part et lui dit :

— Mon cher, j'ai reçu une nouvelle qui nous permet d'espérer la délivrance de mademoiselle Meuris! Elle est à Chanteclair ! C'est mademoiselle Duclos qui me le fait savoir. Nous pourrons...

— Citoyen, dit Meuris, pas un mot de plus. Nous sommes ici une trentaine de survivants, et nous nous devons à la mort ou à la victoire. Je veux oublier que je suis père et je vais retourner au feu !

Baco fut saisi d'admiration.

Apercevant Roquebrune, il lui fit signe de le suivre.

CHAPITRE XV

ESPÉRANCE ! ESPÉRANCE !

Le Bâtard et Baco poussèrent leurs chevaux dans une petite rue voisine où ils s'isolèrent un moment de la foule.

De Roquebrune n'avait rien entendu de la conversation qui venait de se terminer si brusquement entre Meuris et le maire. Celui-ci ne doutait pas d'être écouté plus volontiers par l'amant que par le père.

— Mon cher de Roquebrune, dit le maire au jeune homme, je viens d'essayer de parler à Meuris du salut de sa fille, mais il m'a imposé silence de si belle sorte que je ne veux plus lui en dire un mot.

— Oh ! fit Roquebrune, ne comptez pas sur moi pour faire entendre à Meuris quoi que ce soit sur ce sujet. C'est un Romain.

Baco qui n'avait pas besoin que Roquebrune insistât sur ce point pour être convaincu dit :

— J'admire, je m'incline et je me tais avec lui ; mais avec vous, je veux aviser à sauver mademoiselle Meuris.

— Citoyen maire, dit Roquebrune sans emphase, j'aime mademoiselle Meuris comme une sœur et comme une fiancée, c'est l'aimer deux fois, c'est l'aimer plus que tout au monde ; mais je fais tous mes efforts pour l'oublier en ce moment. Et vous êtes cruel en me forçant à m'en souvenir.

— On peut la sauver ! dit le maire.

— La sauver ! s'écria Roquebrune ! Je voudrais donner la dernière goutte de mon sang pour la délivrer ! mais je ne puis, en face du sacrifice sublime de son père, me montrer moins grand que lui ! Il me mépriserait...

— L'héroïsme du père vous a gagné, dit Baco.

— Dites l'égoïsme, quand il s'agit de moi ! Car c'est pour échapper à une torture morale atroce, que je vous prie de me laisser partir et me jeter dans la mêlée.

La voix de Roquebrune s'était assourdie et ses yeux s'étaient voilés.

Au regard que lui lança Baco, il répondit :

— Oui l'égoïsme ! Je ne veux plus penser à elle. Je souffre mille morts, quand je songe qu'elle est à la merci de Charette et de deux prêtres qui se la disputent. Tout à l'heure, à Nort, cette pensée que je chassais de mon esprit m'est revenue, et je me suis senti une telle rage au cœur que je me suis jeté sur l'ennemi, en aveugle, en fou, en furieux. J'ai eu plus de cent Vendéens sur les bras et j'ai failli être pris ou tué. Si vous voulez que je me conduise en chef, laissez-moi oublier mademoiselle Meuris.

— Mais en servant la République, vous pouvez la sauver, vous dis-je. Laissez-moi donc vous expliquer comment il faut s'y prendre !

— Oh ! si c'était vrai ! s'écria de Roquebrune envahi par une émotion profonde. Est-ce possible ?

— Je l'affirme, dit Baco.

— Parlez ! dit laconiquement Roquebrune, car il faisait des efforts surhumains pour dominer son émotion, et il étouffait.

— Vous connaissez mademoiselle Duclos ! reprit le maire. Vous savez quel rôle elle joue là-bas parmi les

Vendéens; elle est pour nous; elle me paraît même vous porter un intérêt particulier; elle s'occupe de votre future et elle m'a fait avertir qu'elle était à Chanteclair.

— A vingt lieues d'ici ! murmura de Roquebrune, c'est-à-dire à portée de la main pour un cavalier comme moi.

— Justement ! dit Baco. Or Chanteclair est un vieux château, au milieu d'une vieille forêt. Du château, les Vendéen sont fait un couvent pour les nonnes dispersées; de la forêt, ils ont fait un repaire où se cachent les populations des villages royalistes, quand une colonne républicaine les menace.

— Je connais et la forêt et le château, dit de Roquebrune.

— En ce cas, vous enlèverez votre fiancée demain à la pointe du jour.

— Oh, ne me tentez pas ! s'écria Roquebrune. J'ai des envies insensées de passer sur le ventre de ces « grenouilles » de Charette et de sauter par-dessus leurs bandes.

— Vous le ferez ce bond ! C'est justement ce que je voulais vous proposer.

— Et mon devoir à faire ici? Donnez-moi vite, je vous le demande en grâce, le mot de cette énigme.

— Écoutez donc, tête volcanique, dit Baco. Ce soir, les Vendéens seront en pleine retraite ! Vous chargerez les fuyards avec toute notre cavalerie et les dragons rouges de Bretagne que conduit Beysser; vous écraserez les brigands. Puis, ayant balayé leurs débris, vous irez d'une traite à Chanteclair et vous y arriverez avant l'aurore, juste à temps pour enlever et surprendre le peu de monde qui garde la forêt et le château. Toutes les forces des Vendéens sont venues au siège. Il n'y a dans Chanteclair qu'une bande de matelots déserteurs.

— La bande du Parisien, dit Roquebrune. Un gredin à la tête d'une troupe de brigands.

— Vous exterminerez ce monde-là ! dit Baco. Je vais mettre en vos mains une force considérable ; la Colonne infernale à pied est détruite ! je vous en ai reformé une autre, dont l'action sera foudroyante, car j'ai réquisitionné pour elle les meilleurs chevaux de Nantes, et vous aurez la fleur de nos cavaliers !

De Roquebrune écoutait, palpitant d'espoir.

Il voyait s'ouvrir devant lui des horizons inespérés.

Cette forêt de Chanteclair, il l'avait parcourue souvent; il en savait tous les chemins.

La tactique des Vendéens, leurs ruses, leurs retraites lui étaient connues.

— Survivre à ce siège et arriver à Chanteclair, s'écria-t-il, c'est tout ce que je demande. Une fois là, je réponds de la ramener à son père.

En ce moment, le canon de Charette tonna ; il saluait la ville d'une salve tirée par une batterie de quarante pièces.

— Voilà le feu qui commence ! dit Baco.

— Ah ! tant mieux ! dit Roquebrune. Sous les balles, les heures me paraîtront courtes. Où faut-il aller, citoyen maire, pour être au fort de l'attaque.

— Du calme ! dit Baco en souriant. J'ai réservé à chacun sa place. La mienne est près de Canclaux. Il faut que je lui fasse rendre tout ce qu'il peut donner en talents militaires. C'est un bon général, mais il est de glace. Meuris est avec les canonniers parisiens. Quant à vous, prenez le commandement de la garde nationale bourgeoise dont j'ai formé une réserve. Enflammez ces marchands ! Donnez du cœur à ces Crésus. Vous êtes un entraîneur. Vous m'amènerez mes richards girondins au chaud de l'assaut et nous les jetterons sur l'ennemi. Plus vite nous aurons repoussé les brigands, plus tôt vous courrez à Chanteclair ! Et la retraite dépendra de la conduite des bataillons bourgeois sous le feu ! En voyant des millionnaires risquer leurs peaux, les bataillons de Meuris et les soldats se piqueront d'honneur et feront merveille.

— Je vous promets des miracles, car vous m'avez redonné l'espoir, dit joyeusement le Bâtard ? Il me semble que j'ai de la poudre dans les veines. Où sont vos bourgeois ? Je veux aller souffler sur eux un tel feu qu'il flamberont jusqu'aux moelles.

— Vous les trouverez sur la grande place, dit Baco.

— J'y cours ! Et comptez sur eux ! Quand je suis en verve, dans une bataille, les chevaux eux-mêmes s'enflamment et se précipitent en hennissant.

Le Bâtard secoua superbement sa tête léonine et Baco crut voir étinceler la fauve crinière dont sa barbe et ses cheveux dorés encadraient sa puissante figure.

Il enleva son cheval au galop et disparut dans un nuage de poussière, comme emporté par un tourbillon, en criant à pleine voix :

— Espérance ! espérance !

Baco sourit et murmura :

— Si mes bourgeois ne s'animent pas à sa parole, c'est qu'il seront de pierre ! Et encore je jurerais qu'il fait tressaillir le granit !

A son tour, le maire de Nantes songeant au salut de sa ville s'écria :

— Espérance ! espérance !

Et, yonnant, il se lança vers la route de Rennes qu'attaquait Cathelineau et que défendait Canclaux.

C'est là que la tempête qui menaçait Nantes, c'est là que le flot de quarante mille barbares fanatisés allait s'abattre sur une ville ouverte et contre une poignée d'hommes.

CHAPITRE XVI

LA DUCLOS CHEZ CHARETTE

L'attaque des Vendéens contre la ville se fit sur quatre points.

Charette, de l'autre côté de la Loire, avec ses « grenouilles, » se contenta d'une canonnade; on avait replié le pont tournant et il ne pouvait passer le fleuve faute de barques, dit-il plus tard.

Il ne fit rien de sérieux.

Comment un homme si avisé, si ingénieux, si entreprenant, n'avait-il pas pris la précaution d'assembler des moyens de traverser la Loire ; ce qui lui était si facile avec l'innombrable quantité de nacelles et de mariniers dont il disposait?

C'est que Charette était exaspéré contre la coterie de l'évêque d'Agra, de Lescure et de Cathelineau.

Il avait reçu la visite de la Duclos dans son camp, au moment où il préparait les matériaux du pont volant.

Depuis l'affaire de Saumur, où la compagnie de Fontbonne s'était battue contre les « grenouilles », Charette était plein de rancune contre la Duclos.

— Si je la tiens jamais !... avait-il dit.

Et la voilà qui venait, seule, le braver dans ses marais, au milieu de ses bandits !

C'était d'une audace à le déconcerter, lui, Charette !

Mais si fauve, si lascive, si cruelle et si perfide que fût la bête dans cet homme extraordinaire, il n'en conservait pas moins, même au camp, ce vernis de politesse, ce ton de bonne compagnie que lui avaient donnés l'éducation et le service de la marine royale.

Donc, Charette avait reçu mademoiselle Duclos avec une galanterie railleuse qui, tout en respectant encore les formes, ne promettait rien de bon.

— Ah ! mademoiselle ! lui dit-il, que je suis donc aise de vous voir ! Vous venez sans doute me faire souvenir que j'ai perdu mon pari et que j'ai oublié de le payer. Je pourrais me tenir quitte, puisque vous m'avez fait charger par la compagnie de Fontbonne qui est à vous, ce qui n'était pas loyal. De plus, vous m'avez fait donner un coup d'épée par le Bâtard.

Et le mauvais sourire de Charette crispait d'un rictus haineux sa face de chat-tigre.

Mademoiselle Duclos regarda son adversaire en face, le forçant à lever la tête et à subir l'éclat de ses yeux.

— Expliquons-nous ! dit-elle. Si je suis venue, vous vous imaginez bien, je suppose, que j'ai de graves raisons pour tenter, auprès d'un homme comme vous, une démarche dangereuse, étant donné votre caractère.

— Qu'entendez-vous par un homme comme moi et par mon caractère ?

— J'entends que vous n'avez été jusqu'ici qu'une moitié de héros, un grand homme manqué, un bon général et un pauvre politique, une puissance mais une brutalité, une force paralysée par des faiblesses.

— Précisez, je vous prie, mademoiselle, dit Charette piqué et caressé tout à la fois avec une rare habileté.

— Puisqu'il le faut, dit la Duclos, mettons les points sur les *i*.

Elle parut réfléchir, concentrer sa pensée, puis elle dit en souriant :

— Vous connaissez le mot de l'abbé de Sieyès : Qu'est le Tiers-État ? Rien. Que devrait-il être ? Tout.

— Bon ! dit Charette. Voilà que vous me jetez Sieyès dans les jambes. Que voulez-vous que je fasse de ce défroqué ?

— Méditer son mot en vous l'appliquant. Qu'est M. de Charette ? Rien.

— Comment ? rien. J'ai vingt mille hommes.

— Vingt mille hommes que l'on confine dans leur marais ! Vingt mille « grenouilles » que l'on affecte de dédaigner ! Des bandes et non une armée ! Du reste, si vous trouvez que M. de Charette est quelque chose, quant il n'est pas tout, c'est une preuve que vous n'êtes pas à la hauteur de vos talents militaires. Vous avez l'étoffe d'un général en chef et vous restez un subalterne de Cathelineau. Ce fantoche vous gouverne.

— Je n'obéis pas.

— Mais vous ne commandez pas ! Et l'on vous méprise ! Et l'on vous insulte ! Et l'on vous appelle tantôt sale Savoyard, tantôt brute du Piémont.

— Je suis plus Français qu'eux ! Depuis trois cents ans nous servons le roi, et depuis cinquante ans nous sommes implantés en terre de France.

— La belle chanson que vous chantez là ! Et comme le roi, s'il revient jamais, l'écoutera après toutes les horreurs que l'abbé Bernier lui écrit contre vous...

— Un jour ou l'autre j'écraserai cette vermine de prêtre sous mon talon.

— Ce sera trop tard.

Mademoiselle Duclos sentait qu'elle tenait son homme; elle démasqua ses vues.

— Général, lui dit-elle, je vous prie de laisser de côté vos rancunes de Piémontais têtu. Écoutez et pesez mes paroles. On m'a offensée comme on vous offense!

— Ah! dit Charette.

— Oui! On a voulu s'emparer de ma compagnie, suborner M. de Fontbonne et le mettre au service du prince de Talmont, auquel on cherchait à constituer ainsi des gardes du corps! Talmont est prince! Talmont est propriétaire de trois cents paroisses d'un côté de la Loire et de deux cents sur la rive bretonne! Talmont veut jouer le rôle qu'un prince du sang n'est pas assez brave pour tenir ici. Et l'on n'a rien trouvé de mieux que de lui constituer une espèce de maison militaire avec une compagnie qui est à moi; il est vrai que Son Altesse me faisait l'honneur de me prendre comme maîtresse. Vous connaissez l'homme? un bellâtre efféminé! Vous connaissez l'Altesse, une nullité! Alors je me suis décidée à venir vous trouver.

— Comme maîtresse?

— Ah! voilà le grand mot lâché! Et pourquoi serais-je votre maîtresse? Vous n'êtes pas un de ces pantins qu'une courtisane comme moi fait mouvoir à son gré. Vous êtes un fou furieux, déchaîné sur les femmes ; vos brutalités, vos habitudes crapuleuses, vos emportements de bestialité me répugnent. Au fond, moi ou une autre, cela vous est égal! Donc entre nous pas d'amour! Alliance si vous voulez !

— Alors, fit-il, vous aussi vous me traitez en Savoyard. Je ne suis pas un homme pour vous! Morbleu! vous avez eu tort de venir me braver et m'insulter ici! Je vais vous le faire voir.

Et il se leva, la couvant du regard, agité d'un frémissement convulsif.

Mais immobile, impassible, statue de marbre, glaciale, n'ayant de vivant que le regard dardé sur lui, sans une parole, sans un geste, elle le contint et le dompta.

Il resta debout, toujours menaçant, mais il ne fit point un pas.

Alors, le dominant, elle dit :

— Monsieur de Charette, je vous donne le choix. Vous avez un sérail ici et des filles qui, comme filles, valent mieux que moi. Vous avec donc de quoi satisfaire votre passion insatiable. Vous ne me voulez que par amour-propre ou par caprice. Je me suis mise en votre pouvoir et vous pouvez me prendre. Ce n'est pas la première fois que je me prostitue et me voilà ! Mais je vous jure que si vous me violentez, vous perdez ce rang suprême dans l'armée vendéenne, ce commandement en chef que vous ambitionnez et que vous n'exercerez point sans moi, parce que vous faites la folie de vouloir prendre Nantes.

— Ah ! dit-il, c'est une folie.

— Oui, car Nantes prise, c'est la mer conquise ; c'est le chemin ouvert aux Anglais. Ceux-ci pourront débarquer trente mille hommes, et du canon. Ils seraient maîtres du fleuve par leurs canonnières ; ils s'installeraient formidablement dans la ville ; ils y seraient invincibles et inexpugnables. Ni républicains, ni Vendéens ne pourraient rien contre eux. Vos bandes ne seraient que leurs auxiliaires. Vous obéiriez à un général anglais...

— Jamais.

— Vous obéiriez, parce que le frère du roi, trop lâche pour venir maintenant, ne craindrait plus de s'établir dans sa bonne ville de Nantes, bien remparée et bien défendue par ses amis, les Anglais. Et l'on ne désobéit au frère de Sa Majesté, à un prince royal ! Car si l'on désobéit on est mis au ban de l'armée, hors la loi, comme disent les républicains ? On est excommunié par l'évêque d'Agra, abandonné par ses fidèles, traqué par ses ennemis, et fût-on Charette, on est fusillé comme un chien... Si cela vous plaît ainsi...

— Ah ! s'écria Charette, j'y voir clair maintenant. Je ne prendrai pas Nantes et ce n'est pas leur imbécile de Cathelineau qui le prendra !

— Alors, dit mademoiselle Duclos, amis nous sommes et je vais chercher ma compagnie de Fontbonne.

Charette baisa galamment la main qu'elle lui tendait et lui donna une escorte.

Le tigre était vaincu.

Étant donné le caractère de Charette, ses passions violentes, bestiales, implacables, son manque absolu de générosité et de chevalerie, ses appétits de chat sauvage, ce n'était pas un mince triomphe pour mademoiselle Duclos que d'être sortie de chez lui, sans avoir subi l'affront du dernier outrage.

Quoique courtisane, elle avait beaucoup risqué.

Courtisane, elle ne l'était plus !

Depuis la mort de son père et surtout depuis sa visite à Saint-Just, elle avait horreur de l'amour vil, de l'amour payé.

Du reste, elle ne s'était jamais vendue ou donnée sans aimer au moins un peu ; l'actrice en elle primait la fille.

De plus, elle avait cette vanité d'artiste qui lui faisait désirer de vaincre ce Charette si redoutable à toutes les femmes.

Entre elle et le caprice ardent et grandissant de cet homme atteint de satyriasisme, la lutte allait devenir extrêmement vive et intéressante. Avec audace, avec témérité, elle était entrée dans l'antre du tigre pour le mieux dompter.

Elle avait calculé si juste, elle avait si bien étudié son terrain, qu'elle n'avait pas hésité à faire conduire sa compagnie à une heure de Chanteclair, si bien que Charette entendit bientôt sonner les fifres et battre les tambours de Fontbonne qui entrait dans son camp à la tête d'une grosse compagnie de trois cents hommes, en habit militaire bleu de roi, élégamment coiffés du tricorne d'ordonnance, ayant dix-sept officiers, tous gentilshommes, des vétérans pour sous-officiers et des vieux soldats dans les cadres avec une belle jeunesse éparse çà et là dans les rangs.

Charette, ex-officier de marine, admira ce corps d'élite et s'engoua de lui tout aussitôt.

C'était un précieux élément d'autorité que lui amenait là mademoiselle Duclos ; il n'était pas toujours maître de ses bandits. Cette compagnie lui aiderait puissamment à les maintenir.

Puis il comptait offusquer les Talmont, les Lescure, les d'Elbée et autres importants, en se montrant à eux, entouré de cette force régulière, excellente au feu et brillante à la parade.

Il ne s'apercevait pas que cette compagnie, fanatique de la Duclos, son vrai capitaine, pouvait, un jour, devenir un danger pour lui.

Montant à cheval, il vint saluer mademoiselle Duclos et passer en revue ceux que l'on appelait les Fontbonne.

Pour le soldat et le paysan, rien de choquant à voir mademoiselle Duclos, à cheval en amazone, présentant sa compagnie au général Charette.

Les reines allaient souvent à la parade militaire ; les princesses avaient des régiments et en faisaient l'inspection.

On avait vu mademoiselle Duclos sur les champs de bataille, regardant manœuvrer sa compagnie et conservant un calme non joué ; cela lui avait gagné les cœurs et l'avait sacrée héroïne.

Les « grenouilles » de Charette furent un moment étonnées, un instant hostiles en souvenir de leur lutte contre les Fontbonne à l'échauffourée de Saumur ; accourus en foule, ces soldats du Marais osaient venir les braver en plein camp.

Mais quand ils comprirent que cette troupe se donnait à Charette, ils se sentirent très fiers de pouvoir montrer ce corps de réguliers aux autres Vendéens ; puis ils subirent le prestige de cette jolie femme qui jouait avec un tact parfait et une élégance correcte son rôle difficile.

Ils acclamèrent les soldats et fraternisèrent avec eux.

Charette offrit à dîner aux officiers et s'il se trouva un peu gêné par leur réserve et par leur politesse un peu froide, il n'en fut pas moins flatté d'être accepté comme chef incontesté de cette noblesse militaire à laquelle mademoiselle Duclos avait dévolu le commandement de sa compagnie, divisée en huit pelotons et en seize sections, ce qui explique le nombre des officiers.

A la fin du repas, on devait se mettre en marche sur Nantes.

Après les derniers toasts, au moment de partir, mademoiselle Duclos se pencha à l'oreille de Charette et lui dit :

— Adressez leur donc un petit discours sur la prise immanquable de Nantes ; mais ayez soin d'oublier votre équipage de ponts. Cela vous dispensera de faire donner votre armée, arrêtée par la Loire.

— Mais, dit Charette à voix basse, comment donner contre-ordre de marche à mon chef pontonnier ?

— Est-ce que vous y tenez énormément à cet ivrogne qui était de la dernière révolte contre vous, au partage du butin de Saumur.

— Au fait, vous me le rappelez ! Ce drôle ne vaut pas cher.

— Appelez-le en particulier ! Dites-lui qu'il s'agit d'une ruse de guerre ; que le pont est inutile à Nantes ; que l'on ira par une marche de nuit, surprendre une autre ville et qu'il recevra des ordres nouveaux. Recommandez-lui le silence. Plaignez-vous amèrement devant Nantes de la trahison de cet homme qui vous prive de vos ponts. Au retour, cassez-lui la tête d'un coup de pistolet!

— Oh! sans hésiter! dit Charette. A Saumur, j'ai vu son poing levé sur moi!

— Du même coup, vous aurez châtié un insolent rebelle et justifié votre inaction.

— Décidément, dit Charette, je vous devrai beaucoup, mademoiselle.

— Plus encore que vous ne supposez, dit la Duclos. Quand, je vous aurai révélé tous mes plans, vous serez émerveillé.

Puis, elle demanda :

— Nous ne nous trompons pas, n'est-ce pas, votre pontonnier se nomme bien Belle-Avoine?

— Oui, dit Charette, et, de ce pas, je vais lui parler.

Il quitta la salle du banquet, songeant à la promesse de mademoiselle Duclos.

Il y crut à cette promesse.

Il était fasciné.

Une fois seule, mademoiselle Duclos consultant un nom sur un carnet, y lut celui de Belle-Avoine et y fit une croix.

— Ce sera le premier! murmura-t-elle. Dans peu d'heures, mon père aura sa première vengeance!

Bientôt l'armée se mit en marche pour Nantes, laissant barques et pontons au camp.

Ainsi s'explique l'inaction de Charette qui a tant frappé les historiens; Michelet, surtout, constate avec surprise que son armée manquait de barques pour passer la rivière.

La publication enfin complète des mémoires du temps

et celle des archives dont quatre-vingts ans de réaction triomphante empêchèrent la divulgation, permet de reconstituer aujourd'hui le dessous de l'histoire des guerres vendéennes et de reconstituer cette trame qui fut ourdie par mademoiselle Duclos et qui enserra Charette dans des liens sous lesquels son action fut paralysée jusqu'au jour de sa mort.

CHAPITRE XVII

LA MORT DE CATHELINEAU

Sur les quatre points où Nantes était assaillie, celui qu'abordait l'armée de Charette ne fut donc que canonné, faute de moyens pour passer le fleuve.

Il n'y eut lutte que sur trois autres points et, vers dix heures du matin, l'attaque, si longtemps retardée par l'énergie de Meuris et de la Colonne infernale à Nort, commença vivement par les routes de Paris, de Vannes et de Rennes.

La vraie bataille eut lieu sur la route de Rennes, mais il se passa un incident curieux sur la route de Paris.

Les Vendéens étaient parfaitement instruits de l'état intérieur de la place, de la rivalité, des défiances mutuelles des Montagnards et des Girondins. Ils employèrent une ruse de sauvages, qui témoigne également de leur perfidie et de leur dénouement fanatique. Trois paysans, l'air effrayé, viennent se jeter aux avant-postes, se font prendre. Des grenadiers d'un bataillon de Maine-et-Loire leur demandent comment vont les affaires des Vendéens ?

« Elles iraient mal, disent simplement ces gens si nous n'avions pour nous un représentant du peuple, qui est depuis longtemps à Nantes et nous fait passer des cartouches... — Comment se nomme-t-il? — Coustard. »

Cette accusation, jetée en pleine bataille, était infiniment propre à diviser les assiégés, à susciter des querelles entre eux. Qui sait? Peut-être à les mettre aux prises les uns contre les autres.

Ce fait s'était passé aux avant-postes de la route de Paris. Une attaque des Vendéens sur ce point suivit cette accusation calomnieuse.

Mais, au moment où les bataillons républicains, moralement entamés par la crainte d'être trahis, commençaient à plier, un secours leur arriva.

Beysser, voyant bien que Charette ne ferait rien de sérieux, prit des forces au pont coupé qui se gardait de lui-même, les porta sur la route de Paris, chargea Bonchamps avec une fureur extraordinaire et le repoussa. (Michelet.)

Ce jour-là, Beysser fut un héros.

Plus tard, il fut imprudent et livra plusieurs combats en étourdi ; on se souvint alors qu'il était Girondin et on le guillotina.

Il fit lui-même la complainte de sa mort et la chanta gaiement en allant au supplice.

Quels hommes que ces hommes de la Révolution !

Pour moi, respectueux devant ces géants de l'histoire, je salue avec admiration leur mémoire.

Ceux-là mêmes qui, comme Beysser, ce boute-feu enragé, furent incomplets et commirent des fautes, ont rendu de si grands services au pays, que je m'incline pieusement devant leurs tombes.

Beysser sauva Nantes sur deux points ce jour-là, puisque l'inaction de Charette lui permit de disposer de toutes les forces opposées aux « grenouilles », d'envoyer un renfort à l'aile droite et d'en amener un autre à l'aile gauche, si bien que les deux routes de Vannes et de Paris furent parfaitement couvertes. Aux ailes tout allait donc bien pour la ville.

Mais, dit Michelet, au centre, sur la route de Rennes, l'affaire était plus chaude, Cathelineau qui commandait en personne cette attaque, eut deux chevaux tués sous lui, sans pouvoir forcer le passage. L'artillerie républicaine, servie admirablement par les canonniers de Paris, arrêtait les Vendéens. Là se tenait, froid et paisible, Canclaux observant le combat. Là, Baco, le vaillant maire, remarquable tête, couverte d'épais cheveux blancs, dans sa juvénile ardeur, encourageait tout le monde, jusqu'à ce qu'une balle le forçât de quitter la place. On le mit dans un tombereau. Mais lui, souriant toujours, criait : « Ne voyez-vous pas que c'est le char de la victoire ! »

Meuris qui avait fanatisé les artilleurs de Paris, Jacobins comme lui, fut l'âme de la résistance après le départ de Baco.

Mais ni lui, ni Canclaux, ne s'aperçurent d'un mouvement tournant des Vendéens ; cette surprise, très habilement conduite par Cathelineau, amena l'une de ses bandes dans la rue de Rennes.

Cathelineau, depuis le premier jour de la révolte, était sinon la tête, du moins le cœur de l'armée vendéenne et surtout de celle d'Anjou, la plus puissante.

Cette noble et grande figure qui se redresse au seuil de l'histoire des guerres vendéennes, est sympathique même aux républicains.

Ce Cathelineau incarne la démocratie ignorante, niaisement, loyalement, admirablement fidèle à ses oppresseurs, les prêtres et les rois.

C'était un colporteur de toile et d'images saintes du Pin-en-Mauge ; il parcourait le pays toute la semaine, et revenait cuire son pain le samedi et servir la messe de sa paroisse le dimanche.

Honnête, humblement croyant, n'ayant rien lu hors les Livres saints, d'une foi aveugle, sincère qui le poussait au martyre, Cathelineau avait cependant une dose de ruse et une compréhension de la guerre que je pourrais comparer à celle du chien d'arrêt qui ne déploie ses instincts merveilleux que pour le maître et ne chasse point pour soi.

Les ténèbres de l'esprit étaient si épaisses en Vendée, que, tout borné que fût le dévouement intellectuel de Cathelineau, il était regardé comme le plus éclairé d'entre eux par les paysans fiers de lui, confiants en lui, le consultant sur tout, certains de sa bonne foi et l'aimant à cause de sa simplicité et de sa probité.

Il colportait les nouvelles avec sa marchandise et il commentait les événements dans le sens indiqué par son curé.

De là son influence, locale au début, puis si promptement généralisée.

Il était en train de pétrir son pain, quand la première émeute éclata ; il laissa là sa pâte, accourut au tumulte et fut acclamé chef, puis général des Angevins, puis généralissime, poussé qu'il fut par le clergé qui inventa deux moyens pour s'emparer de la direction du mouvement.

La première machine, dit Michelet, fut l'emploi d'un paysan ignorant, intelligent, héroïque, Cathelineau, que d'Elbée et le clergé opposèrent aux nobles. D'Elbée, Saxon de naissance, était haï et jalousé des autres chefs, officiers inférieurs et gentilhommes campagnards, généralement de peu de tête. Il n'eût pu dans les commencements commander lui-même. Le clergé, après les affaires de Fontenay, fit parler Cathelineau, qui menaça les nobles poitevins d'emmener ses compatriotes, les paysans de l'Anjou. Lescure, *le saint du Poitou*, qui appartenait aux prêtres, appuya. Et tout, dès lors, fut sous une même influence, qui fut celle du clergé.

La seconde machine fut l'intrigue, qui fit reconnaître Guillot, évêque d'Agra.

Les paysans sentaient d'instinct que, Cathelineau mort, c'était la Vendée décapitée ; lui seul comprenait le sens intime, profond de cette insurrection, et, lui seul, empêchait les prêtres et les nobles de s'aliéner le peuple.

« Cet homme-là, dit naïvement un historien royaliste, portait avec lui une source intarissable de bénédictions qui disparut avec lui. » Rien de plus vrai, dit Michelet. Cathelineau avait en lui, sans nul doute, les bénédictions de la guerre civile. Pourquoi ? C'est que, dans la contre-révolution, il représentait encore la Révolution et la démocratie.

Ce qu'il était en lui-même, on le sait peu. On ne peut dire jusqu'où et comment les fourbes qui menaient l'affaire abusaient de son ignorance héroïque. Ce qui est sûr et constaté, c'est qu'en lui furent les deux forces populaires de la Vendée et qu'elles disparurent avec lui : *la force de l'élection, la force de la tribu.*

Élu du peuple, élu de Dieu, tel il apparaissait à tous. Lui vivant, nous le croyons, la sotte aristocratie du conseil supérieur n'eût pas osé toucher à l'élection populaire. Lui mort, elle la supprime, déclarant que les conseils des localités élus par un peuple *sont incompatibles avec le gouvernement monarchique*, et décidant qu'ils seront désormais nommés... par qui ? par elle-même ; par le conseil supérieur, un douzaine de nobles et d'abbés !

Ce n'est pas tout. L'insurrection avait commencé par paroisses, par familles et parentés, par tribus. Cathelineau lui-même était moins un individu qu'une tribu, celle des hommes du Pin-en-Mauge. En toute grande circonstance, elle était autour de lui, et elle l'entourait encore quand il reçut le coup mortel. Cette guerre par tribus et paroisses où chacun se connaissait, se surveillait, pouvait redire à la maison les faits et gestes du combattant d'à côté, elle donnait une extrême consistance à l'insurrection. Or, c'est justement ce que les sages gouverneurs de la Vendée suppriment à la mort de Cathelineau. Dans leur règlement idiot du 27 juillet 93, ils défendent (art. 17) *de classer dans une même compagnie les cultivateurs d'une même ferme ou les habitants d'une même maison.*

Ils ignoraient parfaitement le côté fort et profond de la guerre qu'ils conduisaient. Ils ne pouvaient pas sentir l'originalité vendéenne, cette fermeté, par exemple, dans la parole donnée qui tenait lieu de discipline, dit le général Turreau. Tout homme allait, de temps à autre, voir sa femme et revenait exactement au jour promis. Après la mort de Cathelineau, l'abbé Bernier fit décréter la peine du fouet, contre ces absences qu'il appelait des désertions.

C'est ainsi que la Vendée se désaffectionna.

On le voit, Cathelineau était plus qu'un bon chef militaire, c'était un symbole ; une balle brisa ce symbole, et je vais dire l'histoire très touchante et très dramatique de cette petite balle qui sauva la France, suivant la très juste appréciation de Bonaparte.

Sans cette balle, Nantes était enlevée ; or, du salut de Nantes dépendait celui de la République.

Non seulement la balle du savetier Malô renversa, dans Cathelineau, le porte-drapeau de l'insurrection ; l'homme qui rattachait le peuple vendéen aux nobles et aux prêtres ; non seulement cette balle brisa le seul lien des partis, mais elle tua le meilleur général des Blancs.

Oui, meilleur que d'Elbée, meilleur que La Rochejaquelein, meilleur que Charette, supérieur à tous, parce que seul il avait l'instinct de la tactique applicable à ces masses ; parce que seul il savait les mettre en mouvement.

De plus, il avait l'intuition de la grande stratégie et des vues claires sur le terrain.

Déjà, avant le siège de Nantes, dans une circonstance critique, il avait montré beaucoup de coup d'œil militaire.

C'était à Saumur où, depuis le matin, La Rochejaquelein chargeait obstinément sur la droite sans voir que, toujours resserré entre le coteau et la rivière, il ne pouvait se déployer avec avantage. Ce fut à sept heures du soir que Cathelineau, montant sur une hauteur, vit nettement la difficulté. Il donna à la bataille une meilleure direction. On tourna les républicains. La ville fut prise.

A Nantes, même éclair de génie, même sentiment du mouvement tournant secondé par la surprise.

Cathelineau, selon toute apparence, n'avait attaqué de front la route de Rennes que pour occuper la meilleure partie des forces nantaises. Pendant que cette attaque continuait, le chef rusé qui connaissait à merveille les ruelles de Nantes, les moindres passages, prit avec lui ses braves, sa légion personnelle, ses voisins du Pin-en-Mauge : il se glissa entre les jardins, et il arriva ainsi au coin de la place Viarme. (Michelet.)

C'en était fait de la résistance de Nantes.

En ce moment, d'Elbée et de Lescure, prévenus par un signal que le mouvement avait réussi, annonçaient à leurs troupes que Cathelineau était au cœur du faubourg.

On entendait dans les rues une fusillade qui prouvait que les gens du Pin avançaient rapidement.

Des cris joyeux et terribles retentirent et vingt mille paysans animés par les sons sauvages de la corne à bouquin, se précipitèrent sur les canonniers de Meuris et sur les bataillons de Canclaux.

Le général qui voyait l'orage se former et qui se sentait tourné, dit à Meuris, à voix basse :

— Citoyen, je t'avais prévenu, que la résistance était impossible. Cette charge de vingt mille Vendéens va passer sur nous comme une trombe !

— Général, dit Meuris froidement, nous n'avons pas juré de vaincre, mais de mourir.

Et comme les têtes de colonne de l'ennemi n'étaient plus qu'à cent pas, il mit son drapeau au bout de son sabre et cria : Vive la République !

Puis aux canonniers :

— Un dernier coup par pièce, mes enfants ! Nous mitraillerons deux mille de ces bandits et nous mourrons vengés !

— Citoyen, dit Canclaux, ce n'est pas militaire, mais c'est très beau !

Et promenant son regard autour de lui, voyant monter le flot immense des assaillants, il dit froidement :

— Voyez ! Mes réguliers tiennent comme des rocs ! Si vous survivez, je vous demande d'en rendre témoignage.

— Leur mort parlera pour eux ! dit Meuris. On les retrouvera sous les cadavres, noyés dans une mer de sang !

Et comme les colonnes vendéennes n'étaient plus qu'à trente pas, Meuris cria :

— Canonniers, feu partout !

Jamais, peut-être, sur aucun champ de bataille, une artillerie ne montra autant de précision et de sang-froid.

Une ligne de flamme s'alluma devant la grande batterie républicaine ; la mitraille vomie par la gueule des canons balaya les Vendéens qui touchaient presque aux canons.

Mais la masse énorme de l'ennemi s'abattit sur les artilleurs et les compagnies de soutien ; il y eut au milieu d'une épaisse fumée un terrible engagement dont l'issue ne pouvait être douteuse.

Les républicains auraient voulu fuir qu'ils ne l'auraient pu.

Déjà Cathelineau était en mesure de leur couper la retraite. Il poussait deux ou trois mille hommes vers les ruelles qui devaient le porter au centre de Nantes.

Là, dans la maison portant le n° 1, se trouvait réunie la pauvre famille d'un ouvrier breton, un savetier, nommé Malô, qui travaillait dans une échoppe au rez-de-chaussée et qui logeait sous les toits avec ses sept enfants dans une petite mansarde d'où l'on plongeait sur la rue.

Ce Malô était un pauvre diable, ignorant comme Cathelineau, croyant aveuglément à la Révolution, comme l'autre au roi, fanatiques tous deux.

Pourtant Malô n'était point au feu! Malô ne se battait point! Malô se cachait!

Contre la cloison, son fusil de garde national et son fourniment; l'arme était chargée.

Le canon faisait rage; la maison tremblait; les vitres volaient en éclats.

Dans un coin, sept petits enfants terrifiés et frissonnants; six filles et un seul mâle de trois ans qui cherchait à lire quelque chose dans le regard sombre du père et qui, de temps à autre, questionnait l'aînée, une fillette de dix ans obstinément silencieuse.

Droite, contre la porte, la femme, une Bretonne, plus brute que femme, mais mère avec fureur, mère avec frénésie, mère implacable, chienne féroce protégeant ses petits.

— Non! criait-elle. Tu n'iras pas. Tu ne te feras pas tuer! On ne va pas se battre quand on a sept enfants! C'est canaille d'abandonner ses petits! Toi mort, qu'est-ce qu'ils deviendront? Est-ce que je peux nourrir sept enfants? A nous deux nous n'y suffisons pas.

L'homme regarda son fusil, puis il dit sourdement:

— Les autres sont au feu! Moi j'ai juré de faire mon devoir! Qu'est-ce que je dirai quand on me traitera de lâche?

— Tu leur diras: J'ai sept petits! C'est sacré, ça!

— La patrie aussi, c'est sacré ! J'y vais ! Il faut que j'y aille ! Je n'oserais plus regarder personne en face, si je n'y allais pas.

Il prit son fusil et son fourniment ; mais sur un signe de la mère, les enfants se jetèrent sur lui en pleurant ; ils le tenaient enlacé par les jambes, s'accrochant à ses mains et criaient : Papa ! papa !

Il sentit sa résolution chanceler et reposa son fusil au mur ; mais il entendit du bruit dehors, vit se prononcer le mouvement tournant de Cathelineau, en comprit la portée et s'écria, en sautant sur son fusil :

— Les voilà ! Les voilà !

Il s'élança vers la porte repoussant sa femme !

Mais celle-ci, cramponnée à lui d'une main, de l'autre saisissant dans la grappe d'enfants son petit, le seul mâle, l'espoir du père, son orgueil, elle lui dit :

— Tu le vois, ton Olivier ! Eh bien je le jette dans la rue, sur ta tête, si tu sors de la maison.

Il la connaissait.

Il eut peur !

Alors, effaré, il retourna à la fenêtre et il aperçut Cathelineau qui, à cheval, empanaché, montrait à sa bande le chemin à suivre.

— Ah ! dit-il, voilà leur général ! Si je le tue, j'aurai fait ma part. (Textuel.)

Il prit son fusil, visa et tira.

Cathelineau fut renversé sur la croupe de son cheval, battit l'air de ses deux bras, ramena ses mains jointes tendues vers le ciel, puis roula à terre.

Cette scène émouvante, Michelet l'a résumée dans les dix lignes suivantes :

« Avant que Cathelineau fût sorti encore de la rue du Cimetière pour déboucher dans la place, un savetier qui se tenait à sa mansarde (du n° 1), vit l'homme au panache blanc avec l'état-major brigand, appuya tranquillement son fusil sur la fenêtre, tira juste... l'homme tomba.

» La Vendée, frappée du coup, n'alla pas plus loin. Ils l'avaient cru invulnérable, ils furent tous blessés à l'âme; si profondément blessés, qu'ils ne s'en sont jamais relevés. »

L'histoire n'accorde à ces détails qu'une mention laconique : notre cadre plus large nous a permis de faire l'histoire de cette balle qui gagna la bataille; puissions-nous tirer de l'oubli le nom du savetier Malô.

Lorsque Nantes élèvera un monument à la mémoire des héros de ce siège, sur les bas-reliefs qui en retraceront les péripéties, elle devra faire graver, à côté du médaillon du ferblantier Meuris celui du savetier Malô.

Depuis cent ans que la réaction triomphe, que de statues à renverser! Que d'autres à édifier!

Quand donc la démocratie, secouant les cendres du passé, saura-t-elle honorer ses morts!

CHAPITRE XVIII

LA CHARGE DES CULOTTES DE SOIE

Au moment où Cathelineau, fusillé par le savetier Malô, tombait à l'entrée de la rue du Cimetière, la grande batterie républicaine de la route de Rennes était prise, les canonniers entourés se défendaient à coups de sabre et mouraient sur leurs pièces, l'infanterie de Canclaux était débordée, entamée de toutes parts et ses petits carrés (c'était la tactique d'alors contre les Vendéens) se trouvaient comme noyés au milieu des masses lancées par d'Elbée et de Lescure.

Pas de quartier!

Personne n'en offrait.

Personne n'en demandait.

A mort!

Et les carrés fondaient rapidement sous le feu des Vendéens et sous leurs assauts furieux.

La garde, à Waterloo, ne montra ni plus de solidité, ni plus d'héroïsme que ces républicains de Nantes, jeunes soldats de la réquisition; ils avaient vingt ans et les grenadiers de Cambronne étaient les vétérans de la grande armée.

Au milieu d'un carré, Canclaux et Meuris attendaient la mort : le général marquis avec la froide intrépidité d'un militaire et l'insouciance affectée d'un gentilhomme sensible au point d'honneur; Meuris avec la sereine exaltation d'un fanatique.

Il criait : Vive la République ! à chaque décharge; Canclaux, dominant le tumulte, commandait : Serrez les rangs !

Meuris, le voyant si calme, ne pouvait s'empêcher de l'admirer ; faire son devoir au feu sans enthousiasme est une vertu militaire que les civils ne comprennent pas; mais tout en admirant, Meuris conçut un soupçon.

— Général, dit-il, nous acclamons tous la République ! C'est notre testament politique que nous affirmons ! Seul, vous vous taisez. Pourquoi ?

Meuris, Jacobin, soupçonnait encore devant le trépas.

Canclaux, en ce moment suprême, redevint marquis et soldat.

— Citoyen, dit-il, nous sommes perdus. Il ne s'agit plus ici de politique, mais d'honneur militaire. Je ne m'inquiète que d'une chose : me faire tuer proprement et je me f... autant de la République que du roi !

Puis de sa voix sonore et calme, il ordonna :

— Serrez les rangs ! Et tirez plus bas !

Meuris qui n'avait jamais compris les militaires, les comprit moins que jamais ; ce point d'honneur qui les fait braves, sur lequel ils sont si chatouilleux, lui échappait absolument.

Mais cette intrépidité de Canclaux lui allait au cœur.

— Général, lui dit-il, je vous ai méconnu ! Vous êtes un vaillant cœur ! Votre main, je vous prie, avant la fin de cette boucherie.

Canclaux serra la main de Meuris un peu froidement, soit répugnance politique, soit dédain aristocratique, soit même distraction, car il observait dans la physionomie de la bataille quelque chose qui lui annonçait qu'un incident inattendu se passait. Son oreille exercée entendait dans les rues du faubourg envahies, la fusillade qui semblait reculer, ce qui annonçait que les Vendéens évacuaient la ville.

Puis entre Nantes et lui, les masses qui l'enveloppaient venaient d'osciller tout à coup.

Alors Canclaux se dressa sur son cheval couvert du sang de trois blessures, mais encore debout par miracle et il cria :

— Camarades ! Tenez ferme, voici du renfort !

Et à Meuris, par un revirement subit de bonne humeur :

— Maintenant, citoyen, que nous sommes sauvés : Vive la République !

— Sauvés ! fit Meuris qui ne distinguait rien à travers l'obscurité de la fumée et le fourmillement d'hommes.

— Oui ! Voyez !

Les Vendéens se dispersaient de toutes parts, balayés par une forte troupe d'infanterie sortie de la ville et tombant sur eux avec une furie irrésistible.

C'était une charge à fond, jusqu'à extinction de souffle, sans un coup de feu, par une colonne massée de la garde nationale bourgeoise.

De Roquebrune, en tête, à cheval, entraînait ces bataillons fanatisés par sa parole ; tous ces bourgeois pâles, frémissants mais résolus, couraient, les dents serrées, les mains crispées et renversaient tout sur leur passage.

Cette fameuse attaque est connue dans les fastes du siège sous le nom de charge des *Culottes de soie,* parce que la plupart des gardes nationaux avaient des uniformes d'une richesse presque scandaleuse.

Se voyant dégagé, Canclaux cria :

— Canonniers, à vos pièces !

Puis avec un calme inénarrable, il replaça en soutien d'artillerie les débris de ses bataillons.

Meuris murmura :

— Ah! si seulement un pareil homme avait le feu sacré! Quel général pour la République!

Il ne comprenait pas que le métier a usé la flamme chez les militaires expérimentés ; c'est là leur originalité et ce qui les rend suspects en temps de révolution ; ils résistent par habitude à tous les entraînements.

La belle charge des « culottes de soie », menée très loin, nettoya le terrain ; et quand les bataillons bourgeois se replièrent, ils furent soutenus par toute la ligne de bataille que Canclaux avait reconstituée.

L'artillerie républicaine, reprenant son tir, couvrait de boulets et d'obus les Angevins de Lescure qui s'étaient repliés en grand désordre et qui ne soutinrent plus la lutte que mollement.

La bataille était gagnée!

Quelques compagnies, amenées dans la rue du Cimetière par le capitaine Bertrand, avaient décidé à la retraite la bande Cathelineau, terrassée par la mort de son général dont elle avait emporté le cadavre.

L'assaut de Nantes était manqué.

Donc, vers la fin du jour, cette horde de cent mille hommes était repoussée de tous côtés!

Mais Canclaux, qui ne disposait, tout compris, que de douze mille hommes, ne pouvait compléter sa victoire; c'était un succès négatif.

Aussi, à la place des Vendéens, une armée régulière ne se fût-elle pas retirée pour cela; mais ces paysans étaient impressionnables, faciles au découragement, bons pour un coup de collier, rien de plus.

Ils n'avaient pas d'organisation et point de ténacité.

Puis, la mort de Cathelineau connue, il se fit un affaissement subit dans les esprits.

Au moment même où il tomba, dit Michelet, ils commencèrent à réfléchir. Ils n'avaient réfléchi jamais.

Ils commencèrent à avoir faim, et à remarquer que le pain manquait.

Ils s'aperçurent aussi qu'un canon était démonté, et qu'il était tard pour refaire la batterie.

Ils apprirent que Westermann, l'étourdi, l'audacieux, avait percé au fond de la Vendée, qu'il allait prendre Châtillon, pendant qu'ils ne prenaient pas Nantes.

Toutes ces réflexions agirent sur les soldats ; les chefs les virent faire leurs préparatifs de départ.

Quand les Vendéens chargeaient les charrettes, il n'y avait plus rien à en attendre ; il fallait battre en retraite ; c'est ce que firent les quatre armées dans la nuit.

Nantes passa cette nuit en armes, dans la crainte d'une surprise ; la ville entière bivouaqua dans ses rues, sur ses places et le long des quais, hommes, femmes et enfants.

Les tables avaient été dressées partout, et tous, soldats et gardes nationaux, prirent part à un grand banquet civique.

Il ne fut troublé que par quatre coups de canon envoyés par l'armée de Charette, selon sa coutume, dans toute la soirée.

Ces quatre coups de canon de Charette tirés sur Nantes, en liesse de sa délivrance, étaient un prêté pour un rendu.

La veille au soir, 28 juin, Charette était avec son monde au pont Rousseau, à l'embouchure de la Sèvre. Pendant qu'on dressait sa batterie, ses gens, selon leur usage, se mirent à faire une ronde, et dansèrent joyeusement. Les canonniers parisiens, qui sur l'autre bord de la Loire les voyaient des hauteurs de Nantes, se piquèrent, et d'un boulet leur tuèrent trois ou quatre danseurs.

Le lendemain, la riposte de Charette coûta la vie à quelques Nantais et sema quelque peu l'alarme ; on crut que le bombardement recommençait ; mais le silence se fit et les éclaireurs annoncèrent que partout l'ennemi se retirait.

Au milieu de la joie causée par cette nouvelle, se mêla une grande tristesse. On apprit que de Roquebrune était tombé au pouvoir de l'ennemi.

Pris par les Vendéens, cela signifiait fusillé ! (Michelet.)

CHAPITRE XIX

LE LION EN CAGE!

De Roquebrune avait été fait prisonnier, par un de ces hasards de guerre qui font tout à coup disparaître un officier sans que personne s'en aperçoive.

Le Bâtard avait guidé ses « culottes blanches », droit contre une batterie vendéenne, espérant l'enlever; mais c'était trop demander à une troupe peu aguerrie qui avait déjà donné plus que l'on ne pouvait raisonnablement en attendre.

Tant que les Nantais poussèrent devant eux le flot des fuyards, ils eurent assez de souffle, quoique haletants, pour avancer; mais d'Elbée, de Lescure et plusieurs officier crièrent aux Vendéens :

— A terre! Couchez-vous! Les canons vont tirer!

Et les paysans, voyant devant eux la ligne des pièces, les artilleurs, mèche en main, comprirent qu'il fallait se jeter à plat ventre et ils s'abattirent comme un seul homme, démasquant les républicains qui les poursuivaient.

De Roquebrune, se voyant si près des canons, s'élança en criant :

— En avant! La batterie est à nous!

Les canons crachèrent leur mitraille, le cheval du Bâtard s'abattit et les « culottes de soie, » fauchées par la grêle des biscaïens, tourbillonnèrent et ne retrouvèrent de l'haleine que pour fuir à leur tour.

Mais ils furent bientôt appuyés par le feu de l'artillerie républicaine et par des bataillons envoyés par Canclaux ; ils se remirent de cette rude secousse et se rallièrent.

Malheureusement, dans la fumée, personne n'avait vu tomber de Roquebrune, personne ne l'avait vu entouré et enlevé par les Vendéens au milieu desquels il s'était lancé.

Lorsque ces Vendéens couchés se relevèrent, ils sautèrent sur de Roquebrune en s'écriant :

— Le Bâtard ! le Bâtard !

Pas un d'eux ne le frappa ; aucun ne le menaça.

Son départ avait été commenté dans l'armée et tous les paysans lui accordaient les circonstances atténuantes.

Il n'en était pas de même des gentilshommes.

De Roquebrune, engagé sous son cheval, n'avait pu opposer de résistance ; il avait été désarmé en un clin d'œil.

Appelant les Vendéens, par leur nom, de Roquebrune leur demandait de le sabrer, mais en vain.

On le conduisit presque respectueusement devant d'Elbée.

— Ah ! monsieur, lui dit celui-ci avec rage, votre trahison nous enlève une belle victoire.

— Monsieur, dit le Bâtard, je n'ai trahi personne. Maître de ma personne et de mon épée, je suis allé aux républicains, parce que je ne voulais pas aller avec vous aux Anglais.

— Ce sont des alliés du Roy, monsieur !

— Et les ennemis de la France ! Mais peu vous importe à vous qui êtes Saxon.

D'Elbée avait bonne envie de faire fusiller Roquebrune, rien que pour ce mot-là ; mais il rêvait de remplacer Cathelineau comme généralissime ; il avait besoin du concours de M. de Lescure et des Angevins ; faire exécuter le Bâtard, c'était grave.

Il se contint et dit :

— Mes enfants, menez votre prisonnier à M. de Lescure.

— Il serait plus généreux de me faire casser la tête ici ! dit le Bâtard. Mon frère fera son devoir, mais il est cruel de le forcer à prononcer mon arrêt.

D'Elbée, sans répondre, réitéra son ordre aux paysans.

Ceux-ci cherchèrent de Lescure et promenèrent le Bâtard sur le champ de bataille.

Chose étrange !

Partout, les paysans qui sentaient que le prisonnier serait fusillé, le saluaient avec une tristesse respectueuse.

Partout les gentilhommes, rivaux d'influence autrefois, jaloux de sa gloire aujourd'hui, lui décochaient le sarcasme ou l'insulte.

Il arriva devant de Lescure.

Celui-ci, à la vue de son frère, eut un éclair de joie dans les yeux ; il n'avait pas vu charger de Roquebrune ; il ne savait pas qu'il avait pris part à la bataille contre les Vendéens ; il avait toujours supposé que de Roquebrune ne se battrait pas contre ses anciens compagnons ; il crut, en voyant l'attitude des paysans que ceux-ci escortaient le Bâtard revenu volontairement après une escapade dont il se repentait.

C'était un excellent gentilhomme, ce bon M. de Lescure ; mais il avait peu d'esprit et encore moins de perspicacité.

— Enfin, monsieur, vous nous revenez ! Trop tard, il est vrai, pour assister à la bataille ! Comme c'est une défaite, vous vous en consolerez et nous aiderez à prendre une revanche.

— Non pas, monsieur, dit de Roquebrune, car vous

allez me faire fusiller ! Je suis prisonnier ! Et tout ce que vous pouvez faire pour moi, c'est de m'épargner les affronts et la torture !

— Ainsi, demanda de Lescure, devenu très pâle, si j'ai compris, l'on vous a pris les armes à la main, combattant contre votre Dieu et votre Roy ?

— Monsieur, je menais au feu les « culottes de soie » de Nantes. Et j'ose me flatter de les avoir bien conduites ; un peu plus je prenais vos canons !

— Vous raillez !

— Non ! Je constate qu'ami ou ennemi vous n'avez pas à rougir de moi ! Je me comporte en homme de cœur dans tous les rangs. Et je veux vous faire voir tout à l'heure que, même de sang-froid, je sais mourir !

M. de Lescure descendit brusquement de cheval, prit son frère par le bras et le traînant à l'écart, lui dit avec émotion :

— De grâce, mon cher, ne rendez plus votre salut impossible. Aidez-moi à vous tirer de ce mauvais pas.

— Ah ! dit de Roquebrune en montrant l'abbé Bernier qui accourait, je vous défie bien de me sortir des mains de cet homme.

Le curé arrivait joyeux comme un corbeau qui a flairé sa proie.

A la vue de la joie cynique, cruelle, insolente et brutale qui éclatait sur la face turpide de l'abbé Bernier, il se fit une lumière dans l'esprit de M. de Lescure.

Il lut sur cette trogne de moine ivrogne et débauché, sinon le vrai motif de sa haine pour de Roquebrune, du moins cette haine même qui se manifesta avec une maladroite et furieuse inconvenance.

— Ah ! ah ! s'écria Bernier. Nous te tenons ! Nous te tenons, Bâtard !

Aux Vendéens :

— Pourquoi ne l'avez-vous pas fusillé, vous autres ?

Un paysan, le bonnet à la main, répondit respectueusement :

— Parce qu'il est le frère de M. de Lescure qui est notre seigneur.

Cette réponse ramena Bernier au sentiment de la situation, mais non à celui des convenances.

Il comprit que M. de Lescure devait chercher à sauver son frère; mais il n'était pas homme, lui, Bernier, à le permettre.

Toutefois il fallait ménager M. de Lescure.

— Vous avez bien fait! dit-il aux paysans. Mais c'est à monseigneur l'évêque d'Agra qu'il faut conduire le prisonnier. Le comité décidera de son sort sous la présidence de monseigneur le Vicaire apostolique.

De Roquebrune, qui savait combien de Lescure était sous la dépendance des prêtres, n'espérait rien de lui; il ne se doutait pas des révoltes dont est capable une nature loyale qui s'aperçoit qu'on se joue d'elle.

De Lescure était un croyant, un simple, mais il était honnête. L'intelligence en lui était étroite, mais droite; le cœur était loyal et fier. Ce saint de l'Anjou, comme l'appelaient les paysans, avait des points de ressemblance avec le roi saint Louis qui se cabra un jour contre les injustices d'un pape.

Il écoutait, étonné, indigné et confus de l'audace dont ce méchant petit curé de paroisse faisait montre.

Une grossièreté de Bernier fit éclater la colère du gentilhomme.

De Roquebrune s'était croisé les bras et il était déterminé à résister quelque peu aux paysans pour donner à de Lescure la honte d'assister impassible à une violence contre son frère.

Les soldats, tous campagnards de l'Anjou, n'osaient le toucher.

De Lescure, la tête basse, empêtré encore dans sa bigoterie, faisait, dans son for intérieur, un ardent appel aux lumières d'en haut.

Il aurait voulu sauver son frère sans nuire à la religion.

Il aurait voulu se contenir et ne laver la tête à l'abbé Bernier qu'en particulier.

Mais l'imprudent curé cria aux paysans :

— Qu'avez-vous donc, faillis chiens que vous êtes? Êtes-vous comme lui, des traîtres? Allez! allez! Mettez-lui la patte dessus! Il est déchu. Traitez-le comme le dernier des Jacobins.

Alors de Lescure bondit :

— Morbleu! curé, s'écria-t-il, je ne sais à quoi tient que je vous coupe la figure d'un revers d'épée, pour châtier vos insultes! Oubliez-vous qui vous êtes? N'était la guerre et la licence des camps, c'est chapeau bas que vous parleriez à M. de Roquebrune.

La trogne de l'abbé s'enlumina violemment; il fit tête en sanglier qu'il était et il s'écria :

— Vous protégez un traître!

— Sans vous, sans vos méchants conseils, mon frère n'aurait pas été réduit au désespoir; moins que tout autre, vous avez le droit de blâmer une faute qui est votre ouvrage. En tous cas, vous, curé d'une de mes paroisses, vous devez le respect à l'un des miens.

— Un bâtard!

— Curé, dit de Lescure pâlissant, ce bâtard Dieu l'a fait naître gentilhomme, mon père l'a fait de Lescure en l'adoptant, moi je l'ai fait de Roquebrune en le dotant; vous venez de l'insulter! Bas votre soutane, curé! A genoux, *Monsieur* Bernier et faites des excuses sur-le-champ à mon frère, sinon je jure Dieu de vous casser la tête.

Et M. de Lescure arma son pistolet dont il menaça l'abbé.

Celui-ci, tout rugueux que fût son caractère, n'avait point cette âme haute des fières natures.

Il plia.

— Monsieur, dit-il, ce que vous demandez là à un prêtre est une humiliation à l'Église dont Dieu vous demandera compte un jour.

— Je vous ai dit d'ôter votre soutane, monsieur. Otez-la. Avec vous, l'habit fait le moine. Plus de soutane, plus d'abbé ! Et dépêchez, monsieur ! Ne lassez pas ma patience.

Il n'y avait pas à parlementer.

Le curé fut obligé de plier un genou et de balbutier des excuses, ce qui fit rire les paysans, joyeux de l'humiliation de ce prêtre qui les avait si souvent brutalisés ; ils respectaient aussi dans Bernier le diplomate, le prêtre, l'un des chefs de la révolte; mais ils exécraient le tyranneau qui violentait leurs habitudes, les faisait battre par les officiers et les blessait dans leurs plus intimes sentiments. Puis ils connaissaient sa vie et méprisaient ses mœurs.

L'attitude des paysans prouva clairement à l'abbé qu'ils se rangeraient du côté de Lescure contre lui.

— C'est bien ! dit de Lescure en relevant le curé et en l'emmenant à l'écart. Maintenant, dites-moi où se trouve mademoiselle Meuris.

— Monsieur, vous m'avez fait jurer...

— Je vous relève de ce serment.

— Dieu seul...

— Oh ! curé, assez de momeries ! Vous êtes sans scrupules. Du reste, je prends le péché pour moi. Parlez vite et sincèrement; au point où nous en sommes, voyant clair dans votre jeu, indigné comme je le suis, je vous tuerais comme un chien. Où est la jeune fille ?

— A Chanteclair.

— Très bien ! Tenez-vous tranquille, curé, si vous tenez à la vie. Et n'intriguez pas contre mon frère.

Puis, revenant à de Roquebrune, Lescure lui dit :

— Monsieur, je prends votre parole d'honneur de ne pas chercher à fuir. Suivez-moi !

— Monsieur, dit de Roquebrune, je m'engage par serment jusqu'au moment où je vous avertirai loyalement.

Puis comme les paysans joyeux lui criaient : Vous êtes avec nous maintenant. Vive M. de Roquebrune ! il leur tendit ses deux mains qu'ils vinrent tous baiser respectueusement.

C'était le pardon de l'armée vendéenne, s'il voulait encore se remettre à sa tête.

Sur l'ordre de M. de Lescure, on lui donna un cheval ; puis tous deux cherchèrent d'Elbée.

M. de Lescure eut avec celui-ci un entretien secret et très court.

— Monsieur, lui dit de Lescure, je connais vos ambitions ! Vous voulez succéder à Cathelineau et je suis vôtre, si vous êtes mien. Je vous demande votre parole de vous opposer à toute condamnation, à toute mise en jugement de mon frère, moyennant quoi je vous fais proclamer par mes Angevins, ce qui vous donnera une écrasante majorité, ayant déjà vos soldats pour vous.

— Monsieur, dit d'Elbée, qui avait prévu cette proposition, je vous jure que vous pouvez compter sur moi.

— D'ores et déjà, monsieur, prenez donc le commandement direct des Angevins. Je vais vous en laisser les pouvoirs. Je m'absente et vous dirigerez mon armée dans la retraite ! Rien à craindre, du reste, des républicains ; ils n'oseront pas sortir de Nantes. Ils sont trop peu pour s'aventurer dehors.

D'Elbée, au comble de ses vœux, était ravi.

Pendant que M. de Lescure expédiait les pouvoirs,

l'ambitieux Saxon calculait qu'il n'avait qu'un seul adversaire sérieux, Charette.

Au besoin, il se passerait de son concours.

M. de Lescure, ayant terminé sa lettre à ses officiers, dit à d'Elbée :

— Une grâce, mon cher général, donnez-moi une escorte de cavalerie. J'ai affaire à Chanteclair où je conduis mon frère.

— En prison?

— Peut-être sortira-t-il de là, en effet, pour être enfermé dans un château sous bonne garde. Peut-être vous le ramènerai-je, regagné à notre cause et prêt à devenir votre meilleur lieutenant.

— Je le recevrai de bien bon cœur, dit d'Elbée. Puissiez-vous réussir!

Et il donna à M. de Lescure l'escorte demandée.

CHAPITRE XX

LA MORT DE MEURIS

Dans les récits divers qui ont été faits sur la captivité de mademoiselle Meuris, il y eut des points obscurs sur lesquels il importe de faire la lumière.

Pourquoi, par exemple, Meuris, le père de la prisonnière, ne se mit-il pas, le soir même de la victoire, à la tête de la Colonne infernale de cavalerie formée par Baco et ne perça-t-il point à travers les armées vendéennes en retraite pour atteindre Chanteclair?

Les diverses versions qui ont couru expliquent mal cette abstention.

La vérité, c'est que Meuris ignorait que cette colonne était formée.

La vérité, c'est que Baco, blessé et enfiévré, était étendu sur son lit et que, la victoire étant assurée, le médecin du maire voulut qu'il dormît et lui fit boire une potion opiacée.

Meuris ne sut rien.

Meuris ne put rien.

Le lendemain de la victoire, s'engageait cette querelle entre Jacobins et Girondins qui devait se terminer par la mort, on pourrait presque dire par le suicide et par l'assassinat de Meuris.

Celui-ci, dès le lendemain, fut réduit à l'impuissance.

Je veux dire comment, d'après Michelet.

Nantes victorieuse des Vendées fut saisie d'un délire d'orgueil et de passion politique.

Nantes se révolta contre Paris, contre la Convention, contre la « Montagne » qui était en train de guillotiner la « Gironde ».

Nantes voulut faire cause commune avec Caen, Rouen, Lyon, Bordeaux.

Pour cela, il fallait annihiler les Jacobins qu'elle avait chez elle, les hommes du club Saint-Vincent.

Et comme c'était Meuris qui était à leur tête, Meuris, le héros de Nort, il fallait se montrer ingrats, lui dénier sa gloire, la rapetisser, la faire rentrer dans le néant et même le calomnier.

Les bourgeois, les « culottes de soie », très fiers de leur conduite au feu, firent sonner bien haut leurs exploits; mais comme on leur rappelait que c'était Roquebrune qui les avait entraînés, Roquebrune, l'ami de Meuris, ils inventèrent une calomnie infâme.

Ils prétendirent que Roquebrune trahissait, que Roquebrune les conduisait à la boucherie, qu'il les livrait aux Vendéens : heureusement ils s'en seraient aperçus à temps et se seraient dégagés.

Roquebrune aurait vu son piège éventé et il aurait passé à l'ennemi.

Dès le lendemain, le bruit courait dans Nantes que le Bâtard était rentré dans son grade et que le curé Bernier avait dû faire amende honorable devant lui.

On juge de l'indignation de Meuris et des Jacobins contre ceux qui colportaient ces fausses accusations.

Chaque jour la querelle s'envenimait.

Meuris sut trop tard qu'une Colonne infernale toute formée était destinée à Roquebrune pour sauver sa fiancée; Meuris demanda le commandement de cette colonne; on le lui refusa.

Nantes, le 5 juillet, se mettait en rébellion ouverte contre la Convention, déclarant qu'elle ne recevrait pas les délégués de l'Assemblée; Beysser signait cette déclaration que Canclaux, gagné à la République par Meuris, refusa d'approuver.

Beysser, à la tête des « culottes de soie » et de la légion nantaise, faisait la loi à tout le monde dans Nantes.

Baco, à peine convalescent, était parti pour Paris ayant l'audace d'aller y menacer la Convention d'une guerre civile à fond, si l'on ne mettait pas en liberté les représentants girondins arrêtés.

Beysser, jaloux de la gloire de Meuris, le poussa au désespoir.

A ce père héroïque qui avait sacrifié sa fille au salut de Nantes, il refusa tout moyen de délivrer son enfant.

Meuris s'exaltait et s'indignait.

Il avait envoyé des émissaires chez les Vendéens.

Ces émissaires avaient raconté que Roquebrune était prisonnier et traité comme tel.

Les Girondins avaient répondu : C'est un traître ! S'il n'avait pas trahi la République, on l'aurait fusillé.

Mais ces mêmes émissaires avaient tout dit à Meuris :

— On retient ta fille comme otage parce que tu es le chef des Montagnards de Nantes !

Cette pensée que son enfant n'était prisonnière qu'à cause de lui, troubla profondément Meuris.

— Que ne suis-je mort à Nort ! disait-il à ses amis. Ma fille perdait ce caractère d'otage qui fait qu'on la garde !

Il était tourmenté par cette idée, quand la querelle entre les Jacobins et les Girondins devint si aiguë que les deux partis furent sur le point d'en venir aux mains.

Les Girondins, beaucoup plus forts, voulaient trouver l'occasion d'écraser leurs adversaires.

Les bretteurs de la légion nantaise, dédaignant les ouvriers qui faisaient partie des bataillons jacobins, s'attaquaient à Meuris et le provoquaient en duel.

— Tu es un héros et tu as peur d'une épée! lui disaient-ils.

Par principe, Meuris réprouvait le duel.

A la grande surprise de tous, le 13 juillet au soir, il accepta la provocation d'un capitaine de la légion nantaise.

Il dit à ses amis :

— Je suis déterminé à mourir. Il me plaît que ce soit demain, fête du 14 juillet, anniversaire de la prise de la Bastille. Il est utile pour notre cause que la France sache qu'un des bretteurs girondins m'a assassiné, moi qui ne sais pas l'escrime.

Comme, en matière si grave, il est bon de s'appuyer sur l'histoire contre la réclamation possible d'une famille, je laisse la parole à Michelet.

Parlant de la mission de Philippeaux, il dit :

« Les Girondins venaient de tuer l'héroïque défenseur de Nort, Meuris, l'homme qui, par ce combat, donna huit heures à Nantes dans son grand jour pour la préparation de la défense et la sauva peut-être.

» L'origine première de ce malheur fut la rivalité de la légion nantaise, corps girondin composé de jeunes bourgeois, et des bataillons Meuris, corps en grande partie montagnard, mêlé d'ouvriers et d'hommes de toute classe.

» M. Nourrit (depuis intendant militaire), capitaine dans la légion, qui eut le malheur de tuer Meuris, excuse ainsi la chose : Le bataillon de Meuris était contre Beysser, la légion était pour lui. La dispute de corps menaçait de devenir sanglante; il s'en prit à Meuris et le défia. La jeunesse nantaise avait, dit-il, en ces sortes d'affaires, une tradition, une réputation qu'on voulait soutenir. Meuris eut la simplicité de se battre avec un officier inférieur, un jeune homme inconnu qui, de toute manière, trouvait son compte à croiser l'épée avec un héros.

» Il fut tué le 14 juillet, le jour anniversaire de la prise de la Bastille, de la naissance de la Révolution.

» Cruelle douleur pour les hommes de Vincent-la-Montagne, pour la population nantaise, en général bonne et généreuse ! que ce pauvre étranger qui avait si bien servi la ville au jour le plus glorieux de son histoire, eût quinze jours après péri sous l'épée d'un Nantais!... » (Michelet.)

Ce n'était pas par simplicité que Meuris se faisait tuer ; c'était pour assurer la délivrance de sa fille.

Les bourgeois de Nantes se montrèrent ce que sont toujours les bourgeois vainqueurs ; ils furent odieux.

Meuris avait recommandé sa femme et ses enfants à la générosité de la ville qu'il avait sauvée.

La municipalité bourgeoise s'acharna contre cette famille et contre les débris de la Colonne infernale.

Peu de jours après la mort de Meuris, sa veuve, chargée d'enfants, adresse une pétition aux autorités. Un garçon, formé par Meuris, faisait aller la pauvre petite boutique et soutenait la famille. Madame veuve Meuris demande qu'il soit exempté du service, ou comme on le disait, *mis en réquisition* pour la boutique de Meuris. On passa à l'ordre du jour. (Collection de M. Chevaz.) Le bataillon Meuris, réduit à si peu d'hommes, avait eu pour récompense nationale une distribution de bas, chemises et souliers. On décida, peu après la mort de son chef, « qu'il serait incorporé dans un bataillon mis à la disposition du ministre de la guerre ». C'était le congédier. Les hommes qui le composaient, dont plusieurs étaient pères de famille, ne devaient pas, d'après leur âge, aller à la frontière. Au moins, désiraient-ils, en se retirant, recouvrer leurs effets perdus à Nort dans cet héroïque combat. On leur répondit sèchement : « Que, placés là par le général, ils avaient combattu comme tout corps armé pour la République, et non comme troupe nantaise ; qu'ils s'adressassent au commissaire des guerres. »

Cette ville renvoyant ses héros de Caïphe à Pilate, les chassant des rangs de sa milice, savait bien que l'État ne pouvait rien pour un corps spécial. Aussi le commissaire des guerres ne voulut voir en eux qu'un corps nantais. On rapporta alors l'arrêté honteux et ingrat, on leur donna l'espoir de recevoir une indemnité ; on promit de délibérer sur ce qu'il convenait de laisser aux hommes de ce bataillon auxquels il ne resterait aucun vêtement, si on les dépouillait (de ce qui était à la ville). — La Société de Vincent-la-Montagne demandait que ces trente restés du bataillon eussent un supplément de solde de quinze sols, leurs femmes de dix, et leurs enfants de cinq. « La loi, répondit-on, y est contraire. Renvoyé aux représentants. » — Et le même jour, on accordait douze mille francs d'indemnité à l'état-major de la garde nationale. — Si mal traité, le bataillon Meuris se décida à se dissoudre. Auparavant il eût voulu suspendre son drapeau aux voûtes de Saint-Pierre, la paroisse du ferblantier. On répondit que les églises ne servaient plus à ces usages. « Eh bien ! nous le mettrons, dirent-ils, à la Société Vincent. » A quoi le procureur du département fit cette triste opposition : « Que ce drapeau, « payé des deniers des administrés », n'appartenait qu'à eux, et ne pouvait être déposé qu'au département. » Le général Canclaux rougit pour l'administration ; il intervint, obtint que pour honorer la mémoire de Meuris, membre de de cette société, le drapeau du bataillon y serait déposé, et que l'administration en corps l'y accompagnerait. »

(*Archives du département de la Loire-Inférieure.*)

Nantes assassinant Meuris, Nantes persécutant la veuve et les enfants de son héros, Nantes refusant du pain aux survivants de la *Colonne infernale*, Nantes bourgeois abusant lâchement de la supériorité du nombre et de l'organisation pour écraser Nantes peuple presque exécuté au combat de Nort, Nantes girondin se montrant cruel sans cœur et sans pitié, appelait les colères de la Convention, colères formidables, qui foudroyaient les villes coupables.

Pour venger Meuris, la Convention envoya Carrier...

CHAPITRE XXI

LES BONNES SŒURS

Le prêtre excelle au mensonge.

Tout soldat qui a dû subir la tyrannie des sœurs dans les hôpitaux militaires, leurs odieuses dénonciations contre ceux qui refusent l'aumônier, leurs larcins sur le peu de nourriture accordé par le médecin, leurs obsessions de chaque instant; tout pauvre qui a passé par les hôpitaux civils; tout prisonnier condamné, outre sa peine, à entendre par force la messe du dimanche et à faire la prière du matin pour plaire à la chère sœur, tous ceux enfin qui ont eu affaire à ces malheureuses nécessairement hystériques, si elles sont fidèles à leurs vœux, et forcément hypocrites si elles cherchent des consolations ailleurs que dans la dévotion au Sacré-Cœur, tous ceux qui connaissent les sœurs savent qu'elles ont pour moindres défauts d'êtres taquines, tracassières, soupçonneuses, toujours en inquisition; sourdement irritées, voilant des colères noires sous des airs douceâtres, elles étonnent par des éclats de cruauté qui semblent toucher à la folie; elles inventent d'étranges et répugnantes punitions pour les petites filles confiées à leur ignorance, punitions dont la plus légère est de lécher un crachat avec sa langue : on en a vu asseoir les enfants sur des poêles rougis.

La réclusion, les désirs inassouvis, les surexcitations inévitables qualifiées d'exaltations mystiques, la vie entre femmes peu intelligentes qui développe la tendance à juger faux, par sentiment, par passion et non par logique, le manque absolu de l'homme, ce contrepoids indispensable, tout un ensemble enfin constituant la vie contre nature, explique les horreurs qui se passent dans les couvents.

Avant 93, que d'horreurs se sont commises dans le mystère des cloîtres!

Les *in-pace* ont parlé, les mortes se sont dressées quand la Révolution a fait pénétrer la lumière sous les voûtes sombres; des échos sinistres ont répété les râles des longues agonies.

Mais le prêtre n'en a pas moins imposé aux peuples abêtis cette appellation menteuse : les bonnes sœurs!

Bonnes! Ces femmes qui ne sont plus les filles de personne, qui renient père et mère! Ces femmes vouées à la stérilité! Ces femmes, ou plutôt ces monstres qui violent toutes les lois physiologiques!

Non!

Elles sont haineuses, puisqu'on leur défend l'amour, et je leur pardonne, parce que les folles hystériques sont irresponsables!

Mais je me refuse à les appeler bonnes sœurs, car c'est trop longtemps mentir.

Et si quelqu'un était tenté de croire à cette bonté de la religieuse, je lui conseillerais de lire les révélations de Michelet, quand il flétrit ces bonnes sœurs d'Angers; réfugiées à Chanteclair, elles y tourmentaient mademoiselle Meuris.

On la leur avait envoyée en recommandant d'employer la douceur pour la ramener à de bons sentiments.

Sucreries et confitures !

C'était la tradition depuis Louis XIV, la révocation de l'édit de Nantes et les instructions de madame de Maintenon : on caressait d'abord les petites protestantes et si elles ne s'assouplissaient pas par la gourmandise, on les fouettait jusqu'au sang et on les faisait jeûner jusqu'à l'épuisement.

La supérieure de la communauté réfugiée au château de Chanteclair était une de Koët-Kergouët ; elle avait toute la rudesse, toute l'âpreté, toute la sauvagerie native de cette vieille famille qui a fourni à l'histoire de Bretagne des types taillés en plein granit armoricain, nobles bandits, gentilshommes brigands, ivrognes, rapaces, pauvres et durs à la fatigue et à la misère ; des brutes, du reste, mais frappant de grands coups.

Comme beaucoup de nobles bretons, ceux-là cultivaient eux-mêmes leurs landes arides et ils vivaient, en temps de paix, comme des paysans, les pieds dans leurs lourds sabots.

En temps de guerre, ils servaient le Roy, mais comme officiers d'aventure, à la tête de compagnies franches ; vu leur ignorance, il eût été impossible d'en faire des capitaines dans une troupe régulière.

La race se perpétuait pure, d'une laideur puissante, gardant ses formes massives et carrées, car les Koët-Kergouët ne se mariaient qu'entre eux ; trop nobles pour se mésallier avec des filles de petite mais riche noblesse, trop pauvres pour trouver des demoiselles de grande maison, ils épousaient leurs cousines.

Et celles qui ne trouvaient point preneurs entraient au couvent.

Vu la naissance, elles devenaient presque toutes supérieures ou abbesses.

Quelles drôles de nonnes !

On racontait sur leur compte de curieuses histoires, les

unes grotesques, les autres terribles; sous Henri IV, une Koët-Kergouët ayant trouvé l'aumônier de son couvent ivre-mort le prit sur son dos et le porta à travers les rues de Vannes, jusqu'au palais épiscopal où elle le jeta aux pieds de l'évêque en lui disant :

— Si vous renvoyez ce pourceau-là, monseigneur, je l'échaude tout vif. Vous ne pouvez plus dire que je le calomnie.

Une autre avait supplicié avec des raffinements atroces une sœur dont elle était jalouse et qui, sauvée par miracle, ne put obtenir justice, car on étouffa l'affaire.

Quelques procès récents ont révélé les mœurs abominables que certaines familles nobles bretonnes ont conservées aujourd'hui encore; par l'affaire des Essarts on peut imaginer ce que pouvaient être les Koët-Kergouët.

La supérieure de Chanteclair, Jeanne la Sainte, mourut en 1818, en grande réputation d'austérité et de vertu; elle était fanatique et vierge, mais sa virginité lui coûtait des combats incessants; croyante aveugle, ardente, et voulant gagner le ciel, elle se mortifiait avec une implacabilité sanguinaire, s'étendant aux heures de tentation sur les dalles nues, se frappant jusqu'à faire jaillir le sang au mur, hurlant et beuglant comme une vache en proie aux fureurs utérines et livrant des combats héroïques à son tempérament de feu.

La supérieure était toujours sortie victorieuse de ses batailles contre les violentes révoltes de la chair.

Cette lutte la consumait; sur sa grossière charpente elle n'avait que la peau et les os; sa face kymrique, à pommettes proéminentes, était jaune comme la cire des cierges; tous les traits se profilaient en saillies menaçantes; le parchemin de la peau était raviné de rides sèches qui semblaient formées par des cassures; la mâchoire de loup avait de longues dents dont les canines formaient emboîtement l'une sur l'autre; les yeux bruns, enfoncés, cerclés de bistre, luisaient sous les sourcils et jetaient un feu sombre.

La voix rauque avait des éraillements qui eussent fait croire à l'ivrognerie et à la débauche, s'il n'eût pas été bien établi qu'elle était chaste avec frénésie.

Quel contraste, lorsque pour la première fois la mère Jeanne de Koët-Kergouët se trouva en face de mademoiselle Meuris.

Elle fut saisie aussitôt contre cette enfant de seize ans d'une sorte d'appétit de souffrances à infliger, de tourments à faire endurer, sentiment de haine, rancune naturelle de la recluse vouée à l'ennui, au célibat, au désespoir, contre une jolie fille, charmante et aimée.

La première entrevue avait mis en relief et en hostilité ces deux caractères.

La Koët-Kergouët crut avoir bon marché de cette petite blonde aux doux yeux, au sourire triste.

Elle fut irritée de trouver dans cette nature si souple la résistance d'une lame de fleuret courbée sous chaque choc, se redressant toujours et blessant souvent.

Paysanne malgré tout, la Koët-Kergouët se croyait, de par son nom et de par son autorité, très supérieure à cette fille de ferblantier; sans y réfléchir, sans le chercher, les premières instructions de l'abbé Bernier recommandant la douceur, la supérieure s'aliéna à jamais la jeune fille.

Le bête orgueil de la supérieure, de la fille noble, de la campagnarde ignorante, ne lui permit point de ménager les susceptibilités de mademoiselle Meuris.

— Ah, dit-elle quand on la lui amena, vous voici, ma petite! Vous serez très bien ici, on aura soin de vous! Votre père est un bien grand scélérat! Mais l'abbé Bernier vous recommande et l'on oubliera que vous êtes la fille de ce monstre qui a profané l'église Saint-Vincent de Nantes pour en faire un club.

— Madame, dit mademoiselle Meuris les yeux baissés,

mais d'un ton ferme, mon père est un honnête homme.

— Il persécute les prêtres !

— Il est républicain et les prêtres font fusiller les républicains par les soldats vendéens.

— Ainsi, vous approuvez votre père! s'écria la supérieure dont la tête violente se montait.

— Madame, les commandements de Dieu m'ordonnent d'honorer mes parents?

Mademoiselle Meuris venait de frapper juste et de piquer au vif la supérieure en la touchant dans sa vanité, sur son terrain, avec ses propres armes.

La Koët-Kergouët essaya de riposter.

— Mademoiselle, dit-elle, votre père est excommunié comme sacrilège. Cela vous délie envers lui.

— L'excommunication, dit la jeune fille, ne saurait atteindre mon père! Il est protestant.

— J'espère bien, mademoiselle, que votre mère est catholique et vous aussi?

— Non, madame. Ma mère s'est faite luthérienne le lendemain de son mariage et je professe la religion de mes parents.

— On vous a envoyée ici pour être converti; nous vous ferons instruire par notre aumônier et vous abjurerez mon enfant!

— Jamais, madame.

La supérieure se sentit prise d'une telle colère qu'elle rompit l'entretien dans la crainte d'éclater en menaces.

L'abbé Bernier avait recommandé la douceur; elle voulait obéir saintement aux ordres reçus : elle comprima le volcan qui grondait en elle et elle dit de sa voix caverneuse d'ascète :

— Allez, malheureuse enfant! allez! Je prierai, je jeûnerai, je passerai les jours et les nuits dans les macérations et dans les souffrances, pour obtenir de Dieu votre conversion.

Mais la colère qui l'étouffait prit le dessus.

Elle jeta un regard sanglant à mademoiselle Meuris, puis, d'une voix étranglée, elle dit aux sœurs qui avaient amené la jeune fille :

— Emmenez-la ! Emmenez-la vite ! La tentation serait plus forte que moi. Je sens que je déchirerais cette hérétique insolente avec mes ongles.

Et les deux bras décharnés de cette fanatique, maigre à faire peur et pitié, tendirent deux mains osseuses, crispées en griffes, vers la jeune fille que l'on entraîna dehors.

Mademoiselle Meuris entendit alors les cris surhumains que se mit à pousser cette hystérique mystique en proie à une crise de fureur sacro-utérine; au milieu des sons inarticulés, on distinguait des vociférations contre les hérétiques, des sommations à Dieu d'anéantir ses ennemis, puis d'humbles supplications ; parfois la voix se taisait et les coups de la discipline assommant la chair faisaient résonner le dos de la sainte comme une caisse creuse, frappée d'un marteau.

Les sœurs étaient tombées à genoux près de la porte ; saisies de frayeur, d'admiration, de pitié, elles priaient pour leur supérieure.

Mademoiselle Meuris restait debout, pâle, profondément impressionnée, envahie par une horreur et un dégoût invincibles pour une religion qui causait de pareils égarements.

Pendant deux heures, deux mortelles heures, cette scène se prolongea, les sœurs murmurant des litanies, chapelet en main; la jeune fille, se demandant, pleine d'angoisse, quand cela finirait.

Enfin, la terrible discipline meurtrissant les épaules de la supérieure en tira tant de sang, que la colère, la révolte, l'accès de rage, enfin, fut dompté par la souffrance et par la saignée; il se fit une réaction et le calme revint;

c'est ce que les ascètes appellent recevoir la grâce du Seigneur ; cessant de se rouer de coups, ils éprouvent une sorte de bien-être dans lequel ils se délectent avec l'ineffable joie des imbéciles et ils se croient remplis de l'esprit de Dieu.

C'est l'heure où les monomanes atteints de cette folie sainte vaticinent et lancent leurs prophéties.

C'est l'heure de l'extase.

La porte de la chambre de la supérieure s'ouvrit ; la Koët-Kergouët parut transformée, sa longue robe drapée sur son squelette, la figure illuminée par les yeux radieux et jaillissant de l'orbite, le geste sibyllin, pareille à une de ces druidesses antiques que sa race avait dû fournir à la Gaule préhistorique.

Elle bénit par un grand et beau mouvement ses sœurs agenouillées, puis elle dit avec douceur :

— J'ai péché, car j'ai senti mon cœur gonflé de fiel contre cette malheureuse enfant. J'ai prié et je me suis châtiée. Dieu m'a pardonné, je sens sa grâce en moi ! Mais je vous engage, mes sœurs, à catéchiser cette enfant ! Car elle est destinée à expier les crimes de son père, soit par une vie de pénitences volontaires au milieu de nous, soit par des tourments épouvantables si elle résiste ! Dieu frappe les coupables dans leurs enfants jusqu'à la quatrième génération ! J'ai eu sur cette fille une vision double qui m'a dévoilé son avenir. Elle priait au milieu de nous, le front dans la poussière, et je la voyais en même temps mourante dans l'*in-pace*. Une heure viendra où il lui faudra choisir.

Mademoiselle Meuris se raidit avec une force de volonté qui attestait l'énergie de sa race et elle dit :

— Madame, je serai martyre s'il le faut, mais je mourrai protestante.

— Alors sois maudite !... s'écria la supérieure. L'heure fatale sonnera bientôt.

Et, se retirant avec une majestueuse indignation, la supérieure laissa mademoiselle Meuris aux mains des sœurs.

Ce qui rendait cette femme terrible, c'est qu'elle était sincère.

Elle croyait.

Elle se crucifiait volontairement sur cette terre pour s'assurer le paradis dans l'autre monde.

Elle s'imaginait que brûler les hérétiques, c'était plaire à Dieu et punir justement les pires criminels ; la férocité native de sa race pouvait ainsi s'affirmer et se satisfaire saintement.

Pendant plusieurs jours et plusieurs nuits, elle se soumit à des traitements cruels qu'elle s'infligeait avec un stoïcisme inouï pour obtenir de Dieu la conversion de mademoiselle Meuris.

Elle éprouvait le besoin de justifier vis-à-vis de Dieu et d'elle-même les tourments qu'elle se promettait d'infliger à l'hérétique endurcie.

Pendant qu'elle se soumettait à cet étrange entraînement, elle laissait mademoiselle Meuris aux sœurs, leur recommandant de la bien traiter.

Mais survint un courrier.

Il apportait les ordres rigoureux de l'abbé Bernier.

CHAPITRE XXII

CHANTECLAIR ?

Chanteclair était situé en pleine forêt.

Les bois sont les asiles sûrs des brigands et des révoltés.

Les armées régulières y pénètrent difficilement et les évitent volontiers.

Les traverser est toute une affaire pour un général.

Le soldat aime le soleil; l'ombre l'inquiète; sa bravoure demande la lumière, l'œil des officiers, le coude du camarade; son courage est fait d'obéissance et de cohésion.

Dans la forêt, tout ordre est rompu; le ressort qui fait fonctionner cette machine : un bataillon ! n'agit plus que faiblement.

L'instinct du régulier est de redouter l'embuscade.

La forêt, c'est le piège tendu d'avance.

Voilà qui explique comment les Vendéens ont conservé les bois jusqu'au dernier moment.

Les bois, refuge assuré !

Toute expédition des Bleus qui s'aventurait à fouiller un bois était décimée, écrasée, anéantie.

Dans le bois, tout était menace, mystère et péril; le dessous autant et plus que le dessus.

Pendant que le regard du régulier était tendu vers les cimes impénétrables d'où pleuvaient les balles, le malheureux soldat était attiré par les pieds dans un de ces repaires souterrains dont le sous-sol des forêts était creusé. (Victor Hugo, 93.)

Comme dans les grandes villes, il y avait des sous-sols inconnus des passants et l'on s'y engouffrait.

Longtemps les républicains ignorèrent comment tant d'hommes, lancés dans une battue, disparaissaient subitement ; c'est en fouillant à fond sur l'ordre de Canclaux une petite forêt bretonne, cernée et prise par de grosses forces, que l'on découvrit le secret des brigands. Ils se terraient comme des renards ; ils creusaient des cachettes, assez vastes parfois pour contenir six hommes, entre les maîtresses racines des grands arbres : on bouchait l'entrée avec des plaques de mousse.

Quand un républicain passait à portée du repaire, il était saisi, poignardé, assommé, enterré.

Avait-il poussé un cri, ses camarades accourant cherchaient en vain. L'herbe foulée, teinte de sang, témoignait d'une lutte ; mais, pas de cadavre.

Et le lendemain, quand la colonne s'était éloignée, laissant la moitié des siens dans ces bois maudits, tous les arbres de la lisière se garnissaient de cadavres pendus...

Les morts reparaissaient suppliciés.

Ainsi s'explique la terreur sacrée qui planait sur les forêts, la répugnance des Bleus à y entrer.

Toujours elles leur avaient été fatales ; mais le grand bois de Chanteclair surtout avait une réputation sinistre.

Il couvrait de ses chênes géants et de ses énormes hêtres un sol mouvementé, tourmenté, convulsionné, plein de fondrières et d'escarpements.

L'ombre y était épaisse.

Les taillis impénétrables abritaient des nichées d'oiseaux.

Sous la feuillée, les chants, mêlés de bruits d'ailes, retentissaient joyeux.

Chaque arbre abritait des couvées.

De là le nom de la forêt, où les chanteurs ailés foisonnaient.

Dans la ramée, les oiseaux.

Dans les racines, en tous temps, les braconniers, les vagabonds, les contrebandiers.

Depuis la guerre, sous l'enchevêtrement souterrain, des combattants guettaient sans cesse l'ennemi.

Les rochers aussi abritaient les Vendéens dans leurs grottes, dans leurs cavernes, dans leurs creux masqués par des rideaux de ronces; les vieux arbres entrelaçaient sous terre des voûtes solides sur des terriers à hommes.

Au milieu du bois, le château dans une clairière, sur une hauteur, avec quatre gros canons de fonte en état de servir, montés sur des affûts grossiers mais solides ; un canon sur chaque tour, menaçant l'un des points cardinaux.

Les quatre tours, hautes, massives, épaisses de six pieds, capables de résister à de l'artillerie de campagne si l'on avait pu en traîner jusque-là, les quatre tours, rondes, formidables, imprenables, à moins d'un siège régulier, étaient réunies par des remparts en courtine avec mâchicoulis, caponnières, créneaux, et tout l'attirail de l'art ancien et de l'art moderne; un Vauban de troisième ordre avait mis cette place en état de défense, utilisant les vieilles murailles et en complétant le système.

Les républicains avaient senti depuis longtemps de quelle importance était Chanteclair.

Le château seul eût déjà formé un sérieux obstacle en

rase campagne ; la forêt, sans le château, eût été fort redoutable ; mais forêt et château réunis formaient un ensemble de résistance que les républicains n'avaient jamais pu forcer.

Bouchotte, le plus brave des hommes, avait voulu en finir avec Chanteclair : il avait dirigé sur la forêt une masse de trente mille hommes réquisitionnés, formés et armés à la hâte, soldats de circonstance, mais très suffisants pour cerner un bois.

Il avait plus de sept mille hommes solides, soit de ligne, soit de garde nationale aguerris et exercés.

De plus, des canons bien servis.

Il avait enveloppé Chanteclair.

Sur le bois et sur le château, on n'avait que de vagues renseignements ; aucun espion républicain n'avait pu pénétrer ; mais on savait les fourrés pleins de monde.

De plus, la marche des colonnes républicaines ayant été signalée, la population des villages voisins avait fui ; les femmes, les enfants, les vieillards avaient gagné les cantons éloignés ; les hommes, les mâles armés avaient couru défendre Chanteclair.

Les trente mille réquisitionnaires postés, l'artillerie braquée sur les débouchés de la forêt, on avait lancé les bataillons d'élite qui avaient poussé sur le château par une marche concentrique.

Rien ! Absolument rien sous bois !

Rien, jusqu'au moment où toutes les colonnes, s'attendant l'une l'autre, envahirent ensemble la clairière où le château se dressait.

Les quatre gros canons de fonte crachant d'énormes paquets de mitraille du haut des tours, les fusils de rempart tirant leurs biscaïens par chaque meurtrière, un feu violent partant de ces remparts infranchissables, les officiers républicains comprirent qu'un assaut était impossible.

Il firent jeter les échelles amenées à grand'peine et ils commandèrent la retraite.

Mais, au premier mouvement de recul, la forêt s'illumina d'éclairs, d'en haut, d'en bas, de tous côtés, les balles se mirent à pleuvoir...

La forêt s'était animée.

Chaque arbre cachait des combattants : dans l'ombre du feuillage au sommet; dans l'ombre des racines, sous terre. Volcan dessus! Volcan dessous. Une fusillade effroyable.

La panique se mit dans les bataillons et chacun s'enfuit, courant aveuglément devant soi.

Il sortit à peine deux mille hommes des taillis ; tout le reste s'était fondu dans la fournaise.

Les Vendéens bordant leurs bois, sans les quitter, se mirent aussitôt à hisser les morts et les blessés aux arbres ; les républicains virent cette chose horrible : une armée de pendus!

Ils furent glacés d'effroi.

Bouchotte ordonna en vain de tirer le canon sur les arbres, couvrant d'obus victimes et bourreaux ; les Vendéens n'en complétèrent pas moins leur sinistre besogne.

Et les républicains impuissants se retirèrent, emportant de cette déroute un souvenir terrifiant.

Depuis lors, Chanteclair avait été entouré d'une réputation prestigieuse : il n'y avait qu'un homme et un amoureux comme de Roquebrune pour espérer pénétrer dans le bois et enlever le château par surprise.

Il est vrai que quand il avait conçu ce projet, on pouvait supposer la forêt vide de défenseurs à cause du siège de Nantes.

On sait comment ce rêve avorta.

Telle était la prison où mademoiselle Meuris avait pour geôlière et pour bourreau Jeanne de Koët-Kerkouët.

Le problème était celui-ci : la tirer de là!

CHAPITRE XXIII

DIES IRÆ

Depuis tant d'heures qu'elle jeûnait, priait, se martyrisait pour obtenir la conversion de mademoiselle Meuris, la « Sainte » en était arrivée à un degré d'exaltation pire que la folie ; car celle-ci permet parfois d'échapper aux fureurs de celui qui en est atteint et qui subit des distractions, ou se laisse aller à des revirements subits.

L'exaltation mystique, au contraire, ne trouble en rien l'exercice de la volonté ; elle semble même donner à l'intelligence plus de clarté, au geste plus de précision, aux sens plus d'acuité.

La Sainte, dans cet état de surexcitation, avait une finesse d'ouïe inconcevable et une sûreté de coup d'œil prodigieuse ; depuis dix heures, elle était montée sur la plus haute des quatre tours, et, à genoux, elle attendait l'arrivée d'un messager de l'abbé Bernier, dont elle avait pressenti l'envoi avec ce flair que donne la haine.

Ce message, changeant les instructions primitives, pouvait seul permettre à la Sainte d'exécuter son projet de persécution.

Ce message, elle le désirait ardemment, tout en demandant à Dieu, par les lèvres, d'éclairer la jeune fille.

De bonne foi, ce vieux monstre femelle, décharné,

hideux, repoussant, cette vieille sorcière de sacristie, croyait n'agir et ne penser qu'au nom de la religion.

Elle se disait qu'elle voulait ramener à l'Église une brebis égarée.

En réalité, elle obéissait à cette loi fatale qui pousse la laideur à exécrer la beauté ; le démon de l'envie féroce, de la jalousie implacable, était tassé au fond de ce cœur de vieille fille ; il s'y démenait dans le fiel et l'eau bénite et il inspirait à cette malheureuse des rêves de vengeance contre cette fille qui se permettait d'être jeune, jolie, charmante et d'avoir pour fiancé le plus beau soldat de la Vendée.

Car la Koët-Kergouët avait vu et admiré Roquebrune ; depuis, la mâle et superbe tête du Bâtard s'était incrustée dans la mémoire de la Sainte et y faisait tort au pâle crucifié qu'elle adorait.

Dans ses prières, la Koët-Kergouët n'oubliait jamais de demander à Dieu d'épargner les balles à Roquebrune ; depuis qu'il était devenu républicain, elle demandait avec ferveur son retour à la bonne cause.

Comme noble, elle était outrée que Roquebrune épousât une fille de ferblantier.

Comme sœur, elle était exaspérée que cette petite protestante eût conquis ce général à la République.

Tous ces ferments avaient germé au milieu des bouillonnements de ce sang âcre et impétueux des Koët-Kergoët ; toutes ces semences d'aversion s'étaient développées dans les trois jours d'attente et de dure pénitence.

Aussi la « Sainte », du haut de sa tour, vit-elle au delà de la forêt venir le messager de l'abbé Bernier ; elle le flaira, le devina, l'annonça :

— Le voici ! s'écria-t-elle. Enfin mon supplice est fini ! Le Seigneur repousse ce cœur d'hérétique de son sein et le livre à ma vengeance ! Je vais châtier le père dans la fille. Mon Dieu, ton saint nom soit béni !

Elle levait les yeux au ciel avec reconnaissance et frissonnait de la joie pleine de convoitise qui fait onduler le dos du chat prêt à s'élancer sur un oiselet tombé du nid.

Elle ne se trompait pas.

C'était bien le messager qui accourait.

Elle lut la lettre avec des frémissements qui secouaient sa peau parcheminée ; elle exultait.

Sur sa demande, l'aumônier était accouru.

— Monsieur l'abbé, dit-elle, un cantique d'actions de grâces ! Dieu nous comble ! Il nous livre l'hérétique ! Le curé Bernier ordonne la rigueur.

Et aux sœurs qui l'entouraient :

— A genoux ! Remercions le Seigneur ! Monsieur le curé, récitez le *Nunc dimittis*.

C'était ridicule et c'était terrible.

C'était grotesque et hideux !

Tant de haine !

Contre une enfant !

L'aumônier, un prêtre insermenté, un pauvre vieux fanatique, paysan obscur devenu curé, une tête de lézard sans cervelle, l'air toujours effaré, l'aumônier qui était l'homme-lige, la chose, le mannequin sacerdotal de la « Sainte », se mit à marmotter le cantique de Siméon.

Les mâchoires édentées remuaient, mâchant les mots sans que l'esprit absent y attachât un sens ; et les yeux sans éclairs clignotaient sous le battement des paupières.

De cette momerie, rien à attendre pour mademoiselle Meuris.

Point d'intelligence, donc point de pitié.

Personne pour elle !

Les sœurs étaient des filles convaincues ; la Koët-Kergouët n'aurait supporté aucun écart.

Impitoyable pour elle-même, elle l'était pour les autres.

Toutes ses « filles » marchaient droit dans la voie du salut, craignant Dieu et le martinet armé de pointes de fer, dont la Sainte déchirait le dos des pauvres femmes pour la plus petite faute, la plus légère faiblesse.

Ces sœurs étaient ou atrophiées ou exaltées, toutes hystériques, du reste, comme la supérieure.

Le couvent est encore plus dangereux pour la femme que pour l'homme ; c'est une question de tempérament.

La femme est nerveuse et agit sous l'initiative des sentiments.

La sensation l'emporte sur la logique ; il faut faire appel aux sentiments de la femme plutôt qu'à sa raison. Livrer au régime du cloître, cet être délicat qui frissonne sous le moindre souffle, c'est en faire un malade.

Le système nerveux prédomine tellement chez la femme que l'on voit une mère très tendre, généralement très douce, agacée par son enfant, le battre avec un emportement qui étonne, qui révolte ; puis elle lui demande pardon et le couvre de baisers.

C'est une prédisposition fatale aux crises, à l'épilepsie morale et physique ; c'est pourquoi je juge la femme à peu près irresponsable.

C'est pourquoi je plains les religieuses qui brûlent les petites, bien plus que je ne les hais.

Ce que je condamne, c'est le cloître que la loi humaine fera disparaître comme un attentat aux mœurs et aux lois naturelles.

N'est-il pas effrayant de penser que les tortures infligées à mademoiselle Meuris n'inspirèrent qu'une indifférence profonde et machinale à la plupart de ces *bonnes* sœurs et qu'une satisfaction stupide aux autres !

Tel est le pouvoir du fanatisme sur les âmes grossières, que pas un ne protesta parmi les Vendéens qui assistèrent à cette scène lugubre, à ce spectacle qui jette dans l'âme une tristesse mortelle, à cette messe des morts qu'entend celle dont on célèbre les funérailles.

Un homme s'émut, un seul !

Le pire de tous.

L'humanité s'était réfugiée dans le cœur vicieux, gangrené, pourri d'un bandit : le Parisien.

Mais il ne pouvait empêcher cet enterrement, seul contre six cents paysans en armes.

Il dut se taire.

Cette messe des morts, la Supérieure l'avait fait préparer, car elle espérait que Dieu ne l'écouterait point et ne convertirait point l'hérétique.

L'*in-pace* aussi avait été ouvert et attendait sa victime.

Quand l'aumônier eut terminé son cantique d'action de grâces, la « Sainte » se leva avec un enthousiasme farouche et ordonna de sa voix sèche et rêche :

— La fille à la chapelle ! La garde du château en armes et en haie ! Vous, mes filles, avec moi ! Monsieur l'aumônier à l'autel !

Elle entraîna à sa suite la communauté en chantant les strophes lamentables du *Miserere*.

Les voûtes sombres retentirent de ce chant de mort, dont les souterrains du château renvoyaient en gémissements les échos affaiblis.

Les cloches sonnaient un glas funèbre.

Les Vendéens étaient un peuple dressé à la foi monarchique et religieuse, courtisan du roi, serviteur de l'Église.

« ...La race est d'un tempérament passionnel, prompte à
» l'enthousiasme, s'attachant avec ferveur à ses chefs, à
» ses maîtres, prête à tout immoler pour eux, accessible
» aux emportements, facilement sanguinaire. » (MICHELET.)

C'est elle qui a fourni les plus braves et les plus violents flibustiers, ceux qui firent l'étonnement de l'Europe et l'effroi de l'Amérique, qui s'emparèrent de Saint-Domingue, y fondèrent une république militaire, dévastèrent des royaumes et furent à la fois glorieux et féroces, moitié héros, moitié brigands.

J'ai raconté l'épopée d'un Vendéen, l'Olonnais, dans mon roman historique : *Les Flibustiers*.

Ce héros étrange est le type de la race.

Ces hommes ardents, dans leurs fièvres, ne reculaient ni devant le viol, ni devant le sang, haineux avec ferveur autant qu'aimants, extrêmes en tout.

Voilà le secret de leurs atrocités pendant la Révolution.

Voilà pourquoi tant d'hommes ne furent point touchés de la grâce et des seize ans de Rose Meuris.

La garnison du château avait pris les armes; elle s'était échelonnée le long des corridors, animée, curieuse, avide de voir la grande cérémonie de l'enterrement d'une religieuse vivante.

Tant d'histoires dramatiques étaient contées dans les veillées, que pas une de ces brutes n'aurait cédé son tour de défilé pour dix écus même en argent.

Car on défilait devant le cercueil avant qu'il ne fût transporté dans l'*in-pace*.

Dans la chapelle, très vaste, destinée aux grands jours des solennités à contenir de nombreux vassaux, six cents paysans étaient en rangs et en bataille.

Devant le chœur, les trente matelots de Leroux, la fameuse bande à Bibi, propre, nette, luisante, mais montrant sa riche collection de têtes humaines bestialisées et rappelant des types d'animaux féroces connus ou fabuleux ; la plus étonnante de toutes était celle du lieutenant La Chaloupe, qui grimaçait comme une figure de chimère formant gargouille au mur d'une vieille cathédrale.

Leroux, dominant tout ce monde par son vrai courage et son intelligence, semblait peu se soucier de la sainteté du lieu, qui impressionnait ses hommes eux-mêmes.

Hardi, sceptique, gouailleur, il laissait s'épanouir, sur sa physionomie audacieuse de bandit parisien, un sourire méprisant pour ces imbéciles de Vendéens qui croyaient aux blagues religieuses.

En somme, il n'était pas royaliste, lui !

Il se f...ichait du roi comme du reste.

Il eût été volontiers républicain, s'il n'avait pas fallu déserter, la discipline établie à bord de la flotte par le représentant Jean Bon Saint-André, étant devenue vraiment trop gênante pour un bambocheur comme lui.

Toutefois cela ne le gênait pas trop de servir le prétendant, car il n'avait guère de scrupules.

Mais les robes noires lui étaient antipathiques.

Il faillit pouffer de rire en voyant entrer la communauté chantant le *Miserere*, avec accompagnement de l'orgue tenu par une sœur.

Les sœurs, atteintes de névrose, grimaçaient et prenaient des attitudes tourmentées, renforçant leurs voix.

Leroux poussa du coude son lieutenant et lui dit :

— Est-ce cocasse ? Elles beuglent leur latin comme vaches conduites en foire.

— Tais-toi, paillard ! dit La Chaloupe, en se signant. Ne vas-tu pas baver du venin sur ces saintes femmes !

— Pas belles, les saintes ! La Koët-Kergouët surtout ! Comme épouvantail à moineaux, elle serait réussie !

— Païen ! gronda La Chaloupe entre ses dents.

— Il paraît, dit Leroux, qu'elles vont fourrer la petite Meuris dans un trou à rats, au fond des caves !

— Dans un *in-pace !* dit La Chaloupe. C'est une manière pour les sœurs de mettre les mauvaises têtes aux fers, à fond de cale !

— Moi, fit Leroux, ça me chiffonne. La petite est gentille !

— Une hérétique ! Tu t'apitoies là-dessus ! Mais ça se brûle ces gens-là !

— Crétin ! dit Leroux avec un dédain laconique.

Il haussa les épaules et se tut.

Mais comme il oubliait absolument de faire rendre les honneurs aux bonnes sœurs le lieutenant le poussa du coude et lui dit :

— Capitaine, les honneurs !

— A qui ?

— A la communauté.

— Ça se fait donc ?

— C'est de droit !

— Il faudra bientôt rendre les honneurs aux chiens savants ! maugréa Leroux.

Et il fit présenter les armes par sa troupe.

Après que les sœurs eurent pris place au chœur, il y eut un défilé de prêtres insermentés, en surplis, en écharpes, en étoles ; tout un état-major de calotins, se dit à part lui Leroux.

Et son lieutenant lui souffla encore à l'oreille :

— Les honneurs ! capitaine ! Les honneurs.

— Cré Dieu, murmura Leroux quel em....bêtement.

Il fit les commandements nécessaires à contre-cœur.

— Toi, qui parais ferré là-dessus, demanda-t-il à La Chaloupe, est-ce que la bande à Bibi va faire ces exercices de polichinelles pendant toute la cérémonie ?

— Je te pousserai le coude quand il le faudra ; as pas peur ! A la consécration, genoux terre et roulement de tambour.

— Ça fait suer la volaille, ces momeries-là ! Enfin on n'enterre pas tous les jours une jeune fille toute vive ! Tonnerre ! Si celles qu'on fourre dans les *in-pace* ressemblaient, même de loin, à cette petite Meuris, ça vous donnerait envie de déterrer ces mortes-là !

— Tu oserais toucher à une excommuniée condamnée à être murée ?

— Moi, mon vieux, je touche à tout ce qui me semble agréable à la main et velouté sous les doigts.

— Tu es un double, un triple païen ! dit La Chaloupe avec une admiration mal dissimulée pour l'audacieux cynisme de son capitaine.

Et comme l'aumônier sortait de la sacristie :

— Les honneurs ! dit-il.

— Encore ! fit Leroux.

— Tu vois bien qu'il porte le Saint-Ciboire.

— Faudra pourtant que je me paye un jour le plaisir de boire un coup du sang du Christ dans un verre sacré ! se dit Leroux en manière de réflexion.

— Oh ! le païen ! Non, tu ne ferais pas ça, Leroux ! Tu te vantes !

— Je le ferai...

Le lieutenant se sentit faible et honteux en face de cet esprit fort.

Mais, derrière le prêtre et ses servants, peu après lui, mademoiselle Meuris, à qui l'on avait fait revêtir de force les vêtements d'une novice, fut amenée dans l'église, au milieu d'une grande mais sourde rumeur excitée par la curiosité.

Elle était escortée par quatre sœurs qui marchaient avec des attitudes cafardes et des mines de sainte-nitouche, mais elles avaient déjà brutalisé cette fillette de seize ans.

D'elle, on ne voyait guère que les yeux, mais des yeux si doux, si tristement résignés, si suppliants et si touchants, que Leroux se sentit indigné.

Par un mouvement non calculé, par un élan instinctif, à la stupéfaction des Vendéens, il commanda :

— Présentez armes !

— Capitaine ! capitaine ! dit La Chaloupe, les honneurs à une hérétique ! A une excommuniée !

— Une idée à moi ! fit Leroux.

— Qu'est-ce que tu diras à la supérieure, quand elle te demandera pourquoi tu as fait cela?

— Je lui dirai que tu t'es trompé et que tu m'as poussé le coude !

La Chaloupe fut consterné, sachant bien que le capitaine était capable de faire comme il disait et de soutenir avec aplomb son mensonge.

Cependant, cette action du Parisien prépara l'orage qui courait déjà au sein de la foule.

Pendant que Leroux et son lieutenant se disputaient à voix basse, des murmures significatifs roulaient dans les rangs des Vendéens qui blâmaient ces honneurs si étrangement rendus à une hérétique par la bande à Bibi.

Leroux se retourna, ne vit que figures menaçantes derrière lui et il en conclut que seul il avait de la sympathie pour la jeune fille.

Sa bande, elle-même, partageait les préjugés religieux des Vendéens ; il était sûr de son obéissance, non de sa bonne volonté.

Les quelques bons instincts qui dormaient en lui s'éveillaient ; il se sentait des envies folles de se jeter sur ces prêtres, sur ces sœurs, sur ces paysans et de massacrer en tas ces chiens enragés, cette meute acharnée contre une pauvre petite fille qui pleurait.

S'il avait été sûr de sa bande, il eût osé...

C'était l'homme des résolutions foudroyantes et téméraires ; l'extrême péril le tentait.

Mais ses pirates l'auraient lâché, et, sans eux, rien à faire.

Il attendait donc, frémissant d'indignation, rongeant son frein.

Il était là comme au théâtre à Paris, furieux contre les gredins qui tourmentaient l'héroïne, dans un drame bien sombre ; tout fripouille de barrière qu'il était, il ne voulait pas qu'on fît des misères aux femmes, aux enfants, aux faibles.

Aussi la scène qui se jouait dans cette église le révoltait.

Mademoiselle Meuris arriva au milieu du chœur; les sœurs qui la gardaient l'obligèrent à s'agenouiller.

Et elle s'y refusa.

Protestante, elle ne voulait point faire acte d'adoration dans un temple catholique; mais déjà elle avait subi les rudes étreintes de ses gardiennes choisies parmi les plus robustes; quand, saisie par les bras, elle sentit la brutale pression, elle se laissa plier sur ses genoux; mais on entendit un long sanglot, protestation impuissante qui fit crisper la main de Leroux sur la crosse de son pistolet.

— Ah! si les hommes à Bibi n'étaient pas des poules mouillées! murmurait-il. On casserait la tête à ces vipères de bonnes sœurs, rien que pour voir comment est faite la cervelle de ces reptiles-là ! Et puis ensuite je voudrais dire deux mots au Saint-Sacrement.

— Leroux, je t'en prie, tais-toi! dit le lieutenant. N'insulte pas le bon Dieu chez lui!

Le Parisien toisa son compagnon et dit avec mépris :

— Tu n'es qu'un matelot de sucre; trempé dans l'eau bénite, tu fonds!

La messe continuait cependant, lente, chantée par des sacristains à voix de stentor qui écorchaient le latin et hachaient les hymnes; mais leurs fausses notes se perdaient dans les ronflements de l'orgue.

Les assistants lançaient tous au prêtre les *répons*, disant *amen*, criant *et cum Spiritu tuo*, beuglant le *Credo*, envoyant les fausses notes les plus pinchardes et formant une cacophonie qui eût fait hurler un chien et miauler un chat, ce qui marquait d'un trait burlesque cette triste cérémonie.

Leroux, habitué, dans son enfance, à la savante musique des églises de Paris, se sentait navré.

— Si j'étais Dieu, dit-il, je ne voudrais pas être embêté comme ça et je ferais échauder ces porcs-là pour leur apprendre à m'écorcher les oreilles !

— Les honneurs ! les honneurs ! dit le lieutenant. Genou terre ! Voici l'élévation !

Et Leroux dut lui-même, après avoir fait le commandement, plier le genou et s'associer à ce qu'il appelait une simagrée ridicule.

Il se fit un silence profond, à peine troublé par les susurrements de l'orgue dont le jeu de flûtes saluait, par une mélodie pleine de sentiments respectueux et discrets, l'apparition de l'hostie consacrée que le prêtre présentait à l'adoration des fidèles.

Pour les natures incultes le spectacle est imposant, solennel.

C'est l'heure et le moment où un Dieu infini vient se confiner dans un pain à cacheter, large comme une pièce de cent sous !

Il y a de quoi confondre en admiration un paysan imbécile.

Il s'incline stupide et terrifié; il croit sentir sur ses épaules le poids de la majesté divine; il est sous le coup d'une terreur sacrée.

C'est au milieu de ce recueillement que se produisit l'incident qui fit tant d'ennemis irréconciliables à mademoiselle Meuris; aujourd'hui encore, les vieilles Vendéennes prétendent qu'elle était possédée du démon.

Protestante, mademoiselle Meuris avait été bercée tout enfant par les chansons et les cantiques célébrant les martyrs de sa foi au temps de Louis XIV.

Le souvenir de la persécution était encore si vivace, que toutes les mémoires étaient pleines de récits entendus de la bouche des ancêtres, témoins et acteurs dans le grand drame de la révocation de l'édit de Nantes.

Encore tourmentés la veille même de la Révolution, les protestants vivaient dans une austérité de mœurs et dans une surexcitation constante, prêts à confesser leurs croyances jusqu'à la mort.

Chez les jeunes filles, le sentiment religieux s'affirmait avec autant d'exaltation, mais sous une forme plus noble que chez les catholiques.

Mademoiselle Meuris avait été élevée dans cette idée qu'il faut tout perdre, la vie, l'honneur même, plutôt que d'abjurer le luthéranisme.

De son père, elle tenait l'enthousiasme et une sorte de passion pour le dévouement aux bonnes causes.

De sa mère, elle avait l'obstination bretonne, douce chez elle, parce qu'elle était délicate, pourtant invincible.

C'était, je l'ai dit, un fort ressort d'acier que l'on pouvait plier, mais qui se redressait toujours.

A genoux, par force, la jeune fille pleura d'abondantes larmes ; les pleurs de la femme ne sont pas toujours un signe de résignation, un aveu d'impuissance.

Jamais la femme n'est plus près de la colère que quand elle fond en larmes.

Mademoiselle Meuris, meurtrie, brisée, céda donc d'abord à la poussée physique et à l'énorme pression morale ; mais bientôt elle éprouva l'horreur de cette adoration des images qui est particulièrement odieuse aux protestants.

Ils sucent cette répulsion avec le lait et céder sur ce point, c'est, pour eux, commettre la dernière des lâchetés.

Une réaction se fit dans l'âme de la jeune fille.

Elle évoqua les souvenirs de famille ; elle se vit maudite par sa mère, méprisée par son père, reniée par ses frères ; elle trouva un courage sublime, une force héroïque.

Elle ne voulut pas que l'on pût dire à Nantes, qu'elle avait fait acte d'adhésion à la religion catholique.

A mesure que la cérémonie avançait, elle sentait le besoin invincible de protester et son courage grandissait.

Elle résolut de parler haut et ferme ; mais les chants, l'orgue, les « répons » des assistants auraient couvert sa voix.

Elle attendait avec angoisse une occasion, craignant qu'elle ne s'offrît point.

Mais, tout à coup, il se fit un silence profond.

Elle leva les yeux.

Elle vit tout le monde prosterné, le front sur les dalles.

Le prêtre, courbé dans une posture indécente et ridicule, se montrait de dos ; les bras étendus au-dessus de sa tête, il élevait l'hostie d'un blanc neigeux et large comme sa tonsure d'un blanc d'ivoire, ce qui semblait causer une très douce émotion aux flûtes de l'orgue qui, seules, troublaient le silence par une musique à prétentions célestes.

La jeune fille se dressa d'un seul effort, sans que les sœurs, ses geôlières, s'en aperçussent, abîmées qu'elles étaient dans leur pieuse extase.

Un seul homme, Leroux, qui se fichait de l'éternel, vit se lever mademoiselle Meuris.

Il poussa son lieutenant du coude, et tous deux regardèrent cette scène étrange : une enfant de seize ans en face du Dieu vénéré par six cents fanatiques.

D'une voix claire, la jeune fille dit lentement :

— Je proteste contre la violence que l'on me fait ; je suis luthérienne, je vivrai et je mourrai dans ma foi !...

Leroux, enthousiasmé, dit à son lieutenant :

— Elle aussi, elle insulte ton bon Dieu chez lui ; mais elle lui dit la chose en face, elle est plus crâne que moi !

Une clameur effroyable, qui s'élevait dans les rangs Vendéens et le déchaînement d'une tempête humaine roulant vers le chœur, fit comprendre à Leroux que mademoiselle Meuris allait être mise en pièces par cette foule en furie.

Si j'osais risquer une comparaison hardie, je dirais que la foule a le tempérament de la bête fauve; quand elle a touché sa proie, elle ne la lâche plus; quand elle a flairé le sang, elle achève sa victime, elle s'acharne.

Après le massacre, la promenade avec la tête coupée, au bout des piques; ou le corps traîné aux gémonies avec des crocs.

Leroux, du reste, connaissait les Vendéens; il les avait vus à l'œuvre et il ne douta pas qu'ils n'égorgeassent mademoiselle Meuris, l'écartelant eux-mêmes après l'avoir criblée de blessures, hachée sous les coups de sabre.

Le Parisien eut une inspiration subite.

Il était à l'entrée du chœur, formant le poste d'honneur, barrant toute la largeur de l'église.

Il avait trop bien discipliné sa troupe pour que, surprise par un commandement, elle n'obéît pas automatiquement.

Il ordonna *demi-tour, apprêtez armes, en joue!*...

Sa voix tonnante domina le tumulte; les fusils s'abaissant arrêtèrent la foule.

Sans laisser ni aux siens, ni aux Vendéens, le temps de se reconnaître, Leroux se jeta devant ses hommes et du haut des marches du chœur, il cria aux paysans :

— Monseigneur l'évêque d'Agra, vicaire apostolique, m'a confié la garde de cette jeune fille ! C'est un otage. Si l'un des généraux tombe aux mains de l'ennemi, nous l'échangerons contre cette prisonnière. La tuer, c'est désobéir à l'envoyé du pape.

— Elle est hérétique ! crièrent des voix.

— On la met dans l'*in-pace* pour ça ! riposta Leroux. Je n'ai pas ordre d'empêcher qu'on l'emprisonne. Mais je dois la rendre vivante à monseigneur d'Agra et je fais feu sur qui osera faire un pas.

Puis, comme s'il eût été certain de l'effet produit, il fit remettre à ses hommes l'arme au pied.

Très intelligent, il courut à la supérieure qui, écumant de rage, vomissait des imprécations contre mademoiselle Meuris.

— Madame l'abbesse, dit-il à la sainte, parlez sur-le-champ à la foule ! Monseigneur d'Agra vous maudirait si cette jeune fille était massacrée. Je me ferais plutôt écharper que de désobéir à monseigneur ! La vie de cette demoiselle est très précieuse. C'est une question de haute politique !

Haute politique ! Le mot fit impression sur le cerveau déprimé de la sainte.

Heureusement, car la foule, n'étant plus sous l'œil fascinateur de Leroux, recommençait à rugir.

La Sainte s'avança, étendit sa croix vers les Vendéens et les somma de reculer en termes d'une violence que les mœurs d'alors et l'éducation de cette paysanne expliquaient, mais qui parurent bien extraordinaires à Leroux ; toujours dilettante et juste appréciateur des caractères frappés au coin de l'originalité, le capitaine dit à La Chaloupe :

— Elle a du chien, cette vieille fée. Elle les engueule comme une poissarde !

Puis, comme tout rentrait dans l'ordre, il accompagna lui-même la supérieure à sa place ; c'était un hommage mérité ; mais c'était aussi un calcul.

Leroux de plus en plus sympathique pour mademoiselle Meuris se disait :

— Mettons-nous bien avec cette vieille folle !

Et après l'avoir escortée, le sabre au poing, en officier qui suit une princesse dans une cérémonie d'antan, il fit trois pas en arrière et adressa à la supérieure un salut d'armes de la plus haute fantaisie, lui marquant son respect par un moulinet des plus brillants.

Devant une manifestation d'une courtoisie militaire si chevaleresque, la supérieure se leva et s'inclina, ce qui fit dire à Leroux quand il revint à sa place, auprès du lieutenant :

— Maintenant me voilà dans les petits papiers de la vieille ! J'en obtiendrai tout ce que je voudrai.

Le lieutenant qui admirait franchement son capitaine, traduisait son admiration par un proverbe :

— Tu es plus intrigant qu'un hareng d'Irlande.

Déjà le hareng jouissait d'une réputation surfaite et passait pour le malin des poissons ; mais personne, alors comme aujourd'hui, n'aurait pu dire pourquoi.

La messe s'achevait.

Mademoiselle Meuris, après l'acte d'énergie qu'elle venait d'accomplir, était retombée dans une prostration profonde ; ces grands élans des natures délicates vers les cimes les laissent ensuite pantelantes et comme anéanties. Elles usent toutes leurs forces pour atteindre au sublime.

Lorsque la messe fut terminée, lorsque le prêtre se fut retiré, Leroux crut que tout était fini.

— Allons-nous-en ! dit-il. J'en ai assez des litanies ! J'éprouve le besoin de me verser un verre de vin d'Anjou dans le gosier.

— Attends donc ! dit le lieutenant. Tu n'as pas vu le plus beau.

— Quoi donc ?

— La procession de la morte ! Et puis il faut l'escorter jusqu'à l'*in-pace*, car ces brutes de Vendéens veulent tuer la petite et je suis un peu comme toi ! Elle m'intéresse ! Ils seraient capables de se jeter sur le cercueil.

— Le cercueil ?

— On va la clouer dedans.

— Mais il y a de quoi la faire périr !

— Oh, il y a des trous pour la respiration !

— Elle va avoir une de ces peurs dont on *claque!* fit Leroux.

En ce moment, des cris déchirants retentirent dans la sacristie où l'on avait emmené mademoiselle Meuris.

— C'est la mise en bière de la vivante, dit La Chaloupe.

— Pauvre petite ! fit Leroux pâlissant, car les appels désespérés de la jeune fille lui allaient au cœur.

Il piétinait et se tourmentait.

Mais l'orgue entama le prélude du *Dies iræ* et son tonnerre remplit les voûtes d'une tempête de sonorités.

Le mouvement de cette hymne des morts est très étrangement caractérisé ; c'est une sorte d'invitation magique à une valse lugubre ; en l'entendant on se laisse aller à évoquer les images du défilé funèbre des danses macabres.

C'est une sorte d'entraînement vers la mort.

On a la sensation très intense de cette force irrésistible de tourbillon qui nous enlace, nous pousse, nous enveloppe dans les cercles et les méandres de la vie pour nous jeter dans la tombe.

La procession se forma dans le chœur.

En tête les sacristains, les enfants de chœur, les chantres, les bedeaux, le suisse chamarré.

Puis les prêtres.

Puis les sœurs rayonnantes de joie, regardant cette atrocité comme une œuvre pie leur assurant le ciel.

Enfin un cercueil porté par quatre hommes coiffés de cagoules.

Dans l'église, il se fit un mouvement pour laisser le passage libre et pour prendre la file derrière la bière.

Mais, autour d'elle, Leroux disposa sa bande sur quatre rangs d'épaisseur.

Il craignait un remous de cette multitude.

Vaine appréhension !

La crainte avait parlé et les colères étaient tombées!

Le cortège s'ébranla, sortit du chœur et le maître chantre entonna le *Dies iræ*.

Six cents voix reprirent la deuxième strophe et la procession funèbre, accélérant peu à peu son allure, se déroula le long des couloirs immenses du vieux château, roulant vers les souterrains où l'on s'engouffrait par des pentes raides creusées en plein roc.

Pas d'escaliers?

C'était autrefois une question de tactique et de fortification.

Presque toujours, il y avait communication entre les sous-sols des châteaux et la campagne.

Il fallait que la garnison, à cheval, pût descendre, par des chemins praticables.

A l'entrée des caves on distribuait des torches allumées et les flammes rougeâtres projetaient des clartés tremblantes dans l'ombre épaisse des interminables voûtes.

On eût dit la vie s'enfonçant dans la mort.

CHAPITRE XXIV

MURÉE

Ce qu'il y avait de plus désespérant pour la condamnée dans cette épouvantable invention de l'*in-pace*, c'était l'emmurement.

On sait en quoi consistait les *in-pace*, tous construits à peu près sur le même modèle.

J'imagine que l'idée de ce supplice vint à celui qui l'inventa de la contemplation des saints assis dans des niches dont la forme inspire celle qui fut donnée aux *in-pace*.

Qu'on s'imagine, dans un caveau plus ou moins vaste, un creux taillé dans les murs et cimenté de façon à dessiner l'empreinte d'un corps reposant sur une sellette en chaise percée, dont les issues communiquaient avec un puisard où croupissaient les déjections.

Le prisonnier se plaçait là comme sur le siège d'un cabinet offert aux gens dans le besoin par l'utile institution à laquelle on prouve sa reconnaissance en déposant trois sous dans la caisse.

Ces catholiques qui parlent sans cesse de pureté, de raffinements dans la pudeur, ne reculent jamais devant les plus répugnantes saletés.

Cette religion pousse les ascètes aux poux, à la vermine.

On vient de canoniser un immonde pourceau qui cherchait sa nourriture sur les tas d'ordures à Rome. Labre est un saint !

Le malheureureux condamné, une fois posé sur la sellette, sentait les parois de ciment prendre en quelque sorte le moule de son corps.

On murait ensuite la niche par-devant, de telle sorte qu'il fût impossible au prisonnier de faire d'autres mouvements que ceux qui consistaient à sortir la tête d'un trou laissé pour l'air, et à remuer les deux bras saillants dehors et permettant de porter aux lèvres le boire et le manger.

Autrement, impossible de bouger et il fallait garder l'immobilité d'une statue.

Les murs, suintant l'humidité, s'imprégnant de salpêtre, pompaient toute la chaleur du corps et glaçaient le patient jusqu'aux moelles.

Peu à peu celui-ci sentait ses membres s'ankyloser, sa peau tendait à faire corps avec la muraille, l'homme se faisait pierre peu à peu, lentement, et s'immobilisait dans la matière brute qui s'emparait de lui.

Quelle torture !

Quelle agonie pour ceux dont le cœur ne devenait caillou qu'au bout de cinq ou six ans, car celui de certains condamnés ne cessa de battre qu'après ce long supplice !

Nous avons des témoignages écrasants sur ces vengeances affreuses s'exerçant pendant de longues années contre certaines natures résistantes qui ne veulent pas mourir, et, l'on vit, miracles de vitalité, des spectres délivrés par la Révolution dicter les procès-verbaux de leur délivrance.

Une de ces victimes, Jean-Joseph Leroy, en religion frère Augustin, survécut sept ans à sa sortie de l'*in-*

pace; mais il ne put jamais redresser ni ses reins pliés, ni les articulations de ses genoux soudées.

Les bourreaux, du reste, se plaisaient à prolonger ce qu'ils appelaient la pénitence.

On laissait jeûner le condamné jusqu'à ce qu'il n'eût plus que le souffle, puis on le ranimait.

Se représente-t-on, en haut, jouissant de la lumière du soleil, chantant ses psaumes gaiement, après avoir bu à larges coups le vin des caves, caressant les filles vassales du couvent, confessant les dames élégantes qui venaient faire retraite ou visite au couvent ; s'imagine-t-on l'abbé mitré, souvent prince, toujours noble, savourant la joie de tenir sous ses pieds au fond de l'*in-pace* l'objet de sa haine !

Et l'autre misérable créature sentant chaque fibre de sa chair se charger de salpêtre et d'incrustations.

Voilà pourtant ce qui se passait et s'est passé dans des temps récents, au fond des couvents que le procureur de la République est censé visiter tous les quinze jours !

Voilà pourtant le supplice qu'une Koët-Kergouët infligeait à mademoiselle Meuris.

Pendant le trajet de la chapelle aux souterrains, les précautions avaient été si mal prises par les porteurs, que les draperies de deuil avaient presque entièrement recouvert et bouché les trous pratiqués pour donner de l'air à la jeune fille qui s'était évanouie ; on la retira du cercueil presque asphyxiée.

Elle fut assise sur la sellette, maintenue et emmurée sans avoir repris connaissance ; la supérieure, les prêtres, les ouvriers qui maçonnaient, ne s'occupaient guère de cet évanouissement que pour s'en féliciter, car il rendait la besogne plus facile.

L'aumônier faisait la prière des morts comme sur une tombe ; il jeta la première truellée de ciment aux pieds de la jeune fille comme on jette une pelletée de terre sur le mort descendu dans le trou.

Cet enscellement d'une vivante dans l'*in-pace*, à la lueur des torches, présentait un spectacle fantastique ; la lueur tremblante de la résine éclairait des têtes grimaçantes, des figures convulsionnées, des faces crispées par les surexcitations de cette cérémonie et par une haine sauvage contre l'hérétique.

Tous suivaient d'un œil avide et curieux les rapides progrès de la maçonnerie qui montait, montait et qui atteignit la tête.

Les ouvriers s'arrêtèrent et dirent avec satisfaction :
— C'est fait !
— Amen ! dit la supérieure.
— Amen ! dirent les sœurs.

Et l'exclamation biblique courut de rangs en rangs, exprimant la satisfaction générale.

Alors l'aumônier, exultant, éprouva le besoin de louer Dieu et il entonna le *Te Deum*.

La cave où l'*in-pace* était établi était spacieuse en largeur et en profondeur ; elle s'ouvrait par quatre portes sur la vaste voie qui parcourait tout ce dédale de souterrains.

Des torches nombreuses, plantées dans le sable du sol, projetèrent leurs reflets empourprés sur le visage pâle de mademoiselle Meuris qui vit la procession se reformer derrière l'aumônier et défiler tout entière en chantant le *Te Deum*.

Les sœurs, à genoux le long des murs, étaient censées prier pour leur victime.

Les matelots de Leroux, en bataille, protégeaient la vie de mademoiselle Meuris, mais personne n'avait idée d'y attenter, car tous ces paysans comprenaient que mourir vite, c'eût été une délivrance pour l'hérétique.

La procession passa, et Leroux constata, sur chaque

figure de Vendéen, le même rictus qui exprime la joie bestiale de la vengeance sur les traits expressifs et primitifs des races dont la civilisation n'a pu encore modifier le fond.

A cette époque, qui eût gratté le Vendéen eût retrouvé l'homme-singe des temps qui ont précédé l'âge de pierre.

Quand la procession eut disparu, remontant les pentes du souterrain, la supérieure se leva.

Les sœurs l'imitèrent.

— Capitaine, dit la Koët-Kergouët à Leroux, escortez-nous.

Le Parisien avait fait ses réflexions ; il s'était juré de venir en aide à mademoiselle Meuris ; mais, pour y réussir, il importait de ne pas inspirer de défiance à la supérieure.

Il l'accompagna donc avec sa bande sans manifester le moindre intérêt pour l'emmurée.

Le lieutenant en fut surpris et fit ses réflexions à part lui.

Les tourières, armées de lourdes clefs, fermèrent les portes de la cave quand tout le monde fut sorti et elles laissèrent là mademoiselle Meuris seule, enterrée et plongée dans une nuit épaisse.

C'est dans cette ombre, dans ce néant, que la jeune fille allait sortir de son évanouissement et sentir l'étreinte de la pierre.

CHAPITRE XXV

AMI OU ENNEMI?

De tous les sens, celui dont la privation est la plus cruelle, c'est la vue.

Être aveugle, c'est être plus qu'à demi mort.

Mademoiselle Meuris, en ouvrant les yeux, n'éprouva aucune sensation; ce n'était pas de l'ombre qui s'étendait devant elle, ce n'étaient point les ténèbres, c'était le néant.

Dans le noir, il y a des nuances; même dans la nuit des caves, les masses des piliers forment des taches dans le vide; mais, dans ce souterrain, l'œil ne percevait absolument rien.

La prisonnière reprit lentement, très lentement possession d'elle-même, elle ne se souvenait de rien depuis son évanouissement dans la sacristie.

Elle se crut d'abord emprisonnée dans le cercueil où elle avait été clouée; elle se figura être enterrée vivante, et la terreur qui la saisit lui fit perdre connaissance une seconde fois; mais une piqûre assez vive à la main la ranima et lui arracha un cri :

Elle remua les doigts; la douleur cessa.

Se sentant les bras libres, elle tâta les pierres, sentit l'étreinte de la muraille, se rappela les menaces de la supérieure et des bonnes sœurs et comprit qu'elle se trouvait dans un de ces *in-pace* dont on lui avait si souvent fait la description dans son enfance.

Elle fut saisie d'une appréhension morale qui lui fit oublier l'affreuse gêne de sa situation physique.

Rien de plus noble, de plus grand que le motif de sa peur.

Elle craignit de faiblir dans une agonie qui pouvait se prolonger pendant des mois, pendant des années ; elle se dit qu'elle abjurerait peut-être.

Ce fut pour elle une angoisse ; elle eut un désespoir sincère, profond, de ne pas être morte.

Elle avait dans l'esprit une logique qui la poussait, comme son père, aux conclusions extrêmes du raisonnement, et le sien était celui-ci :

« Si j'étais morte, je n'abjurerais pas ; donc il faut mourir ? »

A partir de cet instant, cette pensée fut une obsession jusqu'à ce qu'elle eût pris une décision absolue, immuable : « Je ne mangerai pas, et la faim me tuera en quelques jours. »

Mais comme elle s'enfonçait en quelque sorte, avec la puissance d'obstination de son caractère, dans sa résolution, comme elle se jurait de tenir ferme, d'être brave, de ne point toucher à la nourriture qu'on lui apporterait, elle se sentit de nouveau une douleur lancinante à une main.

De l'autre, elle tâta celle-ci ; elle eut, au toucher, la perception qu'un de ses doigts saignait.

Elle supposa que ses persécuteurs l'avaient blessée en la mettant en bière.

S'abîmant de nouveau dans ses réflexions, elle se rappela les scènes de famille et peupla le vide d'images chères, évoquant dans l'ombre les joies de son enfance, le foyer paternel, les jeux avec de Roquebrune qu'elle appelait son frère, les promenades du dimanche dans les prairies de la Loire.

Elle pleurait doucement, tristement avec une tendre résignation, son passé heureux, son avenir plein d'espérance, l'amour des siens; elle se laissait bercer par les souvenirs, endormant ses souffrances, échappant par la pensée aux tourments du présent. quand de nouveau elle sentit à l'un de ses doigts cette même piqûre acérée qui lui avait déjà arraché deux cris; cette fois elle trouva dans sa main quelque chose de chaud, de mou, de velouté, quelque chose de vivant qui cria aussi, jetant un appel aigu.

— Les rats ! murmura-t-elle ! Les rats !

Elle frissonna, car elle avait entendu dire que les rats étaient le tourment des malheureuses condamnées à l'*in-pace*.

Quelques années auparavant, lors de la sécularisation des communautés religieuses, dans un des couvents de Rennes, on avait procédé brusquement à l'expulsion des sœurs, parce que, sur une dénonciation, l'on savait devoir y découvrir des horreurs.

On avait envahi le cloître et l'on avait fouillé les souterrains.

Dans une cave, plusieurs squelettes de nouveaux-nés, enterrés les uns récemment, les autres depuis des années, prouvaient que les sœurs accouchaient clandestinement et étouffaient leurs enfants en les enfouissant vivants.

Mais le comble de l'horreur pour ceux qui assistèrent à cette perquisition, ce fut de trouver un *in-pace*, et, dedans, une victime de la vengeance des sœurs.

C'était une ouvrière de la ville qui allait travailler au couvent et qui avait, par légèreté, fait des révélations piquantes sur les mœurs de la mère abbesse.

Celle-ci, dissimulant sa colère, avait attendu cinq ou six mois avant de se venger; puis elle avait tendu un piège à la jeune fille et celle-ci avait disparu sans que l'on pût savoir où et comment.

Elle était dans l'*in-pace*.

Quand on la délivra, on s'aperçut que, devenue très faible, elle ne pouvait plus se défendre contre les rats ; ceux-ci avaient déchiqueté les doigts, le cou et les épaules.

Meuris avait fait le voyage de Rennes pour voir la jeune ouvrière ; en revenant, il avait raconté tous les détails de sa visite.

Sa fille avait conservé une très vive impression de son récit.

L'idée que la faim l'affaiblirait et que les rats la mangeraient vivante, produisit sur mademoiselle Meuris un effet d'horreur et de dégoût ; elle renonça à l'idée de la mort par le jeûne ; s'abandonner aux rats lui semblait épouvantable.

Mais alors elle fut tourmentée par la longueur du supplice et par la peur de faiblir.

Les heures s'écoulèrent d'autant plus longues que le sommeil même qui finit par la saisir, fut continuellement troublé par les attaques des rats.

L'impossibilité de dormir franchement faisait que les emmurés étaient continuellement en somnolence ; après leur délivrance, quand un hasard heureux les tirait de la tombe, ils tombaient dans un sommeil de plomb dont il fallait les tirer pour les nourrir.

Cette nécessité de dort-veiller donna une fièvre délirante à mademoiselle Meuris, elle eut des cauchemars épouvantables.

Pendant vingt-quatre heures elle resta ainsi abandonnée, subissant les hallucinations du jeûne, de la solitude.

Enfin les clefs grincèrent dans les serrures et quelques clartés filtrèrent dans la cave.

Les portes s'ouvrirent.

Deux sœurs, l'une portant une lanterne, l'autre un panier, entrèrent.

Les rayons lumineux semblèrent percer avec peine les ténèbres humides.

Après avoir regardé les sœurs, mademoiselle Meuris regarda son cachot.

La lanterne était insuffisante à en éclairer les profondeurs ; mais la prisonnière vit avec étonnement le sol semé de petites escarboucles qui étincelaient et rutilaient sous le feu de la lanterne.

A mesure que les sœurs avançaient, les escarboucles reculaient.

Une des tourières, celle qui portait la lanterne, la brandit du côté où brillaient ces points lumineux et elle accompagna son geste d'un pchiit prolongé et de frappements de pied.

On entendit alors quelque chose de semblable à l'ébrouement d'un troupeau quand le chien du berger charge, mais c'était un bruit mille fois moins fort.

Mademoiselle Meuris comprit que c'était l'armée des rats que la tourière mettait en déroute.

La jeune fille fut effrayée et calcula que ses ennemis étaient là, affamés, ardents, infatigables au nombre de plusieurs milliers peut-être.

Les sœurs posèrent, l'une sa lanterne à terre, l'autre les provisions contenues dans son panier, sur une manière de table préparée à la hauteur des mains de l'emmurée ; c'était du pain et de l'eau.

Puis toutes deux se mirent en prières.

Mademoiselle Meuris garda le silence.

Parler, c'était implorer !

Pendant que les deux sœurs marmottaient leur chapelet à haute voix, il sembla à la jeune fille que le sable de la cave criait sous un pas léger.

Elle regarda de ce côté.

Une forme humaine se dessina vaguement, puis disparut derrière un pilier.

Le cœur de la jeune fille palpita d'incertitude.

Etait-ce un ennemi?

Etait-ce un ami?

L'homme qui s'introduisait dans le souterrain pouvait être un de ces fanatiques qui avaient voulu la tuer dans la chapelle ; telle fut la première idée de la jeune fille.

Elle n'appela cependant point sur lui l'attention des sœurs.

Celles-ci, plongées dans leur abrutissante besogne, récitaient leurs prières à haute voix d'un ton nasillard.

Le chapelet, dit ainsi à deux, est de règle; l'une contrôle l'autre.

Ces récitations de formules viennent de l'Inde ; elles ont été léguées, par les vieilles religions de cette terre antique, aux religions plus jeunes des régions situées à l'occident de l'Asie.

Les Santons musulmans et les Kouans (frères) ont, comme nos moines, des chapelets sur les grains desquels ils récitent un salem (salut) pendant des heures et même pendant des jours et des nuits.

L'abrutissement est répandu partout, chez eux comme chez nous.

Quelle insulte pourtant à un Dieu supposé intelligent, que d'imaginer lui plaire en chantant ses louanges, par le nez, sur des grains d'ambre enfilés !

Décidément l'homme est bête ! Et il se crée son Dieu à son image.

Toutes les religions sont à mettre dans le même sac.

De ce que j'admire mademoiselle Meuris refusant de faire acte d'idolâtrie catholique, il ne faut pas conclure que j'approuve le farouche fanatisme des protestants plus que celui des catholiques; j'ai le même mépris pour ces deux formes du christianisme.

Ce que je trouve grand, sublime, c'est qu'une croyance une fois entrée dans le cerveau d'un homme ou d'une femme, cette femme ou cet homme lui sacrifie sa vie.

Il y a là un acte de dévouement qui honore le cœur de l'humanité tout en prouvant la faiblesse de son esprit.

Ce qui m'émeut dans mademoiselle Meuris, c'est beaucoup plus l'héroïne que la martyre.

La jeune fille ne dit rien précisément parce que l'homme qui venait d'entrer pouvait être un ennemi.

— S'il me tue, pensa-t-elle, je suis sauvée!

Elle laissa donc les sœurs débiter leurs *Oremus*.

Quand elles eurent fini, l'une d'elles demanda :

— Ma fille, vous repentez-vous et voulez-vous confesser notre sainte religion catholique, apostolique et romaine? Si vous y consentez, on abrègera le temps de votre pénitence !

Abréger la pénitence était une promesse hypocrite.

On cherchait, par ce moyen, à obtenir les conversions des hérétiques jetés dans les *in-pace*.

C'était un triomphe moral cher à l'orgueil des persécuteurs !

Mais, sous prétexte d'expier l'erreur passée, on laissait le martyr dans sa tombe assez longtemps pour qu'il mourût; car on n'a jamais cité un cas d'emmuré qui ait été délivré du consentement de ceux qui avaient scellé son cercueil de pierre.

Mademoiselle Meuris ne répondit rien.

Les sœurs, sur le ton de l'objurgation, renouvelèrent leur question.

Même silence !

Alors ces douces créatures, au demeurant deux brutes fort mal élevées, vomirent injures et menaces, puis elles se retirèrent en menaçant la jeune fille de la dent des rats.

Les portes se refermèrent, les serrures grincèrent et mademoiselle Meuris attendit, le cœur serré, que l'homme enfermé dans la cave, manifestât ses desseins.

Elle se prépara à tout, sauf à une espérance qu'elle eut la fermeté de ne point concevoir.

L'homme était prudent.

Il attendit longtemps, très longtemps, avant de manifester sa présence, si longtemps même que la jeune fille se demanda si elle ne s'était pas trompée.

Enfin, doucement, l'homme dit :

— Mademoiselle, n'ayez pas peur, je suis un ami. C'est M. de Roquebrune qui m'envoie.

La joie produit d'étranges illusions ; il sembla à Rose que le cachot s'illuminait ; les sens se troublent et se confondent dans les grandes émotions ; la jeune fille éprouva par l'ouïe la sensation de la lumière, ce nom de Roquebrune sonnant comme une fanfare à son oreille, éblouissait ses yeux.

— Parlez plus bas, dit-elle toute tremblante.

Et elle demanda :

— Où est mon frère ?

L'homme comprit que c'était le Bâtard qu'elle désignait ainsi.

— Il est en sûreté à Nantes ! dit-il. Et nous allons bientôt aller l'y rejoindre ensemble.

— Oh mon Dieu ! fit-elle étouffée par la joie.

Puis doutant :

— Est-ce donc possible ? Comment ferons-nous pour fuir ?

— Laissez-moi agir ! dit l'homme. Ayez confiance.

Il parlait avec sécurité et autorité.

— Répondez-moi encore ! dit-elle. Avez-vous des nouvelles de mon père et de ma famille ?

— Tout le monde va bien ! dit-il. Mais taisez-vous. Il faut que je travaille.

Il battit le briquet et il alluma une lampe.

Elle put le voir.

C'était un homme hardi, de sombre mine et qui semblait être de ceux qui ne reculent devant rien.

Sur son dos, il avait apporté tout un attirail gisant dans un coin de la cave.

Il avait un levier de fer, des armes, des provisions.

Il donna une gourde à la jeune fille et lui dit impérativement :

— Buvez ! Il faut prendre des forces !

Elle obéit.

— Mangez ! dit-il ensuite en lui mettant du pain dans les mains.

Elle se plia à cette volonté laconiquement exprimée.

Alors, avec son levier, éclairé par sa lampe, il attaqua les pierres cimentées et en descella une avec une peine infinie et après beaucoup de temps.

Il n'osait frapper fort.

Les autres pierres cédèrent assez facilement.

La prisonnière n'osait parler et attendait anxieuse ; lorsqu'elle se sentit dégagée, elle éprouva la même sensation qu'une personne enterrée vive en sortant du cercueil.

Elle voulut se lever.

Impossible.

Vingt-quatre heures de ce supplice l'avaient déjà ankylosée.

L'homme lui tendit ses mains pour l'aider à sortir de cette niche, elle mit des baisers sur ces doigts libérateurs.

Il la souleva et lui fit faire quelques pas ; puis il la laissa se rasseoir sur une pierre.

Elle le regarda, car il s'était remis au travail.

Cette fois son effort se dirigeait contre une serrure.

Il faisait agir sa pince comme un *monseigneur*, procédant par pesées lentes pour éviter le bruit.

Peu à peu la mince extrémité de l'instrument entra dans la serrure, qui fut ébranlée.

Au moindre effort, elle allait tomber à terre.

L'homme alors revint à mademoiselle Meuris et lui demanda :

— Vous sentez-vous plus forte ? Pourrez-vous marcher ?

— Essayons ! dit-elle.

Elle se mit debout, chancela, prit le bras de son sauveur et sentit un peu de chaleur revenir à ses jambes.

— Encore une gorgée de rhum, dit-il.

Voyant sa répugnance à se brûler la gorge avec cette liqueur forte, il lui dit brutalement :

— Pas de simagrées ! Je joue gros jeu en vous tirant d'ici. Si l'on m'y pinçait...

Elle se prit à trembler et à redouter ce bourru.

Elle eut comme un instinct que cet homme n'agissait pas par dévouement ; mais ne valait-il pas mieux fuir que rester ?

Elle n'eut du reste qu'un sentiment de vague défiance.

Quant elle eut obéi à l'injonction de l'homme, il lui dit :

— Bon ! Voilà que ça va mieux aller ! Reposez-vous un instant encore et nous allons filer !

Il prépara ses armes, les visitant soigneusement.

Puis il donna un léger coup de levier sur la serrure qu'il put arracher avec la main.

La porte s'ouvrit.

Mademoiselle Meuris vit avec effroi dans l'encadrement de cette porte un autre homme qu'éclaira la lampe.

Elle reconnut le Parisien, qui visa l'homme entre les deux yeux et lui dit :

— Joly, mon garçon, un mouvement et tu es mort !

L'autre ne bougea pas.

— Ah! dit le Parisien, on voulait donc conduire mademoiselle à Charette?

Ce mot éclaira la jeune fille.

A Charette, elle préférait l'*in-pace*.

CHAPITRE XXVI

LE COUP DE BATON

Comment Leroux se trouvait-il là si fort à propos?

Parce que c'était un garçon qui valait mieux que sa détestable réputation.

Il avait pris un vif et réel intérêt à mademoiselle Meuris ; mais il était le seul, à l'exception peut-être de La Chaloupe, qui voulût du bien à la prisonnière.

Que faire pour elle?

Tout d'abord il envoya à son ami, le faux évêque d'Agra, une lettre dans laquelle il lui expliquait comment la supérieure avait interprété les ordres de rigueur du curé Bernier, en emmurant sa prisonnière.

Et Leroux déclarait que, si le faux évêque ne tirait pas la petite de ce cachot, il ne fallait plus compter sur son amitié à lui, Leroux, laquelle amitié valait bien quelque chose.

« Je veux bien prendre le Bâtard au piège, écrivait-il, mais je ne veux pas qu'on fasse de misère à cette petite et je me f...iche qu'elle soit hérétique. »

En attendant le retour du messager, le Parisien, homme actif et ingénieux, mit à profit ses souvenirs d'apprentissage chez un serrurier et l'habileté qu'il avait acquise, avant d'être matelot, dans la fabrication des fausses clefs.

Il se procura facilement de la cire molle à la sacristie de la chapelle et il trouva non moins facilement le moyen de prendre l'empreinte d'une des clefs de la cave où l'*in-pace* était construit.

Ces clefs étaient suspendues à la ceinture de la supérieure qui ne s'en dessaisissait que pour les confier momentanément à l'une des deux sœurs chargées de porter à manger à la prisonnière.

Leroux guetta le moment où cette sœur, la clef en main, sortait du souterrain et entrait dans le couloir du château ; il l'aborda :

— Eh bien, lui demanda-t-il, comment va notre prisonnière ? Se convertit-elle ?

— Hélas non ! dit la sœur.

— A-t-on jamais vu ! fit Leroux. Comment elle ne veut pas abjurer.

— Capitaine, c'est un monstre d'entêtement.

Leroux abonda dans le sens des sœurs et flatta doucement leur manie.

Il se fit raconter longuement leur entrevue avec l'emmurée ; comme le moindre défaut des nonnes est d'être bavardes, ces deux pies jacassèrent tant qu'elles purent, à qui mieux mieux ; bien qu'elles ne fussent point borgnes, elles s'animaient en parlant et le diable les tentait à leur insu, leur faisant prendre plaisir à cet entretien avec un beau mâle de soldat.

Elles étaient femmes, plus femmes que d'autres.

Leroux les troubla par des compliments, en arriva facilement au badinage, prétendit qu'en un demi-heure il convertirait l'emmurée, demanda à ce que les bonnes sœurs le conduisissent près d'elle, fut refusé, prit la clef aux mains de la sœur qui la portait et fit mine de descendre vers l'*in-pace* ; toutes deux coururent après lui ; il les embrassa dans le souterrain, ce qui les mit tout à fait en émoi ; elles protestèrent étant deux ; il reçut leurs reproches en riant, rendit la clef et laissa les deux bonnes sœurs très émues.

Elles convinrent toutes deux de ne rien dire de cette aventure, dans la crainte de la discipline dont la supérieure ne manquerait pas de les gratifier pour les purifier d'un baiser aussi profane.

Quand Leroux fut débarrassé des deux nonnes, il examina l'empreinte prise à la dérobée et il la trouva parfaitement moulée.

Il se rendit alors à la forge du château où de temps à autre on réparait les armes détériorées.

Là, il fit semblant de s'occuper de ses pistolets et de sa hache d'abordage ; mais il fabriqua une clef.

Celle-ci était plus solide que compliquée; en peu de temps Leroux eut terminé.

C'est alors que, prenant des provisions, il descendit dans la cave pour rassurer mademoiselle Meuris, lui promettre une prompte délivrance et lui donner des réconfortants.

Mais il avait entendu le bruit que, dans la cave, faisait Joly, l'un des lieutenants de Charette ; il avait écouté et deviné ce qui se passait ; mais il ne savait pas trop à qui il avait à faire.

Quand la serrure tomba, quand la porte s'ouvrit, il reconnut son homme.

Joly, connaissant le caractère de Leroux, ne douta pas qu'il ne lui brûlât la cervelle s'il bougeait ; il se tint immobile.

Mais comme Leroux ne lui avait pas interdit de parler, il dit très haut, plus haut que ne le comportait la situation :

— Eh bien, je suis pris ! Me voilà dans la souricière. Qu'est-ce que tu vas faire de moi, capitaine Leroux ?

— Nous sommes camarades, dit généreusement le Parisien. Te livrer à la vieille fée, à la *Sainte*, c'est te causer des embêtements. Les gens d'ici voudront te fusiller.

— On ne fusille pas comme un chien le lieutenant de Charette.

— Qui sait? C'est brute et fanatique, ces paysans ! En tout cas, je te donne ta liberté. Tu vas fuir par où tu es venu. Pour ce qui est de la prisonnière, je m'en charge. Au revoir et n'y reviens plus. Je crois agir en bon cama...

Il n'acheva pas.

Un coup sourd retentit, bruit d'un bâton ferré s'abattant sur sa tête ; il tomba lourdement.

Pendant qu'il parlait, deux hommes appartenant à Joly, laissés par lui dans le souterrain, avaient compris par ce qu'il disait à Leroux, que l'affaire allait manquer. Ils s'étaient avancés à pas de loup et l'un d'eux avait assommé le capitaine parisien.

Le passage était libre.

Joly, comme il l'avait écrit à Charette, connaissait l'existence de la galerie qui, du château conduisait en forêt ; un de ses hommes lui avait révélé ce secret.

Dans le bois de Chanteclair où tous les partis vendéens avaient détaché garnison pour y être tous représentés; car c'était l'arsenal et le point de résistance central, dans cette forêt, Joly et sa bande étaient en quelque sorte les députés armés du Marais.

Les différentes factions qui occupaient Chanteclair se neutralisaient l'une par l'autre, se jalousaient, se disputaient, se battaient et ne s'unissaient que contre l'ennemi.

Or Joly, connaissant un moyen d'arriver à l'*in-pace*, avait proposé à Charette d'enlever mandemoiselle Meuris et l'avait prié de lui envoyer un renfort, qui, arrivant pendant que la forêt serait dégarnie à cause du siège de

Nantes, assurait la supériorité du nombre à la troupe du Marais.

De pénétrer de vive force au château, il ne fallait pas y penser,

C'étaient des Angevins, des hommes de Lescure et de Bernier, qui le tenaient.

Mais une fois la prisonnière enlevée par la galerie couverte et arrivée en forêt, les « grenouilles » se sentaient en force contre le château et capables de repousser toute la garnison, pendant qu'un parti de cavaliers conduirait la jeune fille à Charette.

Pourquoi ce Joly se faisait-il le pourvoyeur de Charette dont souvent il avait blâmé les mauvaises mœurs, c'est parce qu'il voulait que cette jeune fille, précieux otage, fût dans les mains des hommes du Marais.

A part cela, Joly n'était pas de caractère à risquer sa peau pour peupler le harem de son général.

Mais tenir la fille du chef des Jacobins de Nantes lui semblait très important ; de là ce coup d'audace.

Il avait donc préparé son monde, disposé ses groupes dans la galerie pour être soutenu et il avait laissé très près de la cave, à un tournant de la voie souterraine, les deux hommes qui venaient de le secourir à propos.

Laissant à terre le capitaine sans se préoccuper de savoir s'il était mort ou vivant, Joly dit à ses hommes, leur montrant mademoiselle Meuris :

— Enlevez-la.

Celle-ci, quoiqu'elle fût atterrée par ces incidents rapides et dramatiques, se débattit et appela.

Elle préférait l'*in-pace* au déshonneur sous la tente de Charette.

Joly dit à ses hommes :

— Bâillonnez-la !

Puis il murmura :

— Drôle de créature ! Ça ne veut pas être délivrée. Tout vaut mieux qu'un *in-pace*.

Puis à son monde :

— En route !

Et ils partirent, faisant diligence, rencontrant les différents postes et les faisant se replier au fur et à mesure ; si bien que toute la bande se trouva réunie à l'issue du souterrain.

Là, Joly dit à ses hommes :

— Vous autres, bonne garde ! Si le château vous attaque, tenez ferme ! Occupez ces gens-là. Moi je porte la fille à Charette.

Il sauta à cheval, suivi d'une centaine de cavaliers, escortant une voiture dans laquelle on avait jeté mademoiselle Meuris.

CHAPITRE XXVII

ENLEVÉE !

Ce que supposait Joly n'arriva point.

Les gens du château n'entreprirent aucune lutte, parce qu'ils furent longtemps sans se douter de l'enlèvement.

Le Parisien resta de longues heures étendu sans mouvement sur le sable ; quand les tourières vinrent apporter à manger à l'emmurée, elles trouvèrent la porte ouverte ; dans la cave, un corps.

A la lueur de leur lanterne, elles reconnurent le capitaine.

Elles cédèrent toutes deux à un mouvement très féminin.

— Ah ! mon Dieu ! fit l'une. C'est lui !

Lui !

C'est-à-dire celui qui remplit mon esprit et mon cœur.

— Hélas ! ils l'ont tué ! Sainte Vierge, quel malheur ! s'écria l'autre sœur.

Toutes deux sentaient encore sur leurs joues l'empreinte du baiser donné par cet audacieux risque-tout.

Les sœurs ont un faible pour les aventures et quelques-unes ont expliqué pourquoi dans leurs confessions écrites.

Elles n'ont d'espoir de plaisir sans pécher que dans le sac d'une ville.

Être violée, ce n'est pas un crime devant Dieu et c'est une occasion de faire connaissance avec le diable.

On sait l'histoire du sac de Sisteron où le maréchal de Vieilleville, en réserve sur les remparts enlevés, et, protégeant un couvent, vit arriver une tourière qui lui dit :

— Madame la supérieure m'envoie vous demander quand le viol commencera et si ça durera longtemps.

Rien d'étonnant donc à l'intérêt des tourières pour ce blessé.

Après s'être lamentées, sans songer à avoir peur, les deux sœurs s'occupèrent de secourir le capitaine, car, pour mort, il ne l'était pas ; elles avaient tâté son cœur qui battait.

Elles se décidèrent à demander du secours et amenèrent des hommes avec un brancard.

On ramassa Leroux.

Des Vendéens, fins comme des renards et subtils à démêler une piste, suivirent les traces laissées par Joly.

Ils sortirent de la galerie et arrivèrent dans le campement des « grenouilles ».

Plus personne.

Les hommes de Joly, après avoir craint une sortie du château, voyant les heures s'écouler, jugeant leur chef très éloigné, avaient gagné le Marais.

Ils en avaient du reste reçu l'ordre ; leur position en forêt, après le coup de main de Joly, n'aurait plus été tenable au retour des masses vendéennes absentes pour le siège de Nantes.

Les Angevins de la garnison du château revinrent donc pour annoncer que c'était Joly qui avait enlevé mademoiselle Meuris. Il était temps pour Leroux.

Tout le monde l'accusait.

Sans sa bande, il eût été massacré.

La Sainte ne se possédait pas de fureur.

Heureusement La Chaloupe parvint à faire comprendre à cette énergumène qu'il était monstrueux d'égorger un homme sans l'entendre et il sauva la vie de son capitaine.

Une réaction se fit en faveur de Leroux, quand on connut une partie de la vérité ; il revint à lui et n'eut pas de peine à se justifier.

Il déguisa assez habilement la vérité pour qu'on crût son mensonge.

— Je redoutais ce qui est arrivé ! dit-il. C'est pourquoi je suis descendu dans la cave, afin de faire une ronde.

Le reste de son récit était conforme à ce qui s'était passé.

Dès lors, les deux bonnes sœurs qui l'avaient trouvé en cave, s'installèrent à son chevet et ne le quittèrent plus.

Ce qu'il eut de petits soins !...

Mais Leroux n'était pas homme à s'attarder longtemps dans un lit ; une saignée du chirurgien, les sangsues et l'embêtement général qu'il éprouvait à être dorloté par les sœurs, le remirent promptement sur pied.

Il était debout, presque en état, quand la nouvelle se répandit, par le château, que M. de Lescure arrivait.

Mais ce que Leroux ne pouvait croire, c'est que le Bâtard accompagnât son frère.

— Comment ! s'écria-t-il. Le Bâtard ! Tu es fou, La Chaloupe ! Tu as confondu avec un autre chef !

— C'est comme si tu disais, protesta La Chaloupe indigné, que je confonds une goëlette avec un trois-mâts. Quand le cor a retenti dans la forêt, annonçant l'arrivée d'une troupe, j'ai pris ma lunette et je suis monté sur la tour. J'ai vu distinctement le Bâtard.

— Alors, il y a du nouveau ? dit Leroux.

Et il descendit dans la cour du château.

La supérieure, la communauté, les Vendéens, tous

Angevins, tous dévoués à Lescure, attendaient le général.

A la vue du Bâtard, ils le crurent revenu à eux et lui crièrent : vivat !

Mais M. de Lescure, questionné sur Nantes, avoua la défaite des insurgés, ce qui jeta comme un manteau de glace sur les épaules des assistants.

La *Sainte*, saisie d'un beau désespoir, en profita pour faire un discours plein de fureur démoniaque.

Elle apostropha tout le monde, jura que Dieu n'abandonnait les Vendéens qu'à cause de leurs péchés et terrifia tous ces malheureux qui, sur son ordre, se mirent à genoux pour chanter le *Parce Domine* (épargne-nous, Seigneur).

Le Bâtard écoutait avec impatience ; seul il resta à cheval, avec Lescure, qui se fût mis à genoux comme un autre, mais qui demeura en selle pour ne pas faire remarquer l'irréligion de son frère.

La *Sainte* décréta ensuite une neuvaine et un jeûne de vingt-quatre heures pour expier les fautes commises et attirer les miséricordes du Ciel.

Avec ces gens-là, il n'est question que d'expiations !

Le fond de toute cette religion antinaturelle, antisociale, c'est la souffrance pour plaire à Dieu cruel, c'est le culte antique du Siva indou, principe de la destruction ; c'est en somme, le nihilisme religieux.

Je suis toujours prodigieusement étonné des contradictions des catholiques.

Ils blâment les sectes qui se font une loi de la mutilation.

Qu'est-ce que le prêtre prêche ?

Le célibat, comme l'état de suprême perfection.

S'il en est ainsi, un esprit logique conclut à se faire eunuque.

Et qu'est-ce que l'anéantissement de la chair tant

préconisé, qu'est-ce que l'ascétisme, sinon un acheminement fatal au nihilisme?

Un peuple qui viserait à cette perfection, présentée comme l'idéal de la sainteté, serait anéanti en peu d'années !

Elle était femme aussi pourtant, la Sainte, car elle tressaillit jusqu'au fond des entrailles en revoyant le Bâtard, son beau soldat.

— Ah ! dit-elle à de Lescure, vous nous ramenez la meilleure épée de l'Anjou, général ! Dieu soit béni, il a écouté mes prières.

— Ma chère mère, dit de Lescure, j'espère que vous ne vous trompez pas ! Accordez-moi un moment d'entretien.

Au Bâtard :

— Je vous prie de m'attendre !

Et il suivit la supérieure dans la salle dont on avait fait le parloir.

Là, il la questionna sur mademoiselle Meuris.

Arrivé à franc étrier, il ne savait rien de sa fuite.

— Ah ! général, lui dit la supérieure, cette petite hérétique est enlevée ! Je l'avais mise dans un *in-pace*, au pain et à l'eau...

Et elle conta tout rapidement, car elle voyait le général impatient et furieux.

— Comment, s'écria de Lescure indigné, un pareil traitement à cette jeune fille ? Mais c'est indigne !

— J'ai reçu des ordres de l'abbé Bernier ! dit la supérieure un peu intimidée. Car si elle était la *Sainte*, de Lescure était le *Saint de l'Anjou*.

— Je commence à croire, dit le gentilhomme, que mon frère a raison et que le curé Bernier est un intrigant. Pourquoi faut-il que les intérêts de notre cause nous obligent à ménager de pareils hypocrites ?

Puis, brusquement :

— Je vais vous donner à garder mon frère qui est prisonnier. Ne cherchez pas à le convertir, tenez-le au secret et faites-le garder.

— J'ai un bon capitaine pour cela ?

— Très bien ! Vous me répondez de lui devant Dieu.

— Général, je vous vénère et je vous obéirai, car je vous sais saint.

— Vous avez commis une faute immense, dit Lescure, mais vous avez été emportée par votre zèle aveugle ! Je ne peux vous en vouloir. Je vous demande le serment de ne livrer mon frère à personne qu'à moi.

Elle jura.

Tranquille de ce côté, de Lescure écrivit une lettre au Bâtard.

— Tenez, dit-il, vous remettrez ceci à mon frère. Et maintenant, faites-moi ouvrir une poterne que je parte sans qu'il puisse me voir.

— Où allez-vous ?

— Redemander mademoiselle Meuris à Charette et lui brûler la cervelle s'il refuse de me la rendre.

Il quitta la supérieure qui, dans toute cette aventure perdait le latin qu'elle n'avait pas.

Décidément, tout saint et, comme tel, tout naïf qu'il fût, ce de Lescure était un gentilhomme.

CHAPITRE XXVIII

BÉGUEULE !

Charette s'était emparé de Machecoul, il en avait fait sa place d'armes et son quartier général.

C'est sur cette ville qu'il se dirigea après son départ de Nantes.

C'est vers cette ville que Joly s'enfuit avec mademoiselle Meuris.

Il y arriva vingt-quatre heures avant son général.

M. de Charette, du reste, avait quelques pillages à exécuter, des fermes et des villages à brûler, avant de regagner son repaire du Marais.

Il ne se hâtait pas de s'éloigner, ayant à politiquer et à intriguer, car la mort de Cathelineau avait donné à penser à cet ambitieux ; sur les conseils de mademoiselle Duclos, il avait posé sa candidature, quoique certain d'être repoussé ; mais cette petite manifestation avait cet avantage d'affirmer ses prétentions et d'habituer les Vendéens à voir en lui un prétendant au commandement suprême.

Tel est du moins le prétexte que mademoiselle Duclos mettait en avant.

Au fond, elle avait un autre but. Dans la nuit même qui suivit la levée du siège de Nantes, elle reçut la visite de cet officier qui, sous la peau de bique d'un Vendéen, lui servait d'intermédiaire avec le général Canclaux et Baco.

C'était un beau garçon, ardent, passionné comme tous les Vendéens ; il risquait sa vie dans ces missions hasardeuses, avec un dévouement sans bornes.

Mademoiselle Duclos s'intéressait à lui, l'ayant trouvé brave et intelligent ; elle avait confiance en lui, car il comprenait admirablement ses plans et lui développait avec une grande sûreté de vues les conséquences militaires que devaient produire les combinaisons politiques qu'elle imaginait.

Elle était la tête ; il était l'épée.

Elle lui expliqua la situation :

— Cathelineau est mort, lui dit-elle, le comité va nommer d'Elbée en toute hâte ; je l'effraye avec les prétentions de Charette que j'inspire et avec celles de Stofflet que je pousse, tous deux croient valoir au moins Cathelineau.

D'autre part, les paysans seront furieux de voir un noble succéder à l'un d'eux. D'Elbée n'aura certainement aucun pouvoir, aucune action sur l'armée, puisque les soldats seront contre lui et que les gentilshommes l'exècrent, comme étant d'origine étrangère d'abord et comme ayant moins de droits qu'aucun d'eux à être général en chef.

Avec un sourire :

— Vous voyez que je fais ici d'assez bonne diplomatie.

Si intéressant que fût ce développement, l'officier l'écoutait distraitement.

Une question lui brûlait les lèvres.

— Et Charette ? lui demanda-t-il. Comment se conduit-il envers vous ?

— Il m'offre des bals, dit-elle. Il me fait la cour ; il affecte des airs galants ; il aurait bonne envie de se comporter avec moi comme avec les autres et parfois l'envie lui prend de se livrer à la violence. Mais il est contenu par de Fontbonne et ses Bretons, qui sont à moi et qui ont l'air d'être à lui; puis il reconnaît son infériorité en intrigues, il s'imagine que je suis l'Égérie indispensable à la réussite de ses projets et il se calme.

— Ne pourriez-vous pas, dit l'officier, le faire surprendre et enlever par vos Bretons une de ces nuits?

— Pour le livrer aux républicains, n'est-ce pas? fit mademoiselle Duclos. Mauvais calcul! Je hais personnellement ce bandit; mais je hais bien plus cette noblesse, ces privilégiés, ces prêtres, cette monarchie, ce régime enfin qui a permis que je fusse enlevée, livrée, salie de par la volonté d'un grand seigneur.

Je hais les Vendéens en masse, parce qu'ils défendent ce système. Je veux venger toutes celles qui ont souffert comme moi, tous ceux qui ont été martyrisés comme mon père. En un mot, ma pensée va plus haut et plus loin que vous ne le supposez. Certes, je veux que tous les meurtriers de mon père payent de leur sang leur atrocité; l'un d'eux va mourir avant quarante-huit heures.

Mais Charette m'est utile pour faire avorter, par sa jalousie, tous les plans des autres généraux: je laisserai vivre Charette jusqu'à la fin de la guerre, jusqu'à ce qu'il ne reste plus que lui. Alors je le livrerai au conseil de guerre si possible.

L'officier semblait préoccupé.

— Qu'avez-vous? lui demanda-t-elle.

Il se taisait.

— Eh, fit-elle, parlez! Si vous avez un conseil à donner, donnez-le; une observation à faire, faites-la. Dans ma position, m'avertir, me prévenir, c'est parler d'or.

— Je crains, dit l'officier, que quelque jour Charette ne se porte contre vous à quelque tentative brutale.

Elle le regarda curieusement ; une légère rougeur empourprait les joues du jeune homme et il avait une contenance embarrassée.

— Ah ! fit-elle. Vous aussi, vous m'aimez ? C'est donc une fatalité.

— Mademoiselle, je n'ai pas dit un mot qui puisse me rendre suspect à vos yeux. Je vous suis très dévoué parce que vous servez la République comme moi.

Elle haussa les épaules.

— Je sais lire dans la pensée d'un homme, dit-elle. Votre préoccupation au sujet de Charette est une révélation ! Je veux vous sauver de vous-même. Vous cherchez les occasions de me revoir, vous les faites naître ! Vous vous exposez à la mort des espions, sans nécessité souvent ! Eh bien, vous ne reviendrez plus ! Je vous le défends.

— Pourquoi ? s'écria-t-il. Que vous importe si je vous aime ? Vous ai-je jamais importuné d'une déclaration ?

— Je ne veux pas qu'un galant homme comme vous, dit-elle, s'embarque dans une affaire pareille. Le pire amour est celui que l'on éprouve pour une courtisane.

— Une victime !

— Victime, soit ! Mais prostituée d'hier et prostituée de demain.

— De demain ! fit-il en pâlissant.

— Oui ! dit-elle. C'est presque fatal ! Il viendra un jour où il me faudra céder à Charette pour le tenir et le dominer tout entier. Cette perspective m'épouvante, m'indigne, me révolte ! Je reculerai cette échéance terrible tant que je pourrai. Mais quand l'heure du devoir aura sonné, j'immolerai mes répugnances et mes dégoûts au but que je veux atteindre. A vrai dire, je m'étonne de mes hésitations et je me les reproche, car une fille qui s'est si souvent livrée, ne devrait pas tant se marchander aujourd'hui pour une si grande œuvre. Parole d'honneur, je me méprise et je me suis vingt fois déjà traitée de bégueule ! Voyez-vous la Duclos faisant la petite bouche et la dégoûtée ! Une fille ! As-tu fini tes manières...

Puis poussant doucement vers la porte son amoureux confondu, elle lui dit en affectant de rire :

— Monsieur, vous voilà guéri ! N'y revenez plus et ne revenez plus.

Lui se retourna, il salua par un beau geste de soldat et partit sans se retourner; c'était un mâle.

Elle ne le revit jamais, car il se fit tuer dans la quinzaine sous les yeux de Marceau, son ami.

Quant à mademoiselle Duclos, elle rentra dans sa chambre, pleura de vraies larmes et se tordit les mains en s'écriant :

— Il le faudra ! c'est forcé ! Mais je sens mon cœur, mon âme, ma chair, tout en moi se révolter.

Enfin elle domina cet accès de désespoir, se rendit maîtresse d'elle-même et se dit dédaigneusement :

— Bégueule, va !...

CHAPITRE XXIX

LE GANT

M. de Lescure, en quittant Chanteclair, se dirigea sur Machecoul.

Il y apprit l'arrivée de Joly avec mademoiselle Meuris.

De Joly, comme mœurs, rien à craindre ; comme pitié, rien à espérer.

Évidemment cet homme ne voudrait consentir à rien avant l'arrivée de Charette, dont l'avant-garde était proche et que l'on attendait.

M. de Lescure s'était fait suivre de deux témoins choisis parmi les gentilshommes de sa famille ; il alla se poster sur la grande place de la ville et il laissa passer le flot des bandes du Marais, jusqu'à ce que le tambour et les fifres de la compagnie de M. Fontbonne annonçassent l'arrivée du général auquel les Bretons servaient de gardes du corps.

Alors de Lescure se tourna vers ses deux témoins et leur dit :

— Messieurs, avec M. de Charette, il faut s'attendre à tout ! S'il me fait fusiller, vous porterez plus tard témoignage devant le Roi, et vous réclamerez justice.

— Monsieur, dirent les deux gentilhommes, nous vous jurons même d'en appeler de l'injustice possible de Sa

Majesté à la justice de nos épées. Nous sommes vôtres.

Cette famille des Lescure, très unie, très vaillante, très pieuse, se tenait bien soudée. La tradition chevaleresque s'y perpétuait. C'étaient de braves gens qui retardaient de deux siècles au moins.

Les gens de Fontbonne défilèrent fièrement, et leur chef salua de l'épée M. de Lescure et ses amis qui répondirent.

Charette, débouchant sur la place, vit le groupe formé par les Lescure, et, se tournant vers mademoiselle Duclos qui était à ses côtés, il lui dit :

— Je crois que Joly a enlevé mademoiselle Meuris et ce vieux fou vient la réclamer. Nous allons rire.

Et il poussa son cheval.

M. de Lescure, droit sur ses étriers, haut et ferme, laissa venir Charette.

Celui-ci salua d'un air impertinent et dit d'un ton ironique :

— Messieurs, je suis enchanté de vous voir chez moi ! Puis-je vous être utile à quelque chose?

— Un mot d'explication d'abord, dit froidement M. de Lescure, et c'est chose vraiment nécessaire, car d'honneur, je ne vous comprends pas. La ville est donc à vous?

— Par droit de conquête ! fit Charette. Ne l'ai-je pas prise d'assaut?

— Au nom du Roy, monsieur. Et j'ai la prétention, chaque fois que je me trouve dans une ville de France, d'être chez Sa Majesté.

— Représentée par moi ! dit Charette. Le Roy est si loin que je crois régner ici en son lieu et place. En tous cas, je n'y fais que mon bon plaisir. A Machecoul, l'État c'est moi.

— Tant pis pour vous, monsieur, devant les hommes qui vous jugent et devant Dieu qui vous jugera.

Charette haussa les épaules, il se souciait peu des phrases à effet.

— Ah! dit-il. De la morale... Après tout, allez, monsieur, allez! Comme Saint de l'Anjou, puisque l'on vous appelle ainsi, vous êtes dans votre rôle; si vous avez des remontrances à me faire, faites-les! Le Parlement en adresse bien au Roy! Mais les rois s'en soucient peu.

— Ils ont souvent tort, monsieur, dit de Lescure. Quant à vous, gentilhomme et soldat, vous devez écouter un gentilhomme et un soldat qui vient vous redemander une jeune fille enlevée par un des vôtres.

— Ah! ah! dit Charette, il s'agit de la jolie petite demoiselle Meuris.

— Oui, monsieur.

— Et de quel droit, monsieur, me réclamez-vous cette jeune fille?

— Du droit que me confère le comité.

— Le comité qui s'est improvisé de lui-même n'a pas d'autorité sur moi!

— Au moins, monsieur, reconnaîtrez-vous qu'enlever une jeune fille dans un couvent, c'est offenser Dieu.

— Oh! dit Charette, ceci est une affaire entre moi et Dieu, et je m'en expliquerai avec lui après ma mort.

De Lescure s'indigna de cet athéisme voilé.

— Monsieur, dit-il, puisque ni la foi monarchique, ni la religion, ni rien de grand, de beau, de noble, n'agit sur vous, je vous dirai donc que c'est comme futur parent, comme tuteur, si vous voulez, que je réclame cette jeune fille.

— Bon, dit Charette, vous consentez à cette mésalliance! Gentilhomme, cet encanaillement vous plaît! Catholique, il vous agrée que mademoiselle Meuris, protestante, épouse votre frère catholique! Royaliste, vous mariez votre cadet à une jacobine! Monsieur, je ne crois plus à vos grands sentiments! Parlons d'autre chose, s'il vous plaît.

— Parlons de me rendre cette enfant, dit de Lescure, car je vous jure que vous jouez une mauvaise partie.

— Tel n'est pas mon avis! dit de Charette. Hier, oui, la partie était mauvaise pour moi, mais aujourd'hui elle est excellente. Et maintenant qu'après avoir perdu la première manche dans la partie dont elle est l'enjeu, je viens de regagner la seconde manche, vous venez me proposer d'annuler le coup! Non pas, monsieur. Il faudra faire la belle pour avoir la belle. Je prétends ne céder cette jolie fille qu'à plus fort que moi. Qui la voudra, viendra la prendre.

— Je la veux, moi!

— Monsieur de Lescure, vous n'avez pas, je suppose, la prétention de mettre trente mille hommes en déroute, vous troisième.

— Non, monsieur, j'ai seulement l'intention de vous proposer un combat singulier. Dieu décidera entre nous.

— Peuh! dit Charette, c'est bien vieux, bien usé, le combat singulier! Depuis Henry II et le fameux coup de Jarnac, c'est aussi démodé que les tournois depuis la mort du même roi. Si vous cherchiez autre chose?

— Alors, vous refusez de vous battre?

— Avec vous, oui, monsieur de Lescure! Vous êtes un saint, un vénérable chevalier d'un autre âge, et en vous tuant, je me ferais tort aux yeux de mon armée.

— Vous reculez... c'est d'un lâche!

— Monsieur, si votre bâtard de frère venait me provoquer, je le gratifierais volontiers d'un coup d'épée plus sérieux que le premier. Mais vous... ma foi non... le cœur ne m'en dit pas...

— Pour que le cœur vous en dise, il faudrait en avoir, s'écria de Lescure. Mais couard devant Nantes, où vous avez dansé au lieu de combattre, vous êtes couard ici devant moi.

— Ah! fit Charette, ici je vous arrête! Si je ne me suis pas battu c'est que l'on s'était arrangé pour mettre la rivière entre l'ennemi et moi.

— Vous n'aviez qu'à vous servir de votre équipage de ponts.

— Si vous n'étiez pas la loyauté même, je vous répondrais, dit Charette, que vous savez mieux que moi que quelqu'un des vôtres a payé le chef de mes pontons pour venir ici, à Noirmoutier, et me faire faute à Nantes. J'ai donné ordre que l'on m'amène cet homme et le voilà! Monsieur, je vais faire justice.

Charette poussa son cheval vers ce malheureux marinier dont la mort était depuis longtemps arrêtée dans son esprit et il lui brûla la cervelle sans explication.

A ceux qui l'entouraient, il dit à haute voix :

— Devant vous tous, j'avais commandé à ce misérable d'amener les pontons à Nantes. Pour que les « grenouilles », comme on nous appelle, ne passent pas le fleuve et ne puissent piller Nantes, MM. les Angevins ont payé votre chef marinier, afin qu'il ne m'amenât pas mon équipage. Voilà les bons tours que l'on nous joue! Aujourd'hui M. de Lescure, chef des mêmes Angevins, vient nous traiter de lâches. Je dis, moi, que sans la trahison nous serions entrés les premiers dans Nantes. Mais on a cru pouvoir se passer de nous et l'on a échoué. C'est bien fait!

Un immense vivat pour Charette accueillit son allocution.

Les grenouilles coassèrent à étourdir les oreilles de M. de Lescure.

Celui-ci, très calme, attendit que toute cette fermentation eût moussé; puis il demanda à Charette :

— Monsieur, cette porte que je vois là-bas n'est-elle pas celle de votre quartier général?

— Oui, monsieur.

Lescure fit volter son cheval et le lança du côté de la porte : quand il y fut arrivé, il mit pied à terre, prit un gant de buffle pendant à sa selle et, tirant de sa gaine un couteau de chasse dont il avait complété son armement, ce jour-là, il planta son gant dans la porte.

Puis, à un tambour de Fontbonne, avec la souveraine autorité d'un capitaine sans peur et sans reproche, sûr d'être obéi parce que, chevalier d'autrefois, il s'adressait à un soldat et que dans le vrai soldat il y a du chevalier, il commanda d'une voix sonore :

— Tambour, un ban en l'honneur du gant de Lescure! Et ne bats plus pour Charette avant qu'il n'ait relevé le défi; sinon je dirai, tambour, que tu es indigne de jamais accompagner un parlementaire sous la sauvegarde du droit des gens et de battre la charge dans un assaut.

— Monsieur de Lescure, dit le tambour, on sait son devoir.

Et il battit son ban au milieu du silence de toute l'armée!

Ces bandes de sauvages étaient impressionnées par cette cérémonie d'autrefois; le « Marais » sentait que son honneur était engagé.

Charette se croyait sûr de tuer en duel M. de Lescure; mais Charette ne s'en souciait pas.

Il calculait que cette mort lui serait imputée à crime.

Mais il fallait en finir.

Il poussa son cheval à son tour pour enlever le gant.

Entre lui et la porte, prompte et légère, au galop de sa jument, mademoiselle Duclos passa et détacha le gage avec l'habileté d'une écuyère consommée, puis elle vint à M. de Lescure et lui dit :

— Je crois, monsieur de Lescure, pouvoir me fier à votre parole. Je viens donc vous demander : si M. de Charette vous rend cette jeune fille que vous réclamez, vous retirerez-vous ?

De Lescure n'avait qu'un but : tirer mademoiselle Meuris des mains de Charette ; il ne fit donc aucune difficulté pour répondre :

— Mademoiselle, j'y engage ma foi de gentilhomme !

Charette s'écria :

— Monsieur de Lescure, ne comptez pas que je céderai jamais.

— Monsieur de Lescure, avant dix minutes, vous aurez un ordre de M. de Charette à Joly pour que l'on vous remette mademoiselle Meuris. Et avec ma compagnie pour escorte, vous partirez pour Chanteclair. Vous réquisitionnerez des charrettes pour aller plus vite.

Puis, à Charette avec un sourire étrange :

— Mon cher général, un moment d'entretien, je vous prie.

Il reçut comme un choc, son regard se voila, il la suivit, non chez lui, mais chez elle, dans une petite maison donnant sur la place.

Elle se retourna pour dire un mot à l'un de ses serviteurs qu'elle rencontra.

Celui-ci alla se poster sous les fenêtres de la façade.

Tous les yeux restèrent fixés sur cette façade, car chacun sentait qu'une lutte étrange allait s'engager.

CHAPITRE XXX

SÉDUCTION

— Réussira-t-elle?

Telle est la question que posait M. de Lescure à ses deux témoins.

— Eh, monsieur, dit l'un d'eux, je crois qu'il y a quelque anguille sous roche.

— Qu'entendez-vous par là, Valpierre? demanda Lescure.

— Je suppose, dit Valpierre, que la Duclos n'est point venue au camp de M. de Charette pour dire ses prières avec lui! Ils doivent occuper moins honnêtement leur temps.

— Et vous concluez...

— Je conclus qu'elle ne tient pas du tout à conserver ici cette petite demoiselle qui a déjà mis en feu le cœur de M. de Charette à Saumur, je suppose que la Duclos va tenter tous les moyens pour éloigner une rivale.

— M. de Charrette ne me paraît pas homme à céder! dit de Lescure. Il est brutal et débauché. Une scène de jalousie ne pourra rien sur ce caractère.

A son second témoin :

— Qu'en pensez-vous, Montbrun?

— Moi, dit de Montbrun, je crois que M. de Charette

va cravacher la Duclos pour lui apprendre à se mêler de ses affaires. Le général avait le regard louche en la suivant. Je parierais cent louis contre dix, qu'après avoir réglé le compte de sa maîtresse, il va revenir reprendre avec nous un bout de conversation qui finira mal du reste.

— Monsieur de Montbrun, dit une voix, je tiens, moi, de Fontbonne, cent louis à égalité, contre vous, que, dans une demi-heure, ma compagnie, montée sur des chariots que l'on réquisitionne en ce moment, escortera mademoiselle Meuris et vous-mêmes jusque vers Chanteclair.

— Monsieur de Fontbonne, dit de Lescure, nous sommes tous du pari. Et jamais je n'ai tant souhaité perdre une gageure.

— Monsieur, je suis si certain de gagner que, vous le voyez, je fais manger mes hommes en toute hâte. Nous partirons bientôt. Et, si vous m'en croyez, vous accepterez à dîner, sur le pouce, avec mes officiers.

— Accepté de bon cœur! dit de Lescure.

On servait en ce moment, sur une table apportée au milieu de la place, une collation froide pour l'état-major de la compagnie, au milieu duquel les Lescure prirent place.

— Monsieur, demanda Montbrun à Fontbonne, nous pouvons, je pense, parler en liberté de mademoiselle Duclos sans vous offenser. J'entends par là que vous ne vous posez pas en champion de sa vertu.

— Nous ne nous donnons pas de pareils ridicules! dit de Fontbonne. Cependant, nous faisons une distinction; nous ne permettons jamais que l'on touche à l'honneur de mademoiselle Duclos, j'entends à son honneur d'homme, ou si vous aimez mieux, de soldat. C'est notre camarade, notre vrai capitaine. Vous l'avez vue au feu et vous savez qu'elle vaut n'importe lequel de nous autres.

— Très juste, dit Montbrun. J'admire fort, pour ma part, les qualités viriles de mademoiselle Duclos ; ce point réservé, vous me mettez à l'aise sur le reste ; nous nous entendons. Or donc, je crois que vous basez vos chances de gain dans notre pari, sur cette supposition qu'une querelle de jalousie entre M. de Charette et mademoiselle Duclos, à propos de mademoiselle Meuris, va tourner à la délivrance de cette dernière. Je me fais une tout autre idée des façons de M. de Charette.

— Chevalier, dit de Fontbonne en souriant, vous vous figurez, n'est-ce pas, que le général est l'amant heureux de mademoiselle Duclos.

— Je me l'imaginais !

— Eh bien non ! Et c'est ce qui change tout ! Et c'est ce qui fait que j'ai tenu le pari contre vous.

— Je crains bien, dit de Montbrun, s'il en est ainsi, que M. de Charette ne prenne mademoiselle Duclos, si elle s'offre, et ne garde mademoiselle Meuris quand même. C'est un don Juan d'aussi mauvaise foi avec les femmes qu'avec les hommes.

Il regarda les fenêtres de la maison qui servait de quartier à mademoiselle Duclos.

— Tout l'intérêt de notre pari, dit Fontbonne en lorgnant aussi les fenêtres, consiste précisément dans cette alternative : qui sera vaincue de la dompteuse ou de la bête féroce ? L'antiquité nous a légué la légende de Galathée triomphant du tigre. La question se pose de nouveau, la lutte est engagée. Je tiens pour Galathée.

— Dieu vous entende ! dit de Lescure à Fontbonne.

Le brave gentilhomme appelait Dieu à intervenir dans cette affaire assez scabreuse ; il eût mieux fait d'évoquer le diable ; car ce qui se passait chez M. de Charette eût effarouché même la moins bégueule des trois personnes de la Sainte-Trinité, je veux dire le Saint-Esprit qui, sous la forme banale d'un pigeon, renouvela avec la

Vierge Marie, les scènes pornographiques dont Jupiter, changé en cygne, scandalisa l'antiquité dans ses amours avec Léda.

A vrai dire, Charette était sur les dents et n'en pouvait plus de continence, depuis huit jours qu'il faisait vainement une cour assidue à mademoiselle Duclos.

Celle-ci, par sa résistance, avait amené au point extrême la folie amoureuse de ce furieux soldat atteint de satyriasisme.

L'heure paraissait donc favorable pour en obtenir ce qu'elle souhaitait ; mais grand était le danger de s'exposer à la violence de ce redoutable mâle qui pouvait tout prendre de vive force et ne rien donner.

En entrant dans la chambre où devait avoir lieu l'entretien, chambre qu'elle connaissait déjà, l'ayant récemment habitée, mademoiselle Duclos avait dit à Charette en l'enveloppant d'un sourire :

— Asseyez-vous et causons !

Puis, caressante, féline, gracieuse, elle lui avait enlevé son chapeau et ses pistolets, qu'elle avait placés, comme par mégarde, sur un meuble, derrière elle ; lui, charmé, ne protesta pas, il s'imagina que cette précaution était une attention.

Elle prit place en face de lui, après avoir déposé sur une table, entre eux deux, le gant de M. de Lescure et tout ce qu'il fallait pour écrire.

Ses attitudes et ses mouvements de chatte amoureuse grisaient Charette qui ne l'avait jamais vue ainsi.

« Elle m'aime donc enfin ! » pensait-il. L'immense et sotte vanité de l'homme le rend victime des flatteries savantes de la femme ; elle sait singer l'amour d'autant plus facilement qu'il reste en elle beaucoup de la guenon primitive.

Charette croyait avoir produit impression sur elle et il en était très ému.

Elle le tenait sous la fascination de ses grands yeux bruns ; leurs regards chauds, pénétrants, troublaient ce grand fauve humain, dont les sens s'embrasaient si vite.

Une étincelle suffisait pour faire flamber les brûlantes ardeurs de ce tempérament volcanique.

Elle l'attaqua avec une vivacité qui l'étourdit, lui jetant elle-même son aveu et ses conditions à la tête et brusquant les choses à la housarde.

— Mon cher général, lui dit-elle en riant, je me suis refusée jusqu'ici à vous croire, quand vous me parliez d'amour. Vous m'avez juré que vous m'adoriez, vous m'avez donné un bal sous Nantes, vous avez même commis quelques extravagances. Vous ne m'avez pas convaincue. Mais voici qu'une occasion se présente qui me permettra de vous juger.

Par un geste simple de grande coquette, habile dans la haute tragédie amoureuse, elle dégagea ses bras admirables de ses manchettes, découvrit par ce mouvement les chairs roses et blanches noyées dans la mousseline et prit la plume.

Charette aspira avec délices le parfum féminin et ambré que ce léger mouvement dégagea et répandit dans l'air ; son œil s'alanguit et ses narines se dilatèrent.

L'homme en lui lutta pourtant contre la bête ; il demanda :

— Qu'est-ce donc, je vous prie que ce papier ?

— L'ordre, dit-elle, que j'ai promis à M. de Lescure. Vous allez refuser de le signer ; je m'y attends ! Mais je pourrai vous répondre alors chaque fois que vous me parlerez d'amour : « Monsieur de Charette, ne vous moquez donc pas de moi ! Si vous aviez un grain de la passion que vous prétendez, vous auriez renvoyé la petite Meuris à son Bâtard. »

Elle eut un de ses éclats de rire qui montrent les dents blanches, la bouche rose, et qui donnent à la physionomie d'une jolie femme une si grande puissance de provocation irritante.

Charette fut secoué par un frisson d'agacement amoureux ; mais il se défendit.

— Madame, dit-il, vous me demandez l'impossible, puisque vous exigez le sacrifice de mon honneur. Garder cette petite n'est point question d'amour, mais d'amour-propre, je...

Il s'interrompit étonné.

Mademoiselle Duclos avait ouvert le haut de sa robe ; sa main charmante tourmentait des boutons qui résistaient et cela semblait la dépiter ; enfin elle parvint à retirer un médaillon qu'elle cherchait et qui était caché sous la batiste de sa chemisette ; Charette ébloui entrevit la gorge fraîche, jeune, étincelante de cette vierge folle qui, n'ayant pas eu d'enfants, avait conservé les fermes rondeurs de ses seins de jeune fille ; les yeux du général se voilèrent comme aveuglés par un coup de soleil.

Mademoiselle Duclos rajusta quelque peu son corsage, ouvrit le médaillon et sourit amèrement.

— Que regardez-vous donc là ? demanda Charette.

— Moi-même, monsieur, une miniature qui me représente à seize ans ! Et je songe que j'ai beaucoup vieilli, puisque vous me préférez une petite bourgeoise niaise et fade.

— Mais non ! s'écria-t-il. Quand j'aurai relevé le défi de Lescure, tué ce vieux Bayard ridicule et vengé mon affront, je ferai conduire cette petite à qui bon vous semblera, pourvu que vous m'ayiez donné des preuves de tendresse.

— Et moi, monsieur de Charette, j'entends et j'exige que vous cédiez à mon caprice et que ce soit aujourd'hui, à l'instant ou jamais.

— C'est-à-dire qu'il faut que je passe pour un lâche aux yeux de toute l'armée.

— Et quand cela serait ! Le comte de Valaisie s'est bien fait voleur pour la Duthé ! Une humiliation de vingt-quatre heures est-elle si difficile à supporter ! Renvoyez le gant et la fille à M. de Lescure, puisque c'est justice, direz-vous, parce que vous ne pouvez approuver votre lieutenant Joly, qui a violé un *in-pace* et porté une main sacrilège sur la prisonnière d'un couvent. Mais exigez, dès le lendemain, ou un duel avec M. de Lescure ou une rétractation solennelle. Toute l'armée vous approuvera et moi je vous croirai quand vous parlerez d'amour.

Depuis quelques secondes Charette avait pris sa résolution ou plutôt il cédait à ses instincts sauvages.

D'un bond de chat tigre, après avoir renversé la table, il s'élança sur mademoiselle Duclos.

Cette brusque attaque était dans le tempérament de Charette ; en amour il procédait comme en guerre, par ruse, par surprise, par élans, avec perfidie.

Mais mademoiselle Duclos le connaissait et le surveillait, elle avait sur lui cet avantage de se posséder parfaitement ; elle jouait cette scène de séduction avec le même sang-froid qu'au théâtre.

Aussi d'un mouvement souple et rapide, saisit-elle les deux pistolets de Charette, qu'elle avait placés derrière elle, et, les armant en femme qui avait appris depuis la guerre à s'en servir, elle visa le général en pleine poitrine.

— Un pas, Charette, dit-elle, et tu es mort !

Si brave que l'on soit, deux canons de pistolet braqués sur vous sont toujours un calmant pour tous les emportements.

De plus, la beauté imposante de l'attitude, l'air tragique, le masque olympien de cette Vénus outragée, tout contribuait à grandir mademoiselle Duclos, à la hisser sur un piédestal où Charette désespérait de l'atteindre.

Il s'arrêta, chancelant, passa la main sur son front,

puis il releva une chaise renversée et il s'assit ou plutôt il s'affaissa.

— Vous voyez, dit-elle, combien vous êtes déloyal !

Il ne répondit pas.

En ce moment, il était incapable d'associer deux idées; son cerveau en ébullition était bouleversé par une capiteuse ivresse ; il prit sa tête à deux mains, comme pour l'empêcher d'éclater ; il se voila les yeux comme pour échapper à la fascination.

Il parvint à ralentir la sarabande infernale d'images confuses qui dansaient en tourbillonnant devant ses yeux fermés et il reprit possession de sa volonté.

Il entendit un bruit de porte, regarda, ne vit plus la courtisane, mais il l'entendit marcher dans une chambre voisine.

Il essaya d'ouvrir.

Les verrous étaient poussés de l'autre côté.

Il appela; elle se mit à rire.

Il essaya d'enfoncer la porte; elle résista.

En ces temps-là, on ne ménageait ni le fer ni le bois.

— Monsieur de Charette, disait railleusement mademoiselle Duclos, je rédige le petit papier à nouveau. Quand il sera terminé, vous le signerez.

Il frappait avec une rage impuissante contre le chêne avec un lourd fauteuil dont il avait fait un bélier; mais il ne réussit qu'à briser le fauteuil.

Mademoiselle Duclos était dans sa chambre à coucher; Charette l'entendait aller, venir et se moquer de lui.

Il rugissait, s'arc-boutait contre cette porte, écumait, s'abandonnait à une crise de *delirium tremens* qui nouait ses muscles et tordait ses nerfs.

La brute affolée se déchaînait en lui; mais tant d'efforts ne pouvaient se prolonger; l'affaissement subit d'une réaction se produisit.

24.

Il se laissa encore une fois retomber sur une chaise et se mit à râler sourdement, il grondait comme un chat en colère.

Mais la porte qu'il n'avait pu enfoncer s'ouvrit doucement; il en fut surpris et tout à coup calmé ; il était dans sa nature féline d'être curieux, inquiet, prudent; cette porte ouverte lui sembla suspecte.

Il se leva et s'approcha défiant, préoccupé.

Pourquoi donc ouvrir maintenant?

Quelle ruse de femme était-ce là ?

Il s'avança, risqua un regard et se mit à trembler de tous ses membres, saisi par un frissonnement de plaisir et d'admiration.

Près du lit entr'ouvert, invitation à l'amour, mademoiselle Duclos était debout, dans un peignoir diaphane, qui pleurait transparent le long des formes sculpturales de son corps, dont la carnation et les lignes se révélaient sous la gaze ; le voile léger, indiscret, flottant, neigeux, dissimulait à peine les charmes cachés tout juste assez pour provoquer la recherche, monter l'imagination, irriter le regard.

La blancheur des draps, le moelleux de la couche, le mystère de la pénombre, car si les fenêtres étaient ouvertes, les volets étaient à demi fermés et ne laissaient filtrer qu'un jour discret, les parfums savants des courtisanes, ce privilège inexpliqué de certaines femmes, comme de certains vins, de griser les hommes, tout enfin et les crises précédentes habilement amenées et adroitement exploitées, tout était combiné avec une science supérieure pour amener Charette à cet état de passivité où le mâle tombe en puissance de femelle.

Devant lui cette chair demi-nue, cette gorge triomphante qui soulevait l'étoffe légère avec des provocations insolentes, ces hanches que moulaient les retombées du peignoir, ces pieds roses dans des mules de satin et ces yeux, ces yeux de sphynx où il croyait lire l'amour et qui étincelaient de haine.

Aux mains fines et aristocrates, les deux pistolets !

Sur une table, le gant de Lescure et l'ordre à signer…

Il rugit, se débattit, lutta contre lui-même, fut vaincu et mit fébrilement son nom au bas de l'ordre.

Puis de sa voix rauque, étranglée par un spasme :

— Et maintenant, dit-il, à moi, ou je me jette sur toi et je te force à me casser la tête.

Elle avança la main et prit l'ordre et le gant.

Sur la place, on entendit son appel au serviteur qui attendait au bas.

Son bras nu se glissa par la fente des volets demi-clos, sa main s'ouvrit laissant tomber le gant d'abord et le papier ensuite. Puis le volet se referma complètement.

On entendit un rugissement assourdi.

Le tigre se jetait sur la femme et assouvissait sa rage.

Le rire de trois mille hommes, qui attendaient sur la place le résultat de cette lutte, sonna pour la courtisane une éclatante fanfare de triomphe.

Dix minutes à peine s'étaient écoulées que Joly, maugréant, avait été obligé de remettre mademoiselle Meuris à de Fontbonne qui la lui réclamait, l'ordre de Charette d'une main et l'épée de l'autre, avec tous ses hommes en armes derrière lui pour l'appuyer et les Lescure à ses côtés.

La prisonnière fut placée dans un carrosse, seule, car de Lescure ne voulait s'expliquer de rien avec elle.

La compagnie, sauf ses cavaliers éclaireurs, sauta dans les voitures bien attelées que la prévoyance de Fontbonne avait fait préparer, et le long convoi sortit au grand trot, se dirigeant vers Chanteclair.

En galopant à côté de Fontbonne, de Lescure lui demanda :

— De combien de cavaliers dispose M. de Charette?

— Trois mille environ ! dit le capitaine. Pourquoi cette question ? Êtes-vous inquiet ?

— Trois mille, c'est beaucoup. Ces voitures sont lourdes ! Nous ne soutiendrons pas longtemps cette allure. Et je crois que M. de Charette, avant une demi-heure, va se repentir et se lancer à notre poursuite.

Fontbonne sourit.

— Vous ne connaissez pas, dit-il, ni l'homme, ni la femme ! Si les Bleus attaquaient Machecoul, leur canon ne saurait arracher M. de Charette aux ongles roses qui le tiennent !

— Le voilà pour quarante-huit heures Samson rasé et impuissant aux pieds de Dalila ! fit de Montbrun joyeusement.

— Monsieur, dites que M. de Charette est conquis pour toujours ! assura de Fontbonne.

— Lui, fidèle !

— Fidèle, c'est beaucoup dire ! Mais il ne rompra jamais complètement le charme.

— Ce sera drôle de voir cet Hercule aux pieds d'Omphale ! dit en riant M. de Valpierre.

— Cette femme, demanda naïvement de Lescure, possède donc un filtre, comme autrefois certaines créatures endiablées ?

— Monsieur, dit Fontbonne, vous voyez, là, dans ces voitures des centaines de soldats, tous vieux routiers auxquels il est difficile, je vous assure, de faire avaler des couleurs et qui ne prennent pas volontiers les vessies pour des lanternes. Eh bien, moi compris, tous en masse ou en particulier, demandez-nous la dernière goutte de notre sang pour mademoiselle Duclos et nous ferons joyeusement le sacrifice de notre vie.

— Une sirène ! dit Valpierre.

— Une fée ! fit Montbrun.

— En tous cas, messieurs, une alliée précieuse et l'instrument de Dieu! dit gravement de Lescure qui, de la meilleure foi du monde, accommodait la Providence à toutes les sauces.

On courut l'espace de trois lieues, c'est-à-dire pendant une heure ; puis de Fontbonne fit prendre le pas au convoi : on arriva le plus tranquillement du monde en vue de Chanteclair.

En apercevant les tours, M. de Lescure dit à de Montbrun :

— Et maintenant, Dieu me soit en aide ici comme à Machecoul.

— Ah! monsieur, dit gaiement de Montbrun, comptons plutôt sur le diable, puisque nous avons les femmes pour nous.

Et il s'éloigna pour ne pas entendre la mercuriale de son parent qui n'admettait pas ces plaisanteries sur les choses saintes.

CHAPITRE XXXI

L'HONNEUR

Roquebrune savait par Leroux, son gardien, tout ce qui s'était passé; il savait aussi ce que M. de Lescure était allé faire au camp de Charette.

Il gardait, du reste, fort peu d'espoir dans la réussite du projet de son frère, quand le cor résonnant, les cloches sonnant, les Vendéens criant sous bois, annoncèrent le retour de M. de Lescure.

Leroux qui avait la responsabilité de la garde du prisonnier, mais qui s'était pris d'amitié pour lui, le conduisit sur la tour et lui faisant donner la longue-vue de La Chaloupe, il lui demanda, lorgnant lui aussi de ce côté:

— La voyez-vous comme moi? Elle est dans le carrosse!

— Oui! dit de Roquebrune.

— Vous dites cela tristement. La voilà sauvée pourtant!

— Je ne vois pas son salut plus assuré que le mien, dit de Roquebrune.

— Monsieur, ne vous figurez pas que M. de Lescure soit allé chercher mademoiselle Meuris pour l'emmurer; votre frère est trop honnête pour ça.

— Vous ne le connaissez pas! Il est noble, généreux,

chevaleresque, mais dévot! Les prêtres auront toujours raison de lui.

— Canailles de calotins! murmura Leroux entre ses dents.

De Roquebrune regarda la Parisien avec étonnement.

— Vous n'êtes donc pas pour les prêtres? demanda-t-il à voix basse.

— Au fond, je suis pourqu'on leur coupe le cou! dit Leroux. Un Parisien est de naissance ennemi des robes noires.

— Alors vous servez par amour du Roy?

— Encore un dont je me bats le blanc de l'œil pour faire une omelette soufflée!

Depuis qu'il avait causé avec son gardien, de Roquebrune avait été vingt fois surpris par son originalité; les expressions d'argot, les métaphores étranges, le ton insouciant, joyeux, goguenard de ce faubourien, tout cet ensemble de traits qui constituent l'aventurier parisien, avait frappé le Bâtard.

Leroux l'étonnait prodigieusement.

Lorsque celui-ci lui avait raconté l'histoire de l'*in-pace*, de Roquebrune avait cru comprendre que le Parisien avait eu des idées de convoitise; trouvant scandaleux qu'il lui fît, à lui fiancé, des confidences à ce sujet, il l'avait prié de glisser là-dessus.

Mais Leroux, s'emportant, avait juré, par tous les tonnerres de Dieu, que c'était l'insulter de le supposer capable d'embêter une pauvre petite gosseline de seize ans, emmurée et dans un état à faire pitié.

— Vous me prenez donc pour un Charette? s'était-il écrié avec indignation.

Puis, plein de bonhomie, il avait dit :

— D'abord elle est trop délicate pour moi, quoique *gironde*. Je l'aime certainement, parbleu! mais comme une petite sœur! Et puis je l'estime parce qu'elle est crâne ! mais pour ce qui serait de me sentir passionné pour elle, franchement non ! Ça n'est pas mon genre ! Elle manque de piment, votre infante !

De Roquebrune lisait trop de sincérité dans l'œil du capitaine, pour douter de lui.

Il lui tendit la main et le remercia.

C'est depuis ce moment qu'ils s'étaient sentis de la sympathie l'un pour l'autre.

Mais ce que ne s'expliquait pas bien de Roquebrune, c'est que l'aventurier, sans croyances religieuses, sans principes monarchiques, fût devenu un des plus redoutables chefs de bande des armées vendéennes.

— Pourquoi donc êtes-vous chez les Blancs, si vous pensez comme les Bleus ? demanda de Roquebrune.

— Parce que j'ai mauvaise tête ! dit en riant le Parisien. Matelot j'ai déserté ! Il faut vivre ! J'ai recruté une troupe de lascars à poils et je me suis mis du côté où je n'avais pas à craindre le peloton d'exécution qui fusille les déserteurs.

Regardant de Roquebrune :

— F...ichu métier, en somme, que je fais là ! Quand on pense que je vous attendais ici pour vous prendre au piège ! Mais ce sont d'autres qui vous ont mis la main dessus. Malgré ce que j'y perds, vingt mille francs ! j'aime autant ne pas vous avoir tué dans mon embuscade...

L'entrée de M. de Lescure dans le château rompit cette conversation.

— Voici votre frère, dit Leroux, allons au-devant de lui !

— Non ! dit froidement de Roquebrune. Nous attendrons qu'il me demande.

— Mais il amène votre fiancée !

— Je ne veux pas la voir.

— Vrai, je n'y comprends rien ! dit Leroux.

Et comme le Bâtard, en proie à une émotion intérieure,

livrait en lui-même un combat dont son visage crispé révélait la violence, Leroux se tut par discrétion.

Il se passa un temps assez long en allées et venues, lorsque, enfin, Leroux fut prié d'amener son prisonnier à M. de Lescure qui attendait son frère dans la salle d'armes du château. Leroux, après avoir salué le général, se retira.

— Que diable vont-ils se dire? pensa-t-il étonné de leur gravité à tous deux.

Depuis que M. de Lescure l'avait amené à Chanteclair, de Roquebrune avait deviné le plan formé par son frère.

Il avait compris que son aîné voulait obtenir de lui toutes concessions par mademoiselle Meuris, et, de celle-ci, toutes concessions par lui.

De Roquebrune, décidé à refuser, s'effrayait pourtant de la lutte à soutenir.

Sûr de lui-même, il l'était; mais quand il songeait à sa fiancée, il se disait qu'il aurait à se reprocher d'avoir causé les malheurs de la jeune fille, si les conséquences de son obstination devenaient aussi graves qu'elles s'annonçaient menaçantes.

Fort cependant de sa résolution, ferme comme un roc, quant à lui-même, certain de ne pas faiblir, de Roquebrune se présentait en homme qui a pour lui le témoignage de sa conscience.

Mais il n'en redoutait pas moins un pénible débat, si M. de Lescure, comme c'était probable, mettait mademoiselle Meuris en jeu.

Il salua son frère respectueusement et comme aîné et comme général; puis il attendit.

— Monsieur, lui dit de Lescure, je viens d'arracher heureusement aux mains de M. de Charette mademoiselle Meuris, que je ramène ici, la vie et l'honneur saufs. Quoi qu'il m'en coûte, à de certaines conditions, je consentirai à votre mariage. Vous plaît-il d'en parler?

— Dites ces conditions, monsieur, je vous prie ! demanda le Bâtard.

— Oh ! dit de Lescure, rien que de très simple, très juste et très facile. Vous quitterez, bien entendu, le service de la République, vous reprendrez le service du Roy ; vous battrez de nouveau l'ennemi avec votre valeur et votre habileté accoutumées, vos victoires effaceront vos fautes, comme celles du grand Condé ont effacé les siennes ; quand nous aurons rétabli Sa Majesté, vous serez lieutenant général et assez haut placé pour que l'on oublie que votre femme est la fille d'un Jacobin. Vous le voyez, monsieur, je vous ouvre toute grande la porte qui vous permet de rentrer dans la voie de l'honneur.

— De l'honneur, oui, dit le Bâtard, vous auriez raison, si je n'étais passé aux républicains que par un dépit amoureux. Malheureusement, monsieur, je croirais trahir ma patrie et déserter la grande cause de l'humanité en reprenant mon commandement dans votre armée !

— Des mots ! fit de Lescure avec mauvaise humeur. Toujours des grands mots qui ne riment à rien !

Et familièrement :

— Voyons, Roquebrune, voyons, mon enfant, tu ne vas pas me dire que tu es sérieusement devenu républicain et athée.

— Athée, pas encore ; assurément point catholique ; républicain certainement, car la République combat l'étranger.

Avec véhémence :

— Laissez-moi vous parler à cœur ouvert ! Laissez-moi tout vous dire. Vous êtes dévot, la voix publique vous proclame un saint, vous êtes un honnête homme, tous en témoignent ; vous vous croyez dans le bon chemin et vous y restez. Souffrez que je vous imite. Vous devez admettre que, m'offrant la main de mademoiselle Meuris, vous supprimez le motif personnel qui m'a jeté hors de votre cause. Donc, si je demeure républicain, c'est par conviction.

— Par égarement! fit de Lescure.

— Soit. Je me trompe. C'est possible. Il y a évidemment l'un de nous dans l'erreur. Vous croyez que c'est moi; je dis que c'est vous. Mais, comme vous, je suis de bonne foi.

— Impossible !

— Ah! monsieur, je vous le jure et je n'ai jamais menti.

— Soit! Ne t'irrite pas! Il y a déjà trop de colère entre nous. Tu conclus...

— Je conclus que si je revenais à vous, ayant les fermes convictions que j'ai, loin de rentrer dans l'honneur, comme vous le disiez, j'en sortirais.

— Convictions d'hier passeront demain! Crois-tu donc possible que la France oublie mille années de monarchie? Qu'est-ce que ton engouement d'un jour pour la Révolution, quand tu as derrière toi, dans ta famille, dix siècles de loyauté au service de nos rois?

— J'ai pensé comme vous, monsieur, tant que j'ai regardé le passé; un choc violent m'a forcé de regarder dans l'avenir et j'ai reçu l'éblouissement d'une telle lumière que ma conversion s'est faite. Se convertir, c'est se retourner. J'avais les yeux fixés sur l'ombre des âges éteints; je marchais comme vous, contre le courant irrésistible; je croyais avancer, remonter, mais la force impétueuse m'emportait comme elle vous emportera tous. Seulement, un remous m'a déplacé, et le dos au flot, face au but, j'ai vu dans quel sens coulait le fleuve, vers quel océan ses eaux nous poussaient. Monsieur, c'est fini. Pour rien au monde je ne commettrai ce sacrilège de chercher à barrer le cours d'un grand courant humain. Je puis sombrer, je sombrerai bientôt; mais j'emporterai mon estime et la vôtre.

— Fou ! Tu es fou ! Mais heureusement tu es amoureux ! dit M. de Lescure.

Et, ouvrant une porte de communication, il appela mademoiselle Meuris.

De Roquebrune pâlit et se sentit un mouvement de colère et de haine contre son frère.

Non seulement il y avait débat à propos de mademoiselle Meuris, mais il faudrait que, devant elle, lui Roquebrune, désertât et refusât de la sauver.

Le procédé de Lescure était de ceux qu'emploient les prêtres diplomates ; la manœuvre était jésuitique.

C'est que, lors même qu'un homme est né avec des instincts de franchise et de loyauté, s'il reçoit l'éducation cléricale, il se modifie tout au moins à la surface.

Il pourra rester au fond un honnête homme, ayant de droites intentions; mais il trouvera des combinaisons tortueuses, même pour le bien ou ce qu'il croit tel, et il préférera les moyens machiavéliques à tous autres.

De Lescure avait donc imaginé cette entrevue pour peser sur la volonté de son frère; et ce plan portait l'empreinte de ce génie qui caractérise les intrigues des dévots.

Comment résister ?

Quelle force plus puissante que l'amour !

Quel dissolvant plus actif de la résistance que la pitié pour ceux que l'on aime !

M. de Lescure voulait âprement, à tout prix, avec la ferveur d'un fanatique, le retour de son frère à Dieu et au Roi; pour l'obtenir, il essayait sur les deux jeunes gens d'une forte poussée du cœur.

Et, raffinement de calcul, habileté de mise en scène, Lescure avait voulu que la supérieure accompagnât la jeune fille.

La « Sainte » semblait n'être là que pour rappeler

l'*in-pace* dans lequel on emmurait si facilement celles qui résistaient.

La supérieure, en entrant, ne put s'empêcher de jeter un regard sournois sur le Bâtard, sur celui qu'elle appelait son beau soldat !

Mais comme mademoiselle Meuris regardait de Roquebrune avec cette loyale assurance des filles pures qui aiment loyalement, la « Sainte » se trouva choquée.

— Fi donc ! mademoiselle, dit-elle à voix basse. N'avez-vous pas honte de lever ainsi les yeux sur un jeune homme !

De Lescure entendant ce reproche, le trouva ridicule.

Il offrit la main à la jeune fille avec la courtoise élégance d'alors et il lui dit :

— Venez ! Venez, mademoiselle, plaider votre cause vous-même.

Et sur ce ton de galanterie qui distinguait la noblesse de ce temps, il reprit en lui faisant faire quelques pas dans la chambre :

— Croiriez-vous que voilà M. de Roquebrune qui ne veut plus vous épouser à présent ?

La « Sainte » avait d'abord paru suffoquée par l'idée de ce mariage. Mais elle avait compris que de Roquebrune le refusait, et, dans un élan de franchise qui déplut fort à de Lescure, elle s'écria :

— Ah ! il n'en veut plus ! C'est d'un bon gentilhomme ! et je ne comprends pas, général, que vous, de Lescure, vous soyez devenu partisan de cette mésalliance.

La situation se compliquait d'un élément imprévu par suite de cette intervention de la supérieure.

Depuis que la « Sainte » avait jeté mademoiselle Meuris dans un *in-pace*, de Lescure se défiait du bon sens de de cette fanatique.

Il avait peu d'estime pour l'intelligence des Koët-Kergouët, et il s'était toujours étonné que cette famille eût produit une ascète comme la supérieure.

On ne pouvait douter de sa vertu et de son austérité, il douta que son esprit fût sain et il lui dit assez durement, car il n'avait pas à se gêner avec elle :

— Madame la supérieure, vous ne connaissez rien aux choses du monde ; à celles de la politique encore moins. Tout ceci ne vous regarde pas. Je vous prie, ne vous en mêlez point.

Et d'un ton net, brusquant les choses, il dit à la jeune fille :

— Mademoiselle, nous avons tous quelque chose à sacrifier ; moi, mon orgueil de gentilhomme ; mon frère, ses erreurs révolutionnaires ; vous, votre religion ! Embrassez-vous ! Je vais vous marier sur-le-champ ! Puis nous retournerons à l'armée pour reprendre Chatillon à Westermann.

Dans les luttes morales, les femmes ont plus d'initiative et de courage que les hommes ; le sentiment les pousse ; elles vont sans raisonner.

Mademoiselle Meuris tomba sur ses deux genoux, prit les deux mains de Roquebrune, les couvrit de baisers et murmura d'une voix entrecoupée par des sanglots convulsifs :

— Je ne peux pas ! Je ne peux pas ! Armand, pardonnez-moi !

De Roquebrune la releva, la soutint et dit fièrement à de Lescure :

— Vous voyez, monsieur, que ma fiancée comprend l'honneur comme moi ! Plutôt la mort, plutôt mille morts que de faillir !

La Sainte était là !

Ce spectacle l'exalta et provoqua une crise d'hystérie religieuse.

— Les malheureux ! s'écria-t-elle. Il sont maudits ! maudits ! maudits !

Son admiration, disons le mot, sa passion pour de Roquebrune se mêlait étrangement à l'amour de Dieu et ces deux sentiments s'entre-choquaient dans ses exclamations comme dans ses pensées.

Elle continua :

— Elle ne veut pas de lui ! Un Lescure ! Un si beau soldat ! Elle préfère rester avec le diable qui la tient dans l'hérésie et dans l'impénitence finale ! Tu mourras au fond de l'*in-pace*, misérable fille ! Tu verras ce que deux mois de jeûne feront de ta chair et ce que les rats feront de ta beauté. Tu seras laide comme moi ; tu souffriras l'enfer dans ton cœur ; mais tu ne seras pas sauvée comme moi et tu seras éternellement damnée.

Puis son délire grandissant toujours, elle ne put comprimer certains cris qui permirent à de Lescure lui-même de comprendre que cette sainte était folle, et qui, plus est, folle du Bâtard.

— Tu es une misérable égoïste, s'écriait-elle en montrant le poing à mademoiselle Meuris. Comment tu préfères ton exécrable religion au bonheur d'être sa femme ! Mais, je me donnerais au démon pour assurer le salut de mon héros. Ce que j'ai prié pour lui...

La main lourde de Lescure s'abattit sur l'épaule de la supérieure.

Le froid regard du général, son air hautain et dédaigneux, la dureté de la physionomie transformée par le mépris, le contact qui agit si énergiquement sur la femme par le magnétisme et surtout les paroles sévères du général produisirent l'effet d'une douche sur la « Sainte ».

— Marie de Koët-Kergouët, dit M. de Lescure, vous paraissez vous occuper beaucoup trop d'un Lescure qui n'a jamais été fait pour vous ! Fi donc ! Votre confesseur n'aura pas besoin de grandes lumières pour démêler les motifs de l'empressement avec lequel vous avez jeté cette demoiselle dans l'*in-pace*. J'y vois clair, moi. Prenez garde, après avoir été Marie la Sainte, de devenir Marie la Gaillarde comme votre grand'tante, abbesse de Saint-Guillaume.

Foudroyée par cette mercuriale, la supérieure qui était sincère et qui s'était souvent avoué son faible pour de Roquebrune, s'humilia profondément et s'en alla en gémissant.

On l'entendit marmotter :

— Fatale passion ! Pourquoi le Seigneur me torture-t-il ainsi ? J'arracherai mon cœur...

Puis des litanies, des pleurs, des plaintes incohérentes; puis retentirent des coups sourds comme ceux que frappe un boucher de village sur une vache abattue, dont il a ballonné la peau avec un soufflet.

A chaque coup, un cri !

De Lescure ouvrit la porte et regarda dans la chambre voisine où se passait la chose : la « Sainte » avait détaché de sa ceinture sa discipline et se cinglait les côtes avec fureur.

— Eh, madame la supérieure, dit-il avec une pointe de raillerie en arrêtant le bras de la « Sainte », vous oubliez que l'*Imitation de Jésus-Christ* nous recommande de faire pénitence sans ostentation ! Si vous voulez vous fustiger ainsi, pour que votre pénitence soit agréable au Seigneur, il faut vous enfermer dans votre cellule.

— J'avais péché devant lui, dit la Koët-Kergouët avec une ferveur sauvage, j'ai voulu me châtier près de lui !

— Trop près, ma sœur, trop près ! dit de Lescure. Éloignez-vous de lui, c'est vous éloigner du diable !

Et il la mit doucement, mais impitoyablement sur le chemin de sa cellule.

Lorsque M. de Lescure rentra après cette exécution, il

surprit les deux jeunes gens échangeant tendrement un baiser.

C'était un saint, mais c'était un homme; il sentit son cœur se fondre à ce chaud soleil d'un amour jeune que les larmes de mademoiselle Meuris, loin d'éteindre, avivaient au contraire comme l'eau jetée sur un foyer de forge.

Le gentilhomme lutta encore, mais le frère prit le dessus.

— Roquebrune, dit-il, je ne puis me décider, en ce moment du moins, à faire célébrer, dans Chanteclair, un mariage mixte, pour lequel je n'ai ni dispenses du pape, ni licence du Roy. Je ne trouverais pas un prêtre pour vous bénir dans ces conditions.

— Et moi, dit de Roquebrune, je ne saurais non plus me marier illégalement. Le maire de Nantes, Baco, a pouvoir pour faire ce mariage de mademoiselle Meuris.

— Eh bien, puisque tes scrupules s'accordent avec les miens, reprit M. de Lescure, nous allons arrêter un *modus vivendi* et nous faire des concessions mutuelles. Tu refuses de servir le Roy; soit! Mais tu vas me jurer de ne pas servir contre lui et de ne point chercher à t'enfuir d'ici. Tu as pour prison la forêt!

— Et Rose? demanda de Roquebrune en montrant sa fiancée.

— Mademoiselle demeurera ici et sera sous la garde de tel officier de nos amis que tu choisiras toi-même. Veux-tu Montbrun? Veux-tu Vert-Pré? Veux-tu Salgrave?

— Je choisirai tout à l'heure! dit Roquebrune, si nous nous entendons.

Il n'osait pas encore se livrer à l'espérance et il voulut préciser:

— Je puis, en conscience, étant prisonnier, me lier par la promesse de ne pas chercher à m'évader. Mais si les républicains prenaient Chanteclair...

— Tu seras dégagé, parbleu !

— Et mon serment ne me lie qu'à vous ?

— Rien qu'à moi !

— Rose ne sera pas tourmentée pour sa religion ?

— Je lui accorde l'édit de Nantes ! dit de Lescure, que ce dévoûment amical rendait tout heureux. Liberté de louer Dieu en français, mais chez elle, à huis clos.

— Et la supérieure ?

— Mon cher, tu la ménageras ! C'est une pauvre folle ! Elle est sainte, mais ignorante et dévorée, je le vois, par de terribles tentations. Cette pauvre femme bataille avec le tempérament bouillant des Koët-Kergouët. Si tu avais vu marcher la discipline...

— Je l'ai entendue... dit de Roquebrune. Ça me suffit.

— L'officier que tu désigneras, dit Lescure, aura tout pouvoir de commandement de place ici. D'Elbée, qui sera nommé général en chef, lui expédiera ses ordres en bonne forme avec contrôle du comité.

— Eh bien, dit Roquebrune par une inspiration subite, je choisis le capitaine Leroux.

— Comment ! Cet aventurier ! fit de Lescure.

— Il a sauvé Rose dans la chapelle ardente, dit Roquebrune. Il a voulu la protéger dans l'*in-pace*. Il a de l'amitié pour elle et pour moi !

— C'est bien réfléchi ?

— Oui. Tout autre pourrait être influencé par un Charette ou un Bernier ! J'ai confiance en Leroux, s'il a plein pouvoir.

— Il l'aura...

Puis d'un ton pénétré :

— Roquebrune, tout n'est pas perdu pour ton avenir. J'obtiendrai du roi, quand il sera rétabli, l'oubli d'une faute à laquelle je t'ai poussé. Si Sa Majesté remonte sur le trône de France, je suppose qu'en cas de guerre étrangère tu ne répugnerais pas à prendre du service.

Le sentiment patriotique primait tout dans l'âme de Roquebrune.

Il hésita pourtant.

Mais l'amour du pays l'emporta.

— Je servirai mon pays sous n'importe quel drapeau, dit le Bâtard.

— Eh bien, je t'achèterai un régiment et tu feras ton chemin.

Puis ouvrant ses bras :

— Allons, mes enfants embrassons-nous! Dieu vous éclairera peut-être. En tout cas, il ne veut pas la mort du pécheur!

Et il laissa couler une larme sur ses joues en sentant l'étreinte du Bâtard qui le serra tendrement sur son cœur.

Pauvre M. de Lescure!

Il méritait mieux que de mourir assassiné quelques jours plus tard.

Dans l'histoire, il est un des rares chefs de faction catholique, dont la dévotion n'ait pas désséché le cœur.

CHAPITRE XXXII

SEIGNEURS ET VASSAUX

Nous aurions peine à nous figurer ce qu'était le paysan français avant 89, si de nombreux travaux historiques n'avaient mis en lumière l'état social des campagnes à cette époque.

La ville était à peu près émancipée ; une forte bourgeoisie s'était organisée avec corporations, maîtrises, jurandes, syndics, échevins ; il y avait alliance entre elle, la magistrature et une partie du clergé ; cette bourgeoisie ne se laissait plus molester par la noblesse ; les rois s'étaient appuyés sur elle contre les grands vassaux trop puissants ; ils lui avaient accordé des privilèges et ils avaient pris dans ses rangs leurs ministres et leurs agents civils.

Cette même bourgeoisie enlaçait la plèbe ouvrière dans les liens du règlement des métiers ; le travailleur était à la merci du patron ; mais, s'il en dépendait pour le pair, il faut reconnaître qu'il formait corps avec lui, qu'il était un élément subalterne, mais adhérent de la bourgoisie et que celle-ci protégeait les compagnons contre les exactions et l'arbitraire.

On peut dire que, dans une certaine mesure, les villes avaient conquis sinon la liberté, du moins l'organisation.

Aussi la bourgeoisie n'entendait-elle pas la révolution comme la logique des événements l'imposait; la bourgeoisie voulait seulement des réformes à son profit; c'est-à-dire une monarchie constitutionnelle, une Chambre des communes comme en Angleterre, l'abolition des privilèges nobiliaires, l'accession à tous les emplois civils et militaires, enfin, toute satisfaction pour elle, bourgeoisie!

Et quand elle aurait dominé le roi par la question d'argent, puisqu'elle aurait voté les impôts; quand elle aurait réduit la noblesse à la vaine ostentation du titre; quand elle aurait obtenu tout ce qui la rendrait la caste la plus forte, la plus riche, la plus puissante, elle comptait se retourner contre le flot montant de la démocratie et lui dire : *Tu n'iras pas plus loin.*

Les Mirabeau, les Lafayette, tous les Girondins pensaient ainsi.

C'est pourquoi Mirabeau mourut trop tard pour sa popularité; pourquoi Lafayette fut forcé d'émigrer; pourquoi les Girondins moururent sur l'échafaud.

Le parti bourgeois ne comprit pas que l'ouvrier, le prolétaire, le misérable ne pouvait se contenter d'une révolution politique, aboutissant à satisfaire les énormes vanités de la bourgeoisie; ce que la plèbe voulait, c'était une vraie révolution sociale.

Comme toujours, le travailleur des villes, après un triomphe éphémère, aurait été écrasé sous la légalité, par les représentants réactionnaires des campagnes; mais il se trouva que le paysan, cette foi, fut d'accord avec le prolétaire des villes.

Ce payan, encore serf, très serf, serf à un degré qui étonne aujourd'hui, ce malheureux Jacques Bonhomme qui supportait l'écrasant fardeau de toutes les oppressions, se souleva avec un ensemble admirable, voulut prendre la terre aux nobles et aux couvents, voulut secouer le joug du seigneur et du prêtre; il s'associa au grand mouvement populaire qui affirma à jamais la liberté pour tous, l'égalité pour tous et le droit à la terre pour le cultivateur.

Il y eut des temps où la réaction parut triomphante ; mais toujours avec une admirable constance la démocratie défendit ses principes et les fit triompher.

Si l'on veut comprendre ce qu'il y eut de beau dans le soulèvement des campagnes, et il faut se figurer ce que c'était alors qu'un village par rapport au château, un vassal par rapport au seigneur.

Le seigneur était tout, pouvait tout, osait tout.

Il faisait rendre la justice par le bailli ; il n'avait qu'une loi, son caprice ; pourvu qu'il ne contrariât point les gens du Roy récoltant l'impôt, il pouvait se permettre des énormités.

Cravacher un manant n'était pas si grave que fouetter un chien.

Le braconnage était puni de mort par le coup de fusil du garde, si le garde voulait tirer ; par le bagne, s'il n'avait pu ou voulu tuer le délinquant.

Un mari osant se plaindre de ce que son seigneur avait trouvé sa femme plaisante, aurait provoqué le rire.

Le villageois, en réalité, n'avait rien à lui, pas même lui.

Il donnait au Roy et au prêtre et il acquittait les redevances au seigneur ; il devait toujours, le malheureux ! et on pouvait dès lors le réquisitionner pour la corvée autant que bon semblait à l'un ou l'autre de ses trois maîtres.

Le roi, le prêtre et le noble s'entendaient pour maintenir ce serf dans l'ignorance, dans la superstition et dans la crainte ; les paysans tremblaient toujours ; ils avaient peur de l'enfer, de la prison de la maréchaussée, du soldat, du laquais de son seigneur et même de son chien.

Quand l'heure de l'émancipation sonna en 89, à cette

horloge de l'hôtel de ville de Paris qui a donné le signal de toutes les révolutions, le paysan se leva et il courut aux nobles, aux prêtres, au château.

C'était une sorte de jacquerie.

Ce fut la garde nationale bourgeoise qui empêcha le massacre en masse et à fond; le paysan voulait tuer les nobles.

S'il l'eût fait, il n'y aurait pas eu d'émigration, point de guillotine, point de guerre civile, comme celle de la Vendée.

C'en était fini d'un coup.

Une race d'oppresseurs aurait disparu.

Je ne juge pas, j'expose.

Je n'approuve pas, j'explique.

Toujours est-il que l'immense majorité des paysans français appuya le mouvement de Paris et le dépassa.

Mais sur certains points du territoire, le serf aveugle, ignorant, ayant l'instinct de l'esclave, combattit avec son seigneur et son curé contre la révolution.

Il est des peuples voués à la servitude, incapables de supporter l'éclat de la lumière et de combiner un effort.

Les Bretons et les Vendéens sont certainement, par le crâne, tout autres que les autres Français; il y a là une fatalité d'origine.

Après cent ans, c'est encore dans ces provinces que l'on retrouve la résistance acharnée au progrès.

Il y a des races inférieures et passives.

C'est ainsi que s'explique ce phénomène étrange de la fidélité du Vendéen à son seigneur; fidélité inconcevable, car nulle part le joug n'était plus dur qu'en ces régions.

Et, là, le vassal était si bien à son maître qu'il lui appartenait plus qu'au Roy, plus qu'au prêtre.

Cet inébranlable dévoûment s'affirma d'une manière éclatante à Chanteclair.

M. de Lescure, je l'ai dit, avait eu jusqu'alors toute la

confiance du parti prêtre qui dominait dans le Comité.

Chanteclair étant un des points les plus importants à conserver, le Comité avait tenu à s'assurer le château.

Dans ce but, on y avait mis, comme garnison, les vassaux de Lescure, choisis dans les paroisses tenant à cette famille, relevant d'elle ou de ses alliés.

Cette circonstance était fort heureuse pour la sécurité de Roquebrune que les paysans aimaient, malgré tout, comme fils du seigneur mort et frère du vivant.

M. de Lescure ordonna à ses Angevins de prendre les armes et de se ranger par paroisses, en bataille, dans la cour du château.

Leroux prit la droite des Vendéens avec sa troupe.

M. de Lescure appela chaque chef de famille et chaque officier près de lui et il interpella chacun d'eux, demandant à chacun :

— Suis-je ton seigneur ?

— Oui ! répondait le paysan.

— Me dois-tu foi, hommage, obéissance et fidélité ?

— Oui.

— Réponds-tu des tiens ?

— Oui.

Après cette affirmation individuelle de dévouement reçue de chacun, Lescure dit à ses paysans :

— Vous êtes miens, comme je suis vôtre. Je vous défendrais même contre le Roy qui est mon seigneur, comme je suis le vôtre ; mais j'ai droit sur vous avant lui.

C'était la vraie, la pure doctrine féodale et de Lescure y croyait fermement.

Il reprit :

— Je vous confie Chanteclair, ne le rendez à personne qu'à moi ! Je vous confie, mon frère, prisonnier. Il a commis une faute. A moi de le juger et de le punir ! Je suis son chef de famille ! Si le Roy était sur son trône, le Roy déciderait! Mais Sa Majesté n'est pas en France. Seul j'ai des droits sur mon frère! Si quelqu'un, fût-il évêque, fût-il prince, fût-il pape, vous demande le prisonnier, refusez-le et défendez-le! En même temps, je veux que vous gardiez, défendiez, protégiez mademoiselle Meuris, envers et contre tous. Elle est hérétique, mais, un jour, Dieu l'éclairera et elle se convertira de bonne volonté. La violence est mauvaise.

Puis montrant Leroux :

— Voilà votre chef, en mon absence! Il me représente! Ce qu'il commandera, faites-le!

Puis levant son épée :

— Le jurez-vous?

Un cri général d'assentiment retentit, suivi d'acclamations.

De Lescure put quitter Chanteclair en toute sécurité.

Le serment de ses vassaux était inviolable.

En quittant Chanteclair, de Lescure se dirigea sur Mortagne.

C'est sur cette position que s'était replié le gros des troupes vendéennes ; c'est là que devait se décider le choix d'un général en chef.

Dans une halte que M. de Lescure fit, avant d'arriver, il trouva mademoiselle Duclos installée dans un village, avec une faible escorte.

De Lescure était un saint homme, mais un galant homme, de plus un grand seigneur ; il n'avait pas ce bégueulisme du bourgeois cagot qui regarde une actrice de mœurs libres comme une femme à fuir.

Les mœurs de la cour étaient tolérantes pour les grandes courtisanes.

Du reste, mademoiselle Duclos avait rendu un trop signalé service à de Lescure pour qu'il ne lui en fût point reconnaissant ; il s'empressa donc de lui rendre visite.

Elle le reçut en tête-à-tête.

— Ah ! général, lui dit-elle au premier mot de remerciement discret qu'il lui adressa, parlons franc et appelons les choses par leur nom, s'il vous plaît. Je me suis donnée à M. de Charette pour sauver mademoiselle Meuris. Beau mérite en vérité ! Est-ce que cela compte ? Une fille comme moi ! J'ai sauvé cette pauvre petite des griffes du tigre, mais ça ne vaut pas un compliment bien tourné d'un gentilhomme comme vous ! D'honneur ! vous vous mettez en frais de gracieuseté pour trop peu.

Puis le regardant en face :

— Causons un peu de ce qui m'amène à Mortagne, voulez-vous ?

— Volontiers, mademoiselle ! Vous y venez pour...

— Pour vous prévenir, pour que vous preniez garde à ce que vous allez faire, pour que vous appreniez à connaître vos amis et vos ennemis.

— Mademoiselle, je vous écoute.

— Savez-vous bien ce que vous devez penser de l'abbé Bernier ?

— Hum ! hum ! fit M. de Lescure assez embarrassé pour dire haut sa colère et ses soupçons.

— Bon ! fit-elle. Vous n'osez pas parler. Je vais être franche, moi !

Elle le regarda en riant, et dit :

— D'abord, l'abbé est un paillard ! Il est venu se rouler à mes pieds ! Chassé, il a voulu me susciter des ennemis. De là, ma fugue près de Charette.

— J'ignorais cela.

Elle reprit :

— De plus, ce paillard est un ambitieux, un brouillon, un vaniteux, un de ces mauvais prêtres qui se servent souvent de la religion comme d'un moyen pour arriver.

— Arriver à quoi ?

— Au cardinalat, tout simplement.

— Lui !

— Croyez-vous donc, honnête homme que vous êtes, que ce curé sans foi ni loi, sans honneur, travaille *gratis pro Deo?*

Elle prit dans un sac de voyage un petit portefeuille et en tira une lettre.

— Tenez ! fit-elle. Lisez et soyez édifié ! Vous verrez que l'abbé Bernier déclare au secrétaire du pape qu'il tient en ses mains l'armée vendéenne, vous compris, vous qu'il traite assez durement de niais, d'homme sans initiative ; l'abbé affirme que, maître de la situation, il sera en mesure de dicter au Roy des conditions pour bientôt remonter sur son trône. Ces conditions seraient l'abolition des libertés de l'Église gallicane et la soumission aux ordres du Saint-Siège pour toutes choses d'ordre ecclésiastique ; bref l'abandon de la politique de saint Louis et de Louis XIV. Mais l'abbé exige qu'on lui garantisse d'ores et déjà, avec de bonnes sûretés, le chapeau de cardinal.

M. de Lescure, bon catholique, mais gallican comme tout bon gentilhomme, se montra outré de voir l'intérêt de l'État sacrifié à ce point.

— Ce n'est pas tout, reprit mademoiselle Duclos. Voici une seconde lettre où l'abbé Bernier annonce que, Cathelineau mort, il va opposer les unes aux autres les candidatures au commandement en chef, pour les faire échouer toutes, afin que le comité qu'il a institué reste seul maître de la direction. De telle façon que lui, simple prêtre qui fait marcher ce comité à sa guise, ait la haute main sur tout. Notez qu'il ajoute que, sûr de vous, il pèsera sur tous les généraux en profitant de votre popularité qui est immense, quoique vous soyez dénué de tout talent militaire et de toute sagacité politique.

De Lescure fut révolté.

C'était un homme modeste, mais sincère et plein du sentiment de sa dignité.

— Ventrebleu! s'écria-t-il, le curé sentira le poids de ma canne sur ses épaules.

— Pas d'imprudence, général, dit la Duclos; il faut se garder d'un scandale, jusqu'au moment, du moins, où vous aurez réduit l'abbé à l'impuissance. Ce qu'il veut, c'est annihiler la noblesse au profit du clergé! C'est commander les armées! C'est humilier vos casaques d'officiers devant sa robe de prêtre! Eh bien, déjouez ses menées. Nommez un général en chef.

— Votre Charette? Impossible!

— Je le sais!

— Ah! vous en convenez! Je supposais que vous veniez me demander ma voix pour lui.

Mademoiselle Duclos sourit :

— Général, dit-elle, vous êtes homme d'honneur; je puis me fier à vous. Vous vous tairez. Sachez donc que Charette s'imagine que je suis ici pour vous rallier à sa candidature; je le lui ai laissé croire. Mais je connais trop bien l'esprit de l'armée pour espérer qu'elle lui obéirait.

— Et vous me conseillez?

— D'Elbée! C'est le seul qui soit tacticien, qui ait des vues stratégiques.

— Il l'a prouvé, dit de Lescure, dans vingt combats. Je le ferai nommer.

— Seulement faites vos conditions! Votre frère et sa fiancée sont à Chanteclair. Exigez que le château soit place de sûreté pour eux.

— C'était mon intention! dit de Lescure.

Mademoiselle Duclos reprit :

— Et défiez-vous, car je suis sûre que l'abbé Bernier a des vues sur mademoiselle Meuris.

— Il en est bien capable! dit de Lescure. Mais la nomination de d'Elbée faite et assurée, je m'expliquerai de telle sorte avec le curé, qu'il renoncera à ses idées.

— Et dire que vous avez cru à ce misérable ? Est-ce bien fini au moins entre vous et lui ?

— Mademoiselle, quand j'en viens à mépriser un homme, c'est pour la vie.

— Général, au revoir !

Il s'éloigna.

Mademoiselle Duclos le suivit des yeux avec un regard de pitié et dit :

— Vraiment, c'est un chevalier ! Du cœur et pas de tête ! Pauvre homme !

Puis souriant :

— Il est très monté ; j'espère que l'algarade sera assez vive pour le brouiller avec Bernier. Je me demande quelle tête fera Saint-Just, quand il saura que j'ai réussi à mettre la discorde entre l'abbé et Lescure, entre la noblesse et le clergé.

Elle appela quelqu'un qui attendait dans une chambre voisine.

C'était cet espion républicain, surnommé Cloche-de-Bois par les Vendéens qui le croyaient des leurs et qui rendit tant de services au général Canclaux. Son vrai nom était Dubois.

— Eh bien, lui demanda mademoiselle Duclos, vous avez entendu ?

— Oui, mademoiselle.

— Vous avez compris ?

— Oh ! parfaitement.

— Vous devinez mon jeu ?

— Puisque vous me montrez les cartes.

— Moi, je ne saisis pas la recommandation du général Canclaux au sujet de d'Elbée. Il m'a fait dire de tout faire pour qu'il fût nommé plutôt que La Rochejaquelein ou tout autre. Cependant d'Elbée a plus de science militaire que les autres. Pourquoi lui, alors ?

— Mademoiselle, il est étranger, et les autres le jalouseront.

— Oui, je sais. Il est né à Dresde d'une famille française émigrée en Saxe. Mais on aurait de l'envie tout autant contre La Rochejaquelain dont le sang anglais s'affirme dans la pose, la figure et le flegme.

— Il y a une autre raison pour que nous désirions que d'Elbée commande, dit Cloche-de-Bois. Le général Canclaux me l'a expliquée. D'Elbée veut faire manœuvrer militairement les Vendéens qui en sont incapables ; il les mettra en ligne et les fera battre. Tandis que La Rochejaquelein, qui a mieux compris la tactique à employer, les fait s'égailler et les laisse se battre tout éparpillés. De sorte que nos soldats ne peuvent tirer sur un ennemi dispersé et invisible.

— Ah ! se dit mademoiselle Duclos, voilà que je comprends. Décidément Charette a raison en méprisant d'Elbée et en disant qu'il peut conduire un régiment mais non une bande.

Puis à Cloche-de-Bois :

— Je vais à Mortagne tenter quelque chose de plus difficile que de brouiller M. de Lescure et l'abbé Bernier, J'essayerai de semer la zizanie dans les deux grosses têtes du clergé ; il faut que je tente de faire à Bernier un ennemi mortel dans la personne de l'évêque d'Agra.

— Ah ! si vous y arrivez...

— Je l'espère. Inutile de me voir à Mortagne, cela serait trop remarqué. Mais si, cette nuit, vers onze heures, vous voyez deux chandelles allumées dans ma chambre, tout près de la fenêtre, vous pourrez annoncer au représentant Bouchotte que l'évêque d'Agra fera désormais tout son possible pour nuire au curé Bernier.

— Mademoiselle, après ce beau trait-là, il faudra vous voter une couronne civique.

Et Cloche-de-Bois s'en alla tout joyeux, car il faisait héroïquement son métier d'espion par amour pour la République et il était ravi de la tournure que prenaient les choses.

CHAPITRE XXXIII

FIN CONTRE FIN

Deux heures plus tard, mademoiselle Duclos se faisait emmener chez le faux évêque d'Agra qui était, en ce moment, en conférence avec le curé Bernier.

— Ah! monseigneur, dit celui-ci qui avait pris décidément l'habitude de donner ce titre au faux vicaire apostolique, monseigneur j'espère que nous n'allons pas la laisser échapper.

— Arrêter mademoiselle Duclos! dit l'évêque avec répugnance. Pourquoi faire?

— Elle a déserté.

— Déserté quoi? Déserté où?

— Nous avons rendu un décret en comité, déclarant que quiconque quitterait son corps d'armée ou sa compagnie serait passible d'une peine sévère.

L'évêque haussa les épaules.

— Curé, dit-il, j'ai à vous faire un reproche sérieux! Ce n'est pas votre tête qui vous mène, c'est votre... comment dire... votre cœur. Vous voulez vous emparer de mademoiselle Duclos, belle fille du reste, pour lui imposer de force, ce que, libre, elle a refusé.

— Moi!

— Vous !

Et l'évêque mit sous les yeux du curé une lettre de mademoiselle Duclos, s'excusant de partir et de se réfugier chez Charette pour fuir l'odieuse persécution de l'abbé Bernier.

Celui-ci ne put s'empêcher de s'écrier :

— Oh ! la garce !

Puis il protesta.

— Elle ment ! dit-il.

L'évêque sourit et dit :

— Non.

— Alors, s'écria Bernier furieux, vous croyez plutôt cette catin que moi ?

— Je crois surtout MM. de La Rochejaquelein, Bonchamp et de Marigny que mademoiselle Duclos avait fait cacher dans son alcôve et qui vous ont entendu lui promettre une situation brillante le jour où vous serez cardinal.

— Ah ! c'est comme cela qu'elle me joue ! s'écria l'abbé furieux. Je me vengerai.

— Alors, dit doucement l'évêque, gare à ce bon M. de Charette, mon cher curé ! Car je sais depuis vingt minutes que mademoiselle Duclos s'est décidée à être sa maîtresse pour sauver l'honneur de mademoiselle Meuris. J'ajoute que M. de Lescure revient furieux contre vous !

— Mais, fit le curé avec une sourde colère, il me semble que vous êtes bien heureux de me voir des ennemis.

— Non pas ! Je tiens seulement à vous prouver qu'il est bon de me soutenir toujours, de me craindre un peu et de m'écouter quelquefois quand je vous donne un avis. Vous rêvez d'être cardinal. Soit ! Mais ne m'empêchez pas de le devenir aussi. Vous êtes rétif et vous me résistez sur certains points auxquels je tiens fort. Cédez, comme je fais toutes les fois que mon intérêt immédiat n'y est pas engagé.

— Est-il donc de votre intérêt, demanda Bernier, que mademoiselle Duclos me brave impunément ici ?

— Au fond, je ne porte à la maîtresse de M. de Charette qu'un médiocre intérêt ! dit l'évêque. Laissez écouler quelque temps après l'audience. A la nuit, faites ce que bon vous semblera. Mais je dégage ma responsabilité. Advienne que pourra. Êtes-vous content ? Me croirez-vous encore votre ennemi ?

— Non, monseigneur ! dit le curé rayonnant.

— Seulement, reprit l'évêque, ne ruminez plus contre moi, quand je vous contrarie ; c'est que politiquement il est souvent nécessaire de vous empêcher de donner des coups de boutoir qui nous nuiraient à tous deux. Nous marchons ensemble, nous pouvons obtenir la pourpre romaine ensemble. Il serait absurde de nous brouiller. Vous pouvez peut-être prouver que je suis un faux vicaire apostolique ; mais vous ne pouvez échapper aux révélations fâcheuses que je suis en mesure de faire.

Avec un sourire :

— Vous pensez bien, curé, que je n'ai pas vidé mon sac à malices devant vous. Je vous en tiens de bonnes et de fortes en réserve.

D'un ton caressant :

— Allons, curé, la main ! Pas de rancune ! Et laissez-moi recevoir cette demoiselle ! Après, à votre guise. Mais s'il vous en cuit, ne m'en voulez pas.

— Après comme avant ! dit l'abbé Bernier.

Et il quitta son évêque, enchanté de lui.

Non qu'il n'eût senti à quel esprit machiavélique il avait affaire ; mais il avait lui-même beaucoup de manœuvres et de perfidies à se reprocher contre l'évêque, et il sentait que celui-ci l'avait ménagé.

Mis en bonne humeur par la permission d'enlever

mademoiselle Duclos, il s'aveugla sur la bonne foi de Mgr d'Agra et il se dit :

— Allons, il faut marcher avec lui et non contre ! Plus d'intrigue contre lui ! Fin contre fin, mauvaise doublure. Ce Guillot est un bon garçon au fond ! Qu'est-ce que ça fait, qu'il soit cardinal aussi ?

Et il se mit à réfléchir sur la façon dont il s'y prendrait avec mademoiselle Duclos.

CHAPITRE XXXIV

LE RUISSEAU

Pendant que Bernier et l'évêque s'expliquaient, mademoiselle Duclos attendait son audience dans l'antichambre et y dévisageait les gens sans avoir l'air de les regarder ; parmi ceux qui se trouvaient là, elle remarqua Casse-Cailloux.

Celui-ci s'était fait le garde du corps, l'âme damnée de l'évêque d'Agra et du curé Bernier ; il était tout à eux après avoir été tout à Charette.

— Ah ! se dit mademoiselle Duclos, voilà l'homme de Saumur ! Si je cours quelque danger ici, si Bernier veut me jouer un mauvais tour, voilà l'affreux singe humain qui sera chargé de la commission.

Elle se tourna vers un des hommes qui l'accompagnaient. C'était un Breton de Roskoff, massif, trapu, bâti comme un taureau, fort à l'avenant et fin comme un renard.

— Marcou, lui dit-elle, aie l'air de rire comme si je te faisais une remarque plaisante, ne regarde personne et écoute.

Marcou fut saisi d'un joli accès d'hilarité railleuse.

— Tu connais Casse-Cailloux ? demanda mademoiselle Duclos.

— Oui, dit-il, accentuant son rire.
— Il est ici !
— Je l'ai vu.
— L'abbé Bernier va sortir de chez l'évêque et l'abbé m'en veut. Il commandera peut-être à Casse-Cailloux quelque chose contre moi.
— Alors je tue Casse-Cailloux.
— Oui, s'il veut m'arrêter, ici, en plein jour. Et moi, je brûle la cervelle à l'abbé ; j'ai des pistolets dans mes poches. Mais peut-être n'oseront-ils pas faire du scandale en plein jour. Sors ! Va te faire couper la barbe et les cheveux, rabats ton chapeau sur ta tête et reviens te promener dans un coin de la salle. Tu n'auras pas l'air de me connaître ; fais vite, car je ne sais si mon entretien sera long ou court. Si l'on se porte à quelque extrémité contre moi, ce ne sera qu'après l'audience. Hâte-toi ! Les cheveux ras et le menton blanc te feront méconnaissable ; tu suivras partout ce Casse-Cailloux et tu sauras deviner ce qu'il ne peut manquer de projeter.
— Bien, dit Marcou.

Et il s'en alla prudemment, sans bruit, glissant à travers les groupes, se perdant, s'évanouissant ; cet homme replet s'enfouissait dans la foule, comme l'anguille dans la fange.

Quelques instants après, mademoiselle Duclos était appelée par l'huissier de monseigneur ; car monseigneur avait un huissier !

Elle entra...

Depuis longtemps elle connaissait à fond le pâle voyou parisien qui était en train de « rouler » tout ce monde vendéen et le prétendant, et le pape lui-même !

Car on agitait à Rome la question de savoir si l'on ne reconnaîtrait pas sérieusement ce fourbe pour vicaire apostolique !

Mademoiselle Duclos l'avait connu, secrétaire de Lescure ; née Vendéenne, mais enlevée très jeune et lancée à seize ans dans le monde du théâtre et de l'intrigue, elle était devenue trop Parisienne, pour ne pas avoir apprécié ce faubourien à sa juste valeur ; du reste, elle s'était munie de renseignements exacts sur son passé.

Elle avait reçu une note de la police de Paris.

Elle savait par cœur les gamins des faubourgs et elle avait établi son jeu sur cette connaissance approfondie de leur caractère.

Elle entra savamment, en grande courtisane, en grande actrice ; elle déploya dans les quatre pas qu'elle fit, toutes ses grâces de reine du théâtre, s'affirma bien devant le faux évêque, puis lui faisant sa révérence jusqu'à terre, baisa l'anneau qu'il portait au doigt et lui dit :

— Monseigneur, je vous apporte des nouvelles importantes. Vous plairait-il de prendre vos mesures pour que personne ne nous écoutât ?

L'évêque dit à l'huissier qui contemplait avec componction cette magistrale entrée :

— Pierre, je ne reçois personne, vous entendez ! Personne !

Pierre qui n'était pas encore suffisamment stylé, répondit comme s'il s'agissait d'un dîner :

— Monseigneur sera servi !

Et il ferma la porte.

Ce manque de touche fut souligné d'un sourire par mademoiselle Duclos qui, tout à coup audacieusement transformée, se fit gamine, moqueuse, taquine et familière à démonter l'homme le plus sérieux, à plus forte raison un faubourien de la trempe du faux évêque, qu'elle fit semblant d'avoir connu à Paris.

Elle prit les gestes, les tics, le langage d'un *fille ;* elle eut l'air de déposer son masque de grande courtisane et de revenir à des allures canailles qu'elle aurait eues, enfant.

— Mon petit, dit-elle, comme entrée de jeu, tu trouves ton huissier idiot ! Mais, toi aussi, tu viens de commettre une faute de tenue. Tu aurais dû te lever pour me recevoir, me relever après la révérence ! Une femme est une femme, même pour un évêque d'Agra, quand même il ne serait pas en faux. Après ça, tu es tout interloqué de m'avoir reconnue, et si j'étais méchante, je pourrais te faire un tort énorme en racontant la vie de pantin que tu menais ! Te souviens-tu du bal des Singes? Vrai, tu étais *rupin !* Et dire que j'en tenais pour toi dans ce temps-là ? Mais j'étais trop *gosse* et puis je n'étais pas encore *gironde ;* la beauté ne m'est venue que plus tard ! Alors tu ne me regardais pas. Ce que ça me chiffonnait, tu ne t'en fais pas idée ! Ça me tenait si fort que j'allais à tous les offices pour te voir en enfant de chœur ! Ma mère était esbrouffée, croyant que j'en *pinçais* ferme pour le bon Dieu ; ce qui me permettait de *m'esbigner* sur le coup de dix heures, quand elle *roupillait ;* je ne faisais qu'un bond de chevrette de notre *turne* au bal des *Singes !*

Changeant de ton et d'un air câlin, car elle le voyait abasourdi :

— Mais tu fais une tête, une tête ! On dirait que je viens te proposer d'avaler la fontaine des Innocents sans mâcher ! Toi qui as de l'esprit, te voilà tout bête ! Est-ce que je t'ai gêné en rien? Est-ce que j'ai parlé ? Est-ce que Charette lui-même se doute que tu leur montes le coup à tous ? Est-ce que je ne t'appelle pas monseigneur long comme un nerf de bœuf ! Je suis ta *pateline,* tu es mon *patelin !* Nous sommes sortis du même ruisseau ; nous nous sommes roulés dans la même boue, sur le même trottoir. Aussi je n'ai pas dit : ouf! quand tu t'es fait évêque. Et je ne dirai jamais rien ; je t'ai gobé, marloux, je te gobe *in partibus* d'Agra. Je te goberai, homard du bon Dieu, en manteau rouge de cardinal. Et puis, tu sais, c'est de l'amitié vraie ! De l'amitié de femme qui n'a plus d'amour, mais qui en a eu. Et tu peux compter pour moi. — Une Parisienne est toujours la camarade d'un Parisien ! Les hommes d'ici, tous des *pantes* ! Pas un qui soit à la hauteur ! Tous *Pétrousquins*, excepté Charette qui a du nerf et de l'idée.

Tout à fait désarçonné par les façons ébouriffantes de la Duclos, l'évêque fit un geste de protestation.

Elle insista :

— Oui, dit-elle, tu peux m'en croire. — Charette est le plus *mariole* de la bande. La preuve, c'est qu'il m'a permis de venir ici, te rendre service.

— Ah ! dit-il, essayant de reprendre par une grande froideur un peu de cet air digne qu'il perdait à chaque phrase, à chaque mot de cette jouteuse hardie ! Ah ! M. de Charette vous envoie !

— Ne fais donc pas le réservé ! dit-elle en haussant les épaules. Tu te défies. Non ! tu ne te défies pas. Je vois ce qui te chiffonne. Ça te turlupine de m'entendre te tutoyer ! Tu veux du monseigneur. Ça ne me gêne pas. Je vais t'en donner.

Revenant à ses façons de grande dame, aux grandes airs, aux nobles manières, elle reprit :

— Monseigneur, je suis chargé, par M. de Charette, de négocier entre lui et vous, une alliance secrète et je vous apporte des gages. D'abord un bon avis. Le curé Bernier a envoyé un émissaire à Rome pour vous dépeindre, au pape, sous l'aspect le plus misérable et le plus infâmant.

Et, du portefeuille qui contenait tant de papiers précieux, mademoiselle Duclos tira une lettre signée Bernier.

Guillot la lut et pâlit de rage.

— C'est bien son écriture ! fit observer mademoiselle Duclos.

— Et son style ! dit l'évêque. Je me doutais qu'il me trahissait et me desservait en cour de Rome ! Tout à l'heure, même, je lui ai donné un avertissement. Mais je ne croyais pas qu'il eût écrit déjà.

Puis réfléchissant :

— Comment avez-vous eu cette lettre ?

— Comme bien d'autres ! fit-elle en riant. Les « grenouilles » de Charette, déguisées en républicains, arrêtent les courriers. Voilà comment je sais tant de choses !

— Et les conditions de M. de Charette ?

— Les voici. Il sent que votre position est difficile et il ne vous demande pas l'impossible. Il vous prie de le soutenir secrètement sans vous compromettre, jusqu'au moment où tous les généraux se seront usés, et où, lui, retranché, dans le Marais, n'ayant eu que des succès, sera devenu l'homme de guerre indispensable. Alors, il vous offre alliance. Vous rétablirez le roi et vous vous partagerez les faveurs. A vous la diplomatie, le chapeau de cardinal, le ministère ! A lui l'armée et l'épée de connétable !

Puis le voyant sourire, elle lui tendit d'un geste franc et engageant sa jolie main et lui demanda :

— Ça te va-t-il ?

Il leva ses yeux et la regarda plein de défiance : ce tutoiement réveillait ses soupçons.

Elle sentit que la victoire allait lui échapper.

Ce sacristain lui résistait avec une étonnante supériorité !

Dans l'âme du faux évêque il y avait lutte.

Une lutte très vive, entre le sacristain madré, discret, qui ne se livrait jamais et le faubourien sceptique, malin, mais qui aspirait avec délices les paroles de cette Parisienne, parce qu'elles étaient imprégnées de l'odeur du ruisseau natal ; il semblait s'en dégager des bouffées de cet air parisien saturé de ces parfums et de ces miasmes qui constituent une atmosphère enivrante ; ceux qui ont vécu dans ce milieu ressemblent aux intoxiqués qui, accoutumés au poison de l'absinthe ou de la nicotine, ne peuvent plus s'en passer.

Guillot n'eût pas été Parisien s'il ne se fût ennuyé de Paris.

Il y avait si longtemps qu'il n'avait vu une tête de Parisienne ! si longtemps que son œil ne s'était pas illuminé sous le spirituel sourire d'une Parisienne !

Et cette langue imagée, cet argot, ce patois parisien qui sonnait la fanfare des souvenirs à son oreille !

Et la jupe parisienne qui chatoyait sous son regard charmé !

Tout était caresse dans cette femme.

Elle l'enveloppait dans ses savantes combinaisons, l'endormait en le berçant d'une musique qui évoquait le passé.

Les mélodies qu'elle lui chantait étaient accompagnées de gestes, de poses, de balancements qui rythmaient ses phrases.

A ses séductions venaient s'ajouter ces mille petits riens qui sont tout pour le raffiné parisien.

Il se raidissait pourtant.

Le sacristain, le prêtre (car il s'était fait sacerdotal de l'ongle à la pointe des cheveux), l'évêque en lui combattait et empêchait le faubourien de se livrer.

Il fut certes resté maître de lui-même sans une brusque manœuvre de mademoiselle Duclos.

— Ah ! fit-elle, c'est ainsi que tu me reçois ! Tu ne veux pas te déboutonner, mon bonhomme ! Tu fais le malin ! Je suis bonne fille et tu restes muffle. Tant pis pour toi ! Ne crains rien pourtant. Je me tairai ! J'ai de la délicatesse, moi ! Je ne te trahirai pas, mais je te méprise. Bonjour !

Elle s'en alla avec un merveilleux mouvement de hanches auquel il ne résista pas ; il lui semblait, qu'elle partie, la nuit se faisait dans son esprit : il éprouva le sentiment de tristesse produit par le passage d'un nuage sur un beau coup de soleil.

Il se leva, lui prit la main et lui dit :

— Restez !

— Non, monseigneur ! fit-elle. Vous êtes trop prélat ; je n'ai rien de plus à dire à l'évêque !

— Et, laisse donc ! s'écria-t-il enfin. Tu es bonne fille ! Tu l'as dit ! Au diable l'évêque ! Asseyons-nous. Causons et rigolons un peu. Vrai, c'est dur tout de même de rester jour et nuit dans la peau d'un prélat.

— Ah ! dit-elle, en riant, tu y arrives donc ! Ce n'est pas sans peine. J'ai cru que tu resterais enfermé dans ta soutane violette, comme un escargot d'hiver muré dans sa coquille. Je t'aime mieux comme ça et je retrouve mon Guillot d'autrefois.

Puis le caressant de l'œil, du sourire, du geste, de la voix, elle lui dit :

— Tu avais bien tort de ne pas me croire et de rester méfiant ! Si tu savais comme je pensais toujours à toi, à te rendre service. C'est moi qui ai mis dans la tête de Charette qu'il fallait s'allier avec toi. Il penchait pour Bernier et moi je n'en veux pas de ce sanglier mal peigné ! Charette a fini par comprendre qu'il s'entendrait mieux avec toi. Et, crois-le, je me connais en hommes, Charette ira loin.

— Je n'en doute pas, dit Guillot.

Sur cet assentiment, elle le vit gagné, elle le sentit conquis, elle le tenait, il était à elle.

Alors elle en prit possession avec maestria ; elle lui exposa tout un plan de conduite aboutissant à l'exaltation de Charette et de lui-même, à la ruine de tous leurs rivaux. Elle fit miroiter devant lui le miroir de l'ambition, comme le chasseur fait du miroir à facettes devant l'alouette.

Elle l'apprivoisa et le força à redevenir un faubourien.

Il s'amadoua, se familiarisa et se laissa aller jusqu'à reparler argot et « jaspiner » d'autrefois, du bon temps où il était le roi des « zigues » au bal des Singes.

On causa même de Leroux, un mâle celui-là !

— Je l'ai vu, dit-elle. Il n'a pas fait tant de manières que toi ! Il m'a comprise tout de suite et tapé dans la main.

(Cette visite à Leroux explique comment, après avoir adroitement questionné le capitaine, compagnon d'adolescence de Guillot, elle avait appris sur celui-ci une foule de particularités, entre autres le nom de son bal favori).

Quand elle eut bercé le faux évêque de souvenirs, quand elle l'eut mis en gaieté par ses fantaisies, quand elle jugea « qu'il en avait assez pour une fois », elle lui dit en regardant sa montre d'un air effaré :

— Déjà huit heures! La nuit tombera dans quelques instants! Voilà ce que c'est pourtant que de parler de Paris ! Mais je reviendrai et nous en causerons encore!

— Un instant ! dit-il. Le temps me presse aussi pourtant! Le comité doit être en séance. Mais il faut que je t'avise, ma chère, d'un danger qui te menace ! Bernier a des idées sur toi ! Je veux te donner une garde sûre...

— Contre le curé? Inutile! Je me charge de lui faire donner une leçon dont il se souviendra, s'il survit toutefois.

— Comment, tu le tuerais !

— Net, s'il osait me faire arrêter dans ta maison ou dans la rue !

— Je le lui ai défendu quant à cette maison. Je crois qu'il risquera quelque chose cette nuit et voudra te faire arrêter chez toi par des gens à lui, à moins que tu ne consentes...

— Jamais, dit-elle, c'est assez de Charette qui est un sauvage, mais qui est un rude mâle tout de même.

Guillot n'était pas rassuré.

Il ne savait pas de quelle énergie mademoiselle Duclos était capable.

Il insista et dit d'un ton paterne :

— Voyons, réfléchis, ma fille! Ce Bernier est un bougre audacieux.

— J'ai donc froid aux yeux, moi? fit-elle.

Cette crânerie le rassura un peu.

— Bon ! bon ! dit-il, si tu es sûre.

Puis il reprit :

— C'est que ça ne m'irait pas du tout que ce Bernier te prenne de force.

Il était chiffonné par un caprice et si le temps ne l'avait pas pressé, il aurait voulu donner à l'entretien une autre tournure, mais il avait causé, causé... et les heures s'étaient écoulées avec une étourdissante rapidité.

Il n'en dit pas moins :

— Ce Bernier, je le hais maintenant et je veux le démolir ferme dans l'esprit de tout le monde, jusqu'au moment où je le ferai sauter tout à fait. Mais, en attendant, je serais vexé si ce porc se payait une fille comme toi. On ne donne pas de confitures aux cochons.

Il lui prit la taille.

Elle se laissa embrasser.

— Es-tu bête de t'inquiéter de Bernier, fit-elle. Puisque je te dis que je ne puis le souffrir.

— Il est hardi et violent, tu sais ! fit-il avec sollicitude. Tu ferais mieux de te laisser protéger.

— Encore une fois, fit-elle, je suis en mesure de lui casser la tête, si cela devient indispensable ; si ce n'est pas nécessaire, je me contenterai de lui jouer un de ces sales tours qui rendent un homme à jamais ridicule. Je suis précisément dans une maison qui se prête à mon idée.

Elle avait tant de confiance, qu'il lui dit enfin :

— Va ! Je sais ! Tu es une luronne ! Arrange-le aux petits oignons, ce sanglier. Mais surtout reviens me voir.

— Certainement je reviendrai, dit-elle cyniquement, et nous ne serons pas si bêtes qu'aujourd'hui ; nous ne perdrons pas notre temps à blaguer ! Mais appelle ton huissier ; assieds-toi, puis, la porte ouverte, lève-toi ; je baiserai ton anneau et tu feras deux pas pour me reconduire. Je te tirerai encore une révérence en te disant :

— Oh ! monseigneur, vous me comblez. Je ne souffrirai pas que Votre Grandeur se dérange. Tu me salueras d'un air gracieux et protecteur, et tu auras été vraiment vicaire apostolique ! Dire que je suis obligée de t'apprendre ton métier ! Tu restais assis en recevant une femme ! Mais songe donc que Louis XIV levait son chapeau devant une fille de service.

Il se pinça les lèvres un peu dépité et lui dit merci du bout des lèvres.

Puis il sonna et elle prit congé dans le cérémonial indiqué.

Elle le laissait convaincu de son infériorité et plein d'admiration pour elle.

CHAPITRE XXXV

LE LANÇON

Mademoiselle Duclos, suivie de son escorte, se dit, en quittant la maison avec un soupir de soulagement :

— Je l'ai tellement étourdi en parlant que, ma foi, je suis parvenue à mes fins ; mais je l'ai échappé belle ! Ouf ! Quel goujat ! Je préfère encore subir Charette que celui-là !

La vanité artistique ne perdant jamais ses droits, la grande actrice s'accorda les bravos qu'elle méritait.

— J'ai fort bien joué ce rôle de rôdeuse de barrière qui n'est pourtant pas dans mon tempérament ! se dit-elle. Et j'avais bien calculé que le voyou ne résisterait pas à l'appel de la fille. Il est fort pourtant, ce drôle ! mais il n'est pas complet. Il manque de tact, d'éducation et d'ampleur. Finaud à la surface, goujat à fleur de peau La fange du ruisseau est prête à jaillir sous la piqûre d'épingle ! (*Lettres de mademoiselle Sauveur à Saint-Just.*)

Ayant résumé ainsi, dans sa pensée, son opinion sur l'évêque d'Agra, en vue du rapport qu'elle songeait à envoyer à Saint-Just et aux représentants, mademoiselle Duclos s'occupa de l'abbé Bernier.

Elle était certaine d'avoir fortement brouillé les cartes entre le curé et l'évêque : mais cela ne lui suffisait pas.

Elle voulait un éclat entre eux.

Elle calcula fort habilement que si Bernier recevait quelque sanglant affront et qu'il fût certain de le devoir à une indiscrétion de l'évêque, il en résulterait entre eux une explication orageuse, étant donnée la violence de Bernier.

Avant tout, il importait de connaître les desseins de l'abbé ; pour y réussir, il était indispensable d'avoir des nouvelles de Casse-Cailloux; et pour cela il fallait recevoir le rapport verbal de Cloche-de-Bois.

Mademoiselle Duclos avait à sa suite un gamin de douze ans, pauvre petit diable d'orphelin qui s'était fait mousse d'un équipage de pêche pour vivre; depuis la guerre, le petit bonhomme, né dans le Marais, avait gagné son pain au milieu des bandes de Charette en servant d'éclaireur, d'espion et d'émissaire.

Mademoiselle Duclos l'avait remarqué et se l'était attaché; elle l'avait rapidement dressé à son rôle de page.

Partout elle s'en faisait accompagner; lorsqu'elle ne pouvait emmener une femme de chambre, elle l'utilisait comme groom; mais il avait d'autres talents.

On l'appelait le Lançon, d'après l'habitude qu'avaient les Vendéens de se donner des surnoms significatifs.

Le lançon est une espèce de très petite anguille qui s'enfonce dans le sable humide des plages à marée basse ; on le pêche en promenant un trident dans le sol mouvant et humide. A l'approche du trident, le poisson s'élance à une hauteur incroyable, retombe sur le sable et s'y enfouit de nouveau prestement.

Le mousse fluet, maigre, nerveux, l'œil vif, le corps agile, savait se tapir dans tous les coins, bondir s'il était découvert et disparaître sans laisser de traces.

Mademoiselle Duclos avait jugé que ce sobriquet était bien mérité et le lui avait conservé.

— Lançon, lui dit-elle, en chasse, mon ami ! Tu vas

chercher Casse-Cailloux, et aux alentours de cet aimable chenapan, tu ne peux manquer de trouver un gars de ta connaissance ; mais prends garde qu'il est défiguré, rasé, tondu. C'est Cloche-de-Bois.

Lançon, dans le patois du Marais mêlé d'argot maritime, fit ses observations.

— Doit pas t'être beau, Cloche-en-Bois sans barbe et sans cheveux ! Dois z'avoir une gueule de merlan frit !

Il eût été difficile d'empêcher ce petit bonhomme de faire des réflexions ; mademoiselle Duclos s'y était accoutumée. Toutefois elle le pressa d'obéir.

— Beau ou non, dit-elle, mon petit Lançon, déniche-le et rapporte-moi ce qu'il te dira au sujet de Casse-Cailloux.

— Bon, demoiselle ! fit l'intelligent gamin, continuant à supprimer les pronoms, selon l'habitude du pays : Vais naviguer derrière vous, à la traîne, en douceur, en allongeant le câble de remorque, pour ne pas attirer l'attention. Et puis, quand vous serez à distance, je lâche tout et je mets, par des manœuvres à moi, le cap sur Casse-Cailloux qu'est mon grand cousin.

— Ton cousin ?

— Une manière de pouvoir demander aux gens ous qu'il est et dans quels parages il navigue. Et puis, s'il me pinçait à le moucharder, je pourrais z'y dire qu'il est mon parent et soutenir ce mensonge-là avec aplomb. Ça m'évitera des taloches, parce qu'y finira par me croire.

— Va ! dit mademoiselle Duclos ! Un rat de quai comme toi est aussi roué qu'un gamin de Paris ! Le mieux est de te laisser faire et de s'en rapporter à ta malice. Tu me retrouveras à la maison ?

Lançon joyeux de l'éloge dit :

— Je me traîne, je me traîne, ayez confiance ; je mettrai le grappin sur Casse-Cailloux avant une demi-heure d'ici.

Et il traîna du pied; puis, comme son âge l'y autorisait, il s'arrêta à regarder curieusement d'autres gamins qui jouaient dans la rue.

Mademoiselle Duclos entendit bientôt derrière elle le bruit d'une querelle d'enfants ; puis des hommes se mêlèrent à cette dispute; il y eut rixe, tapage, mêlée générale.

Du milieu de ce tumulte, mademoiselle Duclos, la lorgnette à la main, vit sortir un petit bonhomme, mis presque à nu, brandissant des loques déchirées comme il eût fait d'un drapeau, et très probablement criant à tue-tête, car il gesticulait fort.

La foule le suivait.

C'était le Lançon qui avait causé toute cette échauffourée et qui s'en allait vers le quartier de l'évêque d'Agra.

— Drôle de petit homme ! dit mademoiselle Duclos en riant. Non seulement il est intelligent, mais il est artiste. Il fait les choses avec originalité et d'une façon pittoresque.

Très tranquille, du reste, sur le sort du mousse, elle fit presser le pas à son monde et rentra chez elle.

Déjà les combinaisons de mademoiselle Duclos avaient porté leurs fruits ; M. de Lescure, arrivé un peu plus tard qu'elle à Mortagne, s'était installé dans la maison qui lui était réservée comme quartier, puis il s'était enquis de l'abbé Bernier contre lequel il avait une rancune formidable.

Il se fit accompagner, chez le curé, par de Vert-Pré, de Montbrun et un autre gentilhomme nommé de la Pierrière.

Il avait choisi à dessein celui-ci.

C'était un Tourangeau, farceur, joyeux, gouailleur, sceptique, rabelaisien, tenant des propos fort gras; très amateur de gaudrioles et très apte à être témoin des reproches que M. de Lescure allait adresser à l'abbé Bernier.

De la Pierrière, qui était voltarien, n'aimait pas les prêtres ; il paraissait enchanté de cette petite expédition contre le curé qui était sa bête noire : un sale sanglier ! disait-il.

Les quatre gentilshommes se rendirent donc chez Bernier et trouvèrent le curé chez lui, au moment où il venait de congédier Casse-Cailloux avec ses instructions.

Bernier s'attendait bien à quelque bourrasque de la part de Lescure ; il s'était préparé et il reçut le général de pied ferme, en sanglier qui fait tête au chasseur.

— Curé, lui dit M. de Lescure en l'abordant avec la hauteur d'un gentilhomme blessé dans sa dignité, je viens ici, accompagné de témoins, gens d'honneur, pour vous dire ce que je pense de votre conduite.

— Dites, général ! répondit Bernier d'un air fort dédaigneux.

— Je dirai donc, s'écria M. de Lescure, dont la colère éclata, que tu es un misérable paillard, un coureur de femmes et de filles, et que tu déshonores ta soutane !

— Pouvez-vous le prouver, général ? demanda froidement Bernier.

— Tout le monde le sait et le dit ! s'écria de Lescure que l'aplomb du curé irritait.

— Depuis quand me calomnie-t-on ainsi? demanda Bernier insolemment.

— Il y a bel âge ! J'ai les oreilles rompues de plaintes contre votre conduite. Il y a dix ans, l'on parlait déjà de vos sales aventures.

— Pourquoi donc, monsieur de Lescure, s'écria Bernier, si vous saviez cela, m'avez-vous pris pour votre commensal, ami et allié ! Votre conduite dément vos accusations.

De Lescure resta court.

— Peuh ! dit de la Pierrière, on prend bien un cochon pour trouver des truffes ! On vous a pris pour utiliser vos petits talents d'intrigue, mon cher Bernier.

Le curé fit tête contre cette nouvelle attaque.

— Vous, monsieur de la Pierrière, dit-il, athée, impie, débauché comme vous l'êtes, vous n'avez pas le droit de baver sur moi.

— Drôle ! s'écria de Lescure outré. Et il mit la main sur la garde de son épée pour en frapper du plat son insolent adversaire.

— Général, dit de la Pierrière, laissez grogner le porc ! Ça m'amuse ! Il dit vrai sur moi, du reste comme moi sur lui. Seulement je n'y mets pas d'hypocrisie et ne fais pas profession de sainteté.

Bernier, sans prendre garde au propos du gentilhomme tourangeau, poussa sa pointe contre de Lescure.

— Et voilà, lui dit-il, sur quoi se fondent vos accusations ; des bruits, des rumeurs, des méchancetés répétées à voix basse, cela ne constitue pas des preuves ! Si j'ai failli, qu'on me traduise devant un tribunal ecclésiastique ; il me jugera. Je me charge de confondre mes calomniateurs.

M. de Lescure sentit le terrain se dérober sous lui ; il ne pouvait être question d'obtenir une condamnation contre Bernier d'un chapitre de chanoines, présidé régulièrement par un évêque.

Celui-ci levait insolemment la tête et bravait les reproches.

M. de Lescure chercha un autre grief et dit avec véhémence :

— Une chose que vous ne nierez pas, c'est d'avoir écrit cette lettre au secrétaire de Sa Sainteté.

Il montrait la lettre que lui avait confiée mademoiselle Duclos.

— Dans cette lettre, vous me traitez de niais, dit de Lescure, ayant peine à desserrer les dents ? Vous demandez le chapeau de cardinal et vous vendez contre la pourpre romaine les libertés de notre Église française. C'est un crime contre le Roy et la nation.

Le coup était rude et il démonta le curé Bernier.

M. de la Pierrière s'aperçut que Bernier faiblissait.

Il jugea que c'était le moment de le pousser et de prendre une revanche.

— Pour ce qui est de cette lettre, l'abbé, dit-il, c'est une question politique qui me regarde comme loyal gentilhomme. M'est avis que trop servir le Pape, c'est trahir le Roy? Il est vrai que vous exigez un prix énorme ! Malpeste, le chapeau de cardinal ! Ce n'est donc pas assez, comme sanglier, d'être habillé de soie ! Il vous faut la pourpre. On pourrait bien, l'abbé, vous faire quelque tort dans l'esprit de Sa Majesté avec cette lettre, savez-vous !

Bernier, par un effort de volonté, avait repris son sang-froid ; il commençait à voir jour pour se tirer d'affaires.

— Cette lettre est fausse ! dit-il. Je nie avoir jamais rien écrit de pareil. Où, quand, comment s'est-on procuré cette lettre?

— M. de Charette, dit de Lescure, saura expliquer qu'il a trouvé cette lettre sur le corps du courrier que vous expédiez au Saint-Père.

— Ah ! le courrier est mort ! fit Bernier avec un sourire de triomphe.

Cette mort anéantissait le seul témoin qui pût affirmer avoir reçu les ordres du curé.

La situation de celui-ci s'améliorait de plus en plus.

— Quelle histoire me conte là M. de Charette? dit-il, S'il y a un courrier envoyé par moi, pourquoi a-t-on tué cet homme, qui devait être sacré pour tout Vendéen?

M. de Lescure était embarrassé ; il ne pouvait pas avouer que Charette faisait déguiser ses « grenouilles » en républicains, pour massacrer les émissaires des autres chefs et s'emparer de leurs dépêches.

Il fallait pourtant trouver une explication et une réponse.

M. de Lescure en fut réduit à biaiser; disons le mot, à mentir.

— Votre émissaire, dit-il, avait été tué par les républicains. Une bande de M. de Charette est arrivée et a fouillé le mort.

Désormais Bernier se sentait fort; il devina que de Lescure déguisait la vérité.

L'homme loyal ne sait pas arranger un mensonge.

Se donnant des airs dédaigneux, le curé s'écria :

— Voilà un conte peu vraisemblable, auquel personne autre que les intéressés, n'ajoutera foi.

Puis avec énergie :

— La lettre est fausse, vous dis-je !

Son émissaire étant mort, il pouvait nier en toute assurance l'authenticité de la lettre.

— Ah ! reprit-il, M. de Charette, qui est mon ennemi parce que je le contrecarre, me fait la guerre avec des armes déloyales. Il charge quelques scribes habiles d'imiter mon écriture et il met dans de fausses lettres ce que bon lui semble ! C'est une odieuse intrigue !

Le curé avait interverti les rôles !

Il se plaignait maintenant avec véhémence.

De Lescure était outré, mais toutes les armes tombaient de ses mains, l'une après l'autre.

— N'importe ! dit-il. M. de Charette saura prouver ses dires.

— Et moi, déclara Bernier, je vais en écrire au Saint-Père et au comte de Provence, oncle du Roy. Je les prierai de se mettre en garde contre tous ceux qui veulent me nuire.

— Moi aussi ! s'écria de Lescure, j'écrirai et je vous démasquerai !

— Soit. Le Saint-Père et M. le comte de Provence décideront entre moi et vous qui protégez les ennemis du trône et de l'Église.

M. de Lescure sentit la portée de l'allusion ; son indulgence pour de Roquebrune le mettait certainement dans une fausse position.

Bernier poussa ses avantages.

Il se leva et dit d'un air menaçant :

— A moi d'accuser maintenant !

— Garde à vous ! fit en riant de la Pierrière. Le sanglier va nous charger ! Aux pieux, chasseurs ! Tayau les chiens !

— Oui, je charge ! s'écria Bernier avec colère, et je vais en découdre. Ah, monsieur de Lescure, vous m'attaquez ! Défendez-vous, car je vous accuse, moi, de sacrifier le bien de la cause à vos intérêts de famille ! Non seulement vous épargnez votre bâtard de frère qui a déserté et passé à l'ennemi ; mais vous arrachez au couvent, où elle était gardée, la fille du jacobin Meuris, une protestante, une républicaine, une rebelle. Et vous la mariez à votre frère !

Ce coup droit vigoureusement asséné portait à plein.

— Vous avez jeté cette jeune fille dans un *in-pace*, dit de Lescure.

— Ne l'avait-elle-pas mérité. Ah ! vous avez de la pitié pour les républicains et les hérétiques, vous, monsieur de Lescure !

Puis menaçant :

— Je vais envoyer aux princes un homme que M. de Charette ne fera pas assassiner. Pour plus de sûreté j'en enverrai deux, j'en enverrai dix. Leurs Altesses sauront tout et m'enverront ordre de faire fusiller M. de Roquebrune et de disposer de sa pécore de fiancée. Et ce sera comme je le dis, monsieur de Lescure.

Ainsi bravé, le général tira son épée et s'écria :

— Par le sang du Christ, l'abbé, pas un mot de plus ou je vous châtie comme vous le méritez !

Bernier profita de cet emportement. Dans une pose théâtrale, les bras croisés, la voix caverneuse, il dit :

— Tue-moi, assassin. Perce la poitrine de l'oint du Seigneur ! Va, lave tes lâches faiblesses dans mon sang. Je t'adjure devant le tribunal de Dieu. Je...

Il s'interrompit pour pousser un grand cri et porter ses deux mains à son derrière.

De la Pierrière, plus pratique que de Lescure, était passé derrière le curé, pendant qu'il déclamait et il venait de lui allonger un tel coup de pied au cul qu'il lu avait presque démoli le train de derrière.

Le curé se retourna en hurlant et voulut se jeter sur de la Pierrière ; mais celui-ci lui dit, en lui mettant la pointe de son épée devant les yeux :

— Là ! là ! Tout doux ! Du calme où je vous endommage cette figure-ci plus sérieusement que l'autre !

Et l'ayant arrêté ainsi :

— Au revoir, curé ! bassinez-vous les fesses avec du baume tranquille et gardez-vous à l'avenir d'être insolent avec les gentilshommes. Vous voyez qu'il en cuit quelquefois.

Il salua ironiquement.

— Curé, dit M. de Lescure, vous aurez sous peu de mes nouvelles.

Et tous sortirent.

Mais une fois dehors, de la Pierrière dit au général :

— En somme, sans l'heureuse inspiration que j'ai eue de l'arrêter net par une diversion intelligente, le gaillard aurait eu le dernier mot contre nous.

— C'est un dangereux animal ! dit de Lescure. Mais je ferai une enquête ; mes paysans déposeront sur sa paillardise et il sera prouvé qu'il a mis des filles à mal et débauché des femmes mariées.

— Les cocus qu'il a faits en témoigneront donc ! s'écria de la Pierrière en riant.

— Et les filles viendront lui réclamer leur pucelage, dit de Vert-Pré.

— Cousin, déclara de Montbrun, votre idée n'est pas pratique.

— Ah! s'écria de la Pierrière, si, avec un peu d'esprit, on parvenait à l'attirer dans un piège et à faire un bon gros scandale public, dont toute l'armée se gaussera!

— Bien dit, fit de Vert-Pré.

En ce moment, un homme abordait M. de Lescure et lui remettait un message, puis il disparaissait vivement.

De Lescure ouvrit le pli, qui était de mademoiselle Duclos, et le lut :

« Général,

» Je vous ai vu allant chez le curé Bernier et je gagerais qu'il vous a reçu avec impertinence.

» Si vous voulez assister à son humiliation cette nuit, priez vos amis de vous accompagner chez moi; on vous introduira par la petite rue et la petite porte, à la nuit noire.

» Je veux que tous sachent quel paillard est ce saint homme.

» Votre, etc...

— Ah! messieurs, s'écria de Lescure, Dieu nous vient en aide.

Et il relut la lettre à mi-voix pour que ses amis en connussent le contenu.

— Cousin, dit Montbrun, c'est bien heureux que mademoiselle Duclos soit de notre jeu; Voilà deux fois qu'elle nous tire d'embarras.

— Cela, général, dit de la Pierrière, doit vous réconcilier avec les filles de joie, courtisanes, actrices et autres femmes folles de leur corps!

— Ah! mécréant, fit M. de Lescure, vous voilà enchanté, parce que je suis obligé de transiger avec mes principes.

— Ravi pour cela, en effet ; car il est toujours amusant de voir un rigoriste dans l'embarras. Mais ce qui me charme surtout, c'est que je vais passer quelques heures avec mademoiselle Duclos : où il y a de la jupe, il y a du plaisir.

— Allons, messieurs, la nuit va tomber. Hâtons-nous de souper pour être prêts au moment indiqué.

Et M. de Lescure conduisit ses amis à son quartier.

CHAPITRE XXXVI

LE GRAND COUSIN

Pendant que M. de Lescure se disputait avec le curé Bernier, un gamin causait une émeute dans Mortagne.

Le mousse de mademoiselle Duclos, le petit Lançon, avait pour mission de retrouver Cloche-de-Bois, afin d'obtenir des nouvelles de Casse-Cailloux.

Il s'était mis en tête de faire parler le fameux contrebandier lui-même.

Il avait joué dans ce but une comédie qui prouvait la fertilité d'invention dont il était doué.

S'étant arrêté à regarder jouer des gamins, il en avait repoussé un brutalement.

Grenouille de Charette, moussaillon du Marais, ennemi acharné des autres Vendéens, le petit Lançon était enchanté du pouvoir, tout en exécutant les ordres de sa maîtresse, administrer une volée à des galopins de Mortagne.

Haine de marin contre terrier, de rat de quai contre le garçonnet des villes, du pauvre contre le moutard aisé : haine implacable.

Le Lançon, qui était tout nerf, n'avait pas manqué d'apprendre tout ce qui s'enseigne à bord : savate, chausson, boxe, y compris la gymnastique par excellence, celle des exercices du mât et de la voilure.

Il paraissait frêle et chétif et ne payait pas de mine, question de souffrances et de privations subies dès le berceau ; mais depuis son embarquement, il avait mangé à sa faim, et, sans grandir, il semblait qu'il fût devenu d'acier.

Il n'était pas méchant, mais hargneux et disposé à faire payer aux autres les misères endurées autrefois. Très brave, du reste.

Le Mortanais qu'il avait bousculé, gros, gras et dodu, était un de ces petits de boutiquiers que leurs mères mettent à l'engrais comme des dindons, en les bourrant du matin au soir.

Plein de morgue bourgeoise, le Mortanais toisa le moussaillon et se trouvant énorme devant ce maigrelet, il se sentit vaillant et courut sur lui le poing levé.

Mais, d'un coup de pied à l'estomac, le Lançon envoya rouler son adversaire dans le ruisseau, puis il insulta la bande des camarades.

— Je suis une « gueurnouille », moi, dit-il dans le patois original du Marais mélangé de l'argot des ports, plein d'accents bizarres et de fausses liaisons. Et je veux vous apprendre à nager dans le ruisseau ! Ah ! canailles, vous me tombez dessus à trente que vous êtes ! Nous allons voir.

Et il se mit à faire la roue en rond, manœuvre familière aux tireurs de savate qui veulent se dégager.

Puis, ayant fait élargir le cercle aux dépens de bien des figures abîmées, de beaucoup d'yeux pochés et de poitrines meurtries, il se planta triomphalement en garde de chausson et dit :

— Avancez-y, là, vous autres, crapauds terriens ! Je suis la gueurnouille qu'a ses quatre pattes et longues et bonnes et qui tapent dur ! Hardi là, faillis chiens ?

Parmi les Mortanais, il y avait des petits traîneurs de ruisseau, fils de prolétaires et de mendiants, race misérable, mais dure et brave, ayant le sentiment de l'honneur au point de vue du coup de poing, comme les nobles au point de vue de l'épée.

Ils étaient au premier rang du cercle, car les petits bourgeois avaient peur du terrible mousse et se dissimulaient.

Le Lançon lançait injure sur injure, défi sur défi.

— S'il y en a z'un qu'a du poil, criait-il, faut le montrer !

Et, de ses deux mains sèches, il frottait la poussière, comme une panthère qui griffe le sol.

Tout à coup, les Mortanais imitant les bandes vendéennes, poussèrent le cri de leur paroisse, et, tous ensemble, les petits bourgeois derrière la canaille, ils tombèrent sur le Lançon.

Les hommes qui regardaient cette scène virent le moussaillon se pelotonner comme un chat devant des chiens, puis disparaître sous la bande des assaillants.

Mais bientôt l'on entendit des cris affreux, des appels de détresse.

La meute de gamins était secouée avec une inconcevable vigueur par le Lançon qui jouait des pieds, des mains et de la dent, mordant à pleins mollets ses adversaires.

Ceux-ci s'enfuirent en hurlant.

Le Lançon, déchiré, dépenaillé en loques, se releva vainqueur ; cependant on aurait juré qu'il était couvert de plaies et bosses, tant ses vêtements se trouvaient lacérés et arrachés !

Mais sa farce n'était pas complètement jouée.

Beaucoup de Mortanais et de soldats vendéens avaient assisté à cette scène ; frappés de l'adresse et du courage de ce moussaillon, ils l'admiraient malgré leur partialité contre les « grenouilles ».

Mais le Lançon, d'un air furieux, les interpella et leur cria :

— Vous n'êtes pas des hommes ! Vous laissez vos petits tomber à cent sur un moussaillon, parce qu'il est du Marais. Tas de sans cœur! Vous êtes plus plats que des limandes et plus lâches que les requins qui s'attaquent aux harengs, pauvres petits poissons sans défense.

S'adressant plus particulièrement à un énorme paysan vendéen, il le poussa à bout, l'accusant d'avoir excité les enfants contre lui.

Il en arriva à ses fins.

Le Vendéen perdit patience et voulut l'empoigner pour lui administrer une correction ; mais le Lançon lui détacha un coup de pied, fit un bond, se mit hors de portée et hurla de plus belle, accusant, défiant, provoquant, si bien que tout le monde lui donna la chasse.

Il fit mettre en pièces le peu de culotte qui pendait à ses reins, et, après avoir échappé à la plupart des taloches qu'on lui destinait, il se mit à crier si fort à l'assassin, qu'on le laissa, hurlant, bavant, écumant et à peu près nu ; il se mit en marche vers la maison de l'évêque, simulant une exaltation extraordinaire et brandissant un pan de chemise taché d'un peu d'un sang qui n'était pas le sien, ce qui n'en produisait pas moins grand effet.

Les Mortanais se mettaient sur les portes ; les soldats qui bivaquaient dans les rues ou qui se trouvaient cantonnés, sortaient et s'informaient. Les uns riaient, d'autres s'indignaient que l'on eût mis ce petit en pareil état.

Les femmes s'apitoyaient :

— Est-il possible ! Un enfant ! Pauvre moutard ! Le voilà comme fou !

La multitude grossissait derrière le mousse qui arriva devant la maison de l'évêque, avec un cortège énorme.

Émoi de sentinelles !

Prise d'armes du poste.
Piaillements du Lançon.

— Voilà ce qu'il m'ont fait ! On m'a assommé. J'étais venu ici pour voir mon cousin Casse-Cailloux et m'engager dans la compagnie de son évêque. Quand y ont su que j'étais une « gueurnouille » z'y m'ont tapé dessus jusqu'à la mort ! J'veux voir mon grand cousin Casse-Cailloux pour qu'y leur z'y rende les coups !

Et comme accompagnements de la jérémiade, pleurs abondants !

Parmi la compagnie fort nombreuse, bien armée, bien équipée qui s'était improvisée à Saumur autour de monseigneur d'Agra, puis complétée par les soins de Casse-Cailloux, il y avait dans les rangs, grâce à ce dernier, beaucoup de « grenouilles », notamment sa bande de contrebandiers.

Entendant les réclamations du mousse qui se recommandait de son cousin Casse-Cailloux, un des contrebandiers quitta les rangs, et, sachant où trouver son chef, le ramena.

Comme Casse-Cailloux était autrefois un des lieutenants de Charette, le Lançon le connaissait bien, lui et les siens.

A la vue de ce grand singe qui apparaissait le masque crispé, le mousse poussa un cri de joie qui semblait partir du cœur et il se jeta dans les bras du gorille en braillant :

— Mon cousin, y m'ont assassiné !

Casse-Cailloux n'était pas tendre, mais il avait, d'instinct, l'amour de la race, de la famille, des petits singes qui pouvaient tenir à lui par le sang, de près ou de loin.

L'embrassade du mousse qu'il reconnut être assez laid pour être issu d'un gorille de son espèce, lui secoua les entrailles ; sa face prit une expression singulière et terrible, mélange d'intérêt pour l'enfant et de menace pour la foule.

Il était bouleversé, ce Casse-Cailloux, de voir son prétendu cousin tout nu : il demanda en grondant :

— Quoi qu'y t'ont fait? Quoi qu'y t'ont fait?

Et le Lançon de sangloter :

— M'ont foulé sous leurs sabots! M'ont piétiné, m'ont écrasé, m'ont assommé! Je venais m'engager chez vous! M'ont appelé « guernouille » par moquerie! M'ai fâché! M'ai battu pour l'honneur, à cause de vous, pour bien z'y montrer que la famille à Casse-Cailloux c'est des braves comme lui! M'ont attaqué à p'us de cent qu'y z'étaient! Les ai mordus! M'ai défendu! N'y en a beaucoup qu'est blessé! Me suis revengé! C'est des lâches! m'ont marqué, mais je les ai marqué aussi!

Le drôle montrait çà et là des figures endommagées parmi les curieux.

Casse-Cailloux comprit que son prétendu cousin s'était crânement conduit; il en fut flatté et un peu calmé.

Il s'avança toutefois vers la foule et il demanda :

— Qu'est-ce qu'y a?

Les mères des battus étaient accourues elles traînaient leurs mioches, elles firent entendre un concert de récriminations qui fut agréable à Casse-Cailloux; elles exhibèrent les traces des coups, spectacle enchanteur pour le contrebandier fier de son jeune et aimable cousin.

Il étendit son long bras et dit :

— Le petit a du poil! On l'a attaqué! Il s'est rebiffé! Tant pis pour vos gars!

Puis à la foule.

— Allez-vous-en!

Au Lançon :

— Viens-t-en z'avec moi, mon fi.

Le mousse cessa subitement de pleurer et fit mine

cependant de s'essuyer les yeux pour cacher un fin sourire et il suivit son gigantesque protecteur.

Lorsque Casse-Cailloux et le Lançon furent seuls en présence, le contrebandier posa au mousse la question d'origine.

— De qui que t'es, toi, petit cousin?

Le Lançon n'aurait eu garde de se dire le parent de Casse-Cailloux, s'il n'avait été à même de le tromper.

Il connaissait à celui-ci une cousine, mère de plusieurs enfants, habitant fort loin de la paroisse du contrebandier.

— Je suis dit-il, de Joséphine Elisabeth-Marie-Anne Jidossié et de Jean-Antoine-Étienne Maurin, du hameau de Saran.

— On met donc maintenant son père après sa mère, méchant mousse, dit Casse-Cailloux à cheval sur les prérogatives masculines.

— C'est pour vous faire honneur, grand cousin, dit le Lançon. Ma mère, elle tient de votre côté! Alors, comme l'honneur de la famille c'est vous, not'mère va devant!

Casse-Cailloux agréablement flatté, se dit :

— Mais il est intelligent, ce moussaillon! Et gentil tout plein!

— Çà, moutard! reprit-il tout amadoué, quoique je n'aie pas vu ta mère depuis longtemps, si même je l'ai jamais vue, je suis disposé à t'engager dans la compagnie. Mais qué que t'y feras?

— Je veux-t-être fifre ou tambour.

— Nous verrons ça. Mais comment que ça t'est venu de venir me trouver.

— Pour la réputation, cousin. On entend toujours dire : Casse-Cailloux a fait ci, il a fait ça, c'est un rude homme, c'est le meilleur! Ma foi, ça m'a donné envie de venir. Pour lors, la demoiselle Duclos allait à Mortagne; j'ai demandé à la suivre, sans dire que j'avais envie de la quitter pour vous, parce que les maîtres c'est ingrat et ça veut vous avoir à soi comme un chien qui reste fidèle!

— Ah, fit Casse-Cailloux avec une nuance de soupçon, tu viens de chez la *grande garse*.

Les Vendéens avaient surnommé ainsi mademoiselle Duclos, non en signe de mépris; mais parce que garse, féminin de gars, signifie la grande demoiselle.

— Belle personne, dit le Lançon, sans répondre directement; mais dure à servir et qui vous tape avec sa cravache comme un maître d'équipage avec sa garcette.

— Ah! fit Casse-Cailloux, elle te tarabustait, cette grande « bringue ».

— Oui, cousin, parce que je ne voulais pas lui servir de femme de chambre, pendant le voyage! On veut bien t'être le domestique de son capitaine ou du second à bord. Mais z'être femelle au service d'une femelle, c'est ça qu'est z'humiliant pour un jeune homme.

Casse-Cailloux réfléchit profondément, il connaissait l'intraitable amour-propre de ces petits bonshommes de mousses qui ont déjà leur point d'honneur; il se dit que, pour cette nuit, le Lançon pouvait lui être d'une grande utilité, du moment où il n'aimait point mademoiselle Duclos.

— Est-ce que la *grande garse*, demanda-t-il, sait que tu la quittes?

— Ah! cousin, pas de danger que j'y aie dit! Et la cravache! Cré tonnerre! C'est la cravache qui aurait caressé les côtes de ce pauvre petit moussaillon qu'est vot'parent dévoué.

— Bon! Tu vas me suivre à distance! dit Casse-Cailloux.

— A distance respectueuse, cousin.

— Pas respectueuse! Je me f... de ton respect! C'est de la prudence que je te demande! Ne faut pas avoir l'air de naviguer dans mon sillage. Tu te glisses dans mes eaux, mais en louvoyant; tu me vois embouquer une porte, tu laisses passer un moment et tu t'y faufiles. Tu attends dans le couloir. Je te hèle au bout d'un instant. Tu te hisses dans l'escalier et je te présente à quelqu'un qui peux te faire ton avenir.

— Cousin, moi je veux rester avec vous ! Je préfère être fifre dans votre compagnie que de devenir officier dans une autre.

— C'est bon ! Tu seras avec cette personne-là et avec moi, puisque je suis avec elle !

— Cousin, ça va !

— Ça va ! Ça va ! gronda Casse-Cailloux, moitié fâché, moitié content. V'la-t-y pas qu'y me donne son assentiment, comme si j'en avais besoin ! Je crois bien que ça va ! Ça ira toujours comme je voudrai ! Je te commanderai et tu iras de l'avant, même dans le feu, les yeux fermés.

— Ouverts, cousin, ouverts ! Faut z'y voir pour marcher !

Cette réflexion judicieuse ne déplut point à Casse-Cailloux qui, allongeant une calotte amicale au mousse, lui dit :

— Ça va bien, drôle !

Les réponses du mousse plaisaient fort à Casse-Cailloux.

Homme d'action, très laconique, ayant peine à joindre deux phrases, il admirait la facilité d'élocution de son prétendu cousin.

Il lui frappa sur l'épaule et lui dit :

— C'est bien ! Tu n'es pas un endormi ! Comment t'appelles-tu de ton surnom.

— Le Lançon !

— Lançon, mon fi, si tu te conduis bien, moi qu'ai pas d'enfant, je t'adopterai. En attendant je t'habille.

Il appela le fourrier de la compagnie pour qu'il fît vêtir le mousse.

Ce méchant crapaud avait si bien su prendre ce grand

vilain singe par son faible qu'il avait éveillé en lui un sentiment tout paternel.

L'orgueil de famille avait empoigné le contrebandier.

— Fourrier, dit-il, voilà mon cousin; c'est un petit qui promet.

— Pour sûr, dit le sous-officier avec conviction.

— Il veut être fifre, reprit Casse-Cailloux, et tambour en même temps. Il joue des deux instruments; faudra lui procurer ça! Mais faut aussi l'habiller. Comment faire?

— Dans cinq minutes, le temps de courir chez le marchand d'habits du coin de la rue, j'aurai ce qu'il faut : culotte, chapeau, chemise, peau de bique! Vous me signerez seulement un bon sur la caisse.

Et le fourrier fit un bon d'un chiffre très exagéré profitant de ce que Casse-Cailloux ne savait pas lire.

Il sortit laissant Casse-Cailloux à ses effusions de famille et revint bientôt avec un costume de soldat vendéen.

Quand le Lançon fut habillé, Casse-Cailloux lui dit :

— Je vais devant! Attention! Ne me perds pas de vue.

Et il se dirigea vers la maison de l'abbé Bernier.

Le mousse eût été un sot s'il n'eût point deviné que le contrebandier allait chez le curé, l'avertir de cette heureuse circonstance qui se présentait d'avoir un allié dans la place, c'est-à-dire chez mademoiselle Duclos.

En conséquence, au lieu de suivre son grand ami, il s'attarda à un coin de rue, après avoir fait un signe d'intelligence à un homme rasé et tondu qui observait Casse-Cailloux.

Cet homme, c'était Cloche-de-Bois.

Il fut très surpris de voir le mousse rhabillé à neuf, après l'avoir vu en loques; le mousse, lui, ne fut pas étonné de voir la drôle de tête qu'avait le Breton sans barbe, ni cheveux.

— T'es pas beau ! lui dit-il.

Et il rit de bon cœur.

— C'est pas le moment de te f... du monde ! fit observer Cloche-de-Bois. Dis ce que t'as à dire et je m'en vais. Faut que je surveille le Casse-Cailloux.

— Inutile ! dit le mousse. Mademoiselle m'a envoyé ! Je sais déjà un tas de choses, mais je vais en savoir bien plus. Tu vas t'en retourner près de mademoiselle.

— Mais...

— Elle m'a dit de te renvoyer.

Le mousse mentait ; mais il n'y avait pas à discuter avec cet entêté Breton, il fallait procéder par affirmation.

— Si elle l'a dit, déclara Cloche-de-Bois, faut que j'obéisse !

— Parbleu ! fit le mousse. Avertis-la que mon cousin Casse-Cailloux...

— Ton cousin ?

— Tiens, tu ne le savais pas ? C'est mon cousin depuis que je suis au monde.

— Petit blagueur !

— Blagueur ou pas, je m'en vais rejoindre mon cousin chez l'abbé Bernier, dit le mousse ; et je saurai tout ce qu'ils veulent faire cette nuit ; même que je m'offrirai à leur z'y aider.

— Ah ! canaille ! dit en riant Cloche-de-Bois. Es-tu assez vicieux !

— Avec ça que tu ne l'es pas, toi !

Ces deux êtres s'estimaient fort l'un et l'autre.

— Pour lors, dit le mousse, avertis mademoiselle. Je reviendrai le plus tôt possible et nous tendrons le piège au sanglier.

— On le panneautera ! dit le Breton.

Et ils se séparèrent allant chacun à son affaire.

CHAPITRE XXXVII

CONVOITISE

L'abbé reçut les confidences de Casse-Cailloux avec le plus vif intérêt.

Une petite analyse de ce qui se passait dans l'esprit du curé Bernier permettra de juger de ses dispositions.

Ce prêtre paysan, cette grosse et puissante nature de Vendéen, ce tempérament fougueux, ardent, vorace et brutal de sanglier, cet homme mis sans cesse en ébullition par les convoitises, pareil au porc pour ces violents appétits, ce rustre auquel tout était bon, même la femelle malpropre, était piqué d'une fantaisie, si l'on peut appeler fantaisie une convoitise brûlante.

Il voulait tâter d'une Parisienne; il avait le flair délicat de la race porcine et, tout en plongeant souvent son groin dans la fange, il n'en était pas moins épris des parfums délicats.

Il rêvait d'une femme qui sentît bon, d'une délicate, d'une raffinée !

Une Parisienne ! Voilà qui ferait diversion avec tous les cotillons imprégnés de l'odeur de fumier qu'il avait troussés jusqu'ici.

Étant donné les emportements de l'homme, posséder mademoiselle Duclos était devenu une idée fixe.

Au piment du désir s'était ajouté le coup de fouet de l'orgueil froissé.

Elle s'était moquée de lui !

Il avait sur le cœur le mauvais tour qu'elle lui avait joué.

La tenir !

Lui montrer qu'il la tenait bien entre ses mains, la forcer à demander grâce et au besoin la violer, si elle ne se rendait pas, tel était le plan du curé Bernier !

Une fois hanté par des visées pareilles, l'abbé Bernier ne pouvait s'en débarrasser que par la lassitude des satisfactions sensuelles poussées aux dernières limites de l'abus.

J'ai évité d'employer le mot passion pour peindre les lubricités de ce prêtre ; il y a dans la passion quelque chose de grand, de noble, qui relève celui qui l'éprouve.

J'ai dit un caprice, parce que la langue française est bégueule.

En réalité, un désir inassouvi produisait sur ce prêtre le même effet que sur la bête ; il en était affolé.

Il en perdait la prudence, la clairvoyance, le sentiment du vrai ; il n'y voyait plus et il était comparable toutes proportions gardées, au chien qui reste le nez collé sur la fente d'une porte et que les coups de bâton, les pierres, rien enfin ne peut faire renoncer à sa poursuite amoureuse.

Or, depuis le retour de mademoiselle Duclos, le phénomène inévitable de l'approche d'une femme convoitée, s'était produit.

Le curé avait vu la grande courtisane, il l'avait cherchée et aperçue ; ses sens s'étaient embrasés ; il ne tenait plus en place. A peine la dispute avec M. de Lescure avait-elle pu le distraire, et le coup de pied de la Perrière n'avait été qu'un dérivatif insuffisant.

Cependant il sentait qu'il venait de s'attirer des ennemis acharnés.

Aussi n'était-il pas sans inquiétude sur les conséquences de l'expédition qu'il méditait contre mademoiselle Duclos.

Mais il ne pouvait se décider à y renoncer, quoi qu'il dût en arriver.

« Elle a Charette, se disait-il. Mais tout le monde est contre Charette! Advienne que pourra, du reste! »

C'est dans ces dispositions que Casse-Cailloux le trouva.

On juge de l'effet produit sur le curé par le récit fidèle des aventures du moussaillon, faisant émeute en ville, après avoir entrepris le voyage pour venir s'engager près de son grand cousin Casse-Cailloux.

L'abbé saisit au vol l'idée émise par le contrebandier que le mousse pouvait être utile à quelque chose.

— Je vais l'interroger, dit Bernier. Et je saurai quel fond on peut faire sur ce mauvais garnement, appelle-le.

Casse-Cailloux héla le Lançon.

Le petit bonhomme fila comme une flèche dans l'escalier et se planta devant Casse-Cailloux en lui disant :

— Me v'là!

— Tiens-toi bien, dit le contrebandier. J'vas te présenter devant M. le curé Bernier! Attention.

— J'veux pas! fit le mousse. J'peux pas. J'ose pas. Ça m'interloque moi, les curés.

Casse-Cailloux qui n'aimait pas ces résistances-là, prit le mousse au cou et par le fond des culottes, et il le déposa délicatement devant Bernier.

CHAPITRE XXXVIII

DE MOUSSE A PRÊTRE

Comment l'esprit vient aux mousses, ceux qui connaissent la vie du bord, le savent.

Le mousse est le paria de l'équipage ; il est l'esclave de tout le monde.

Chacun le commande, le gourmande et le bat.

Comme tous les faibles que l'on tyrannise, il apprend à mentir, à payer d'audace, à être fourbe, adroit, insinuant, flatteur, dissimulé et observateur.

Un mousse ne serait pas un mousse, s'il n'avait pas remarqué que le supérieur est toujours flatté d'inspirer la crainte et le respect.

Le Lançon savait ça et il simulait un trouble profond devant le curé Bernier.

Celui-ci y fut pris.

Ah ! s'il avait su de quelles rouéries un moussaillon est capable, il se serait peut-être défié ; mais il avait toujours vu les galopins du catéchisme trembler devant lui, et il s'imagina qu'il fallait rassurer celui-ci.

— Là, fit-il, ne crains rien, mon enfant ! Je ne veux que ton bien. Nous essayerons de faire quelque chose de toi. Tu sais que ton cousin m'est dévoué ; si tu veux me rendre aussi des services, tu seras richement récompensé.

— Grand, grand mer... merci... Mon... Mon... seigneur; dit le Lançon tournant son chapeau dans ses doigts et tenant l'œil bas.

Cette petite canaille avait sa diplomatie et il lâchait ce « Monseigneur » à bon escient ; il continuait son système de flatterie.

— Pourquoi m'appelles-tu monseigneur? demanda Bernier.

— Parce que, dit le mousse bégayant, hésitant, parce que mademoiselle Duclos vous appelle toujours monseigneur Bernier, elle dit comme ça que vous serez un jour cardinal, peut-être pape.

Le mousse s'était fait un raisonnement assez subtil.

Il s'était dit : ma maîtresse craint que le Bernier ne lui fasse du mal. Amadouons ce curé et tâchons de lui insinuer que « Mademoiselle » l'estime et en dit du bien.

N'étant pas dans le fin des secrets de sa maîtresse, le Lançon n'en pressentait pas moins qu'il fallait désarmer, si possible, les rancunes du prêtre ; car, selon lui, mademoiselle Duclos avait été très imprudente de venir, avec si peu d'escorte, se fourrer dans la gueule du loup.

Cette manière de voir n'était pas absolument juste; mais les manœuvres du mousse eurent un heureux résultat.

— Ah ! dit Bernier, ta maîtresse se moque de moi, en me donnant du « monseigneur » ?

— Elle se moque pas, dit le Lançon. L'autre jour, elle disait à M. de Charette, et je l'ai entendu de mes oreilles, elle disait : C'est-y malheureux tout de même de m'être brouillée avec un homme qui sera z'évêque, qui sera cardinal, qui sera, peut-être, Not'Saint Père le Pape.

— Ah ! ah ! fit Bernier mordant à l'hameçon. Et qu'a répondu M. de Charette ?

— Il a secoué la tête, fit le mousse. Il disait pas grand'-chose : heuh ! heuh ! qui vivra verra ! J'ai pas pu en savoir davantage, vu que mademoiselle m'a allongé un coup de cravache...

— Et pourquoi est-elle venue à Mortagne ? demanda Bernier ?

— Peut-être pour les affaires de M. de Charette ! Peut-être pour se remettre bien avec vous. M'a semblé entendre qu'elle en parlait.

Et le mousse broda sur ce thème autant qu'il plut à Bernier d'y rester.

Celui-ci fut saisi d'un espoir.

Infatué de lui-même, aveuglé par ses désirs, il se monta l'imagination.

— Elle se repent ! pensait-il. Elle reconnaît qu'elle a eu tort de se jouer de moi. Elle comprend maintenant ce que je vaux !

Au mousse :

— Voyons, petit, tâte-toi ! Veux-tu décidément être à moi ?

— A mon grand cousin d'abord, dit le Lançon, et à vous ensuite.

— Veux-tu te venger des coups de cravache que tu as reçus ?

— Oh ! oui, pour lors.

— Veux-tu gagner cette belle pièce d'or que je te donnerai demain, si tu fais tout ce que nous voudrons ?

Le Lançon se mit un éclair dans les yeux et feignant l'enthousiasme :

— Tonnerre ! s'écria-t-il. Un louis ! Vrai, vous me donneriez un louis ?

— Oui, mon garçon.

— Commandez-moi ce qui vous plaira, même de ficher le feu à la ville et je vous obéirai. Mais vous me donnerez le louis ?

— Mieux que ça ! dit Bernier. Le voilà ! Et je t'en promets un autre après l'affaire.

Le mousse prit la pièce, se mit à danser, à trépigner et demanda :

— Quoi qui faut faire ? Quoi qui faut faire? Dites-ça, vite, pour voir !

La main de Casse-Cailloux s'appesantit sur le Lançon.

— Là, fit le contrebandier en pesant sur le moutard, tiens-toi z'en place.

Bernier s'était laissé prendre absolument à la comédie jouée par le mousse; il aborda la question importante, et il demanda :

— Tu sers, paraît-il, de femme de chambre à mademoiselle Duclos.

— Oui ! dit le mousse d'un air gauche et penaud. Mais je ne veux plus de ça.

— Reste encore près d'elle ce soir ! dit Bernier.

Puis, lui tapotant les joues et lui tirant l'oreille avec ces façons papelardes qu'ont les prêtres pour amadouer les enfants :

— Va ! dit-il. Descends ! Reste dans l'allée et attends-y ton cousin. J'ai à lui parler. Il te donnera tes instructions ensuite.

Le Lançon se tira poliment une mèche de cheveux en signe de salut et s'en alla en disant :

— A vot'respect, monseigneur et la société ! Pour avoir l'honneur de vous revoir et grand merci !

Il s'en alla accompagné par deux regards sympathiques.

— Brave, petit bonhomme ! dit l'abbé. Il est venu fort à propos.

— Il a bon bec, pas vrai, monsieur le curé ? fit Casse-Cailloux.

— Et il est intelligent ! ajouta Bernier. Voilà qui nous permet de modifier notre plan de campagne. Au lieu d'enlever mademoiselle Duclos, nous pourrons peut-être éviter le bruit ; en tout cas, je ne veux recourir à la force qu'à la dernière extrémité. Tu as entendu ce qu'il a dit, ton petit cousin ? Elle tient à se réconcilier avec moi ! Donc je veux d'abord savoir s'il y a moyen de s'entendre.

— Dame ! si ça se pouvait ! dit Casse-Cailloux en riant. Vaut mieux se payer une femme par la douceur que la prendre de force.

— Mais, dit Bernier, il ne s'agit pas de ça ! Êtes-vous fou, Casse-Cailloux ? Je ne m'occupe de mademoiselle Duclos que pour le bien de la cause et pour traiter des affaires politiques.

— Je vous crois, je vous crois, fit le contrebandier d'un air railleur.

Bernier glissa sur ce point scabreux et il reprit :

— Donc, le mieux serait de m'assurer l'entrée de la maison, en secret. Tu achèteras la complaisance du teinturier chez qui loge mademoiselle Duclos. Mets-y le prix.

— Bon, dit Casse-Cailloux.

— Avec tes fidèles, tes douze apôtres, comme tu les appelles, tu auras facilement raison de la petite escorte de mademoiselle Duclos. On peut, du reste, les endormir en mêlant de l'opium à leur vin.

— Bonne idée ! fit Casse-Cailloux.

— Une fois dans la maison, vous vous y cacherez. La compagnie, divisée par groupes, aura l'air de faire des patrouilles aux environs. Elle se tiendra prête à soutenir la bande, si cela devenait nécessaire, ce qui est peu probable ; à tout prévoir, peut-être faudra-t-il arrêter et transporter mademoiselle Duclos.

— J'en doute après ce que le petit nous a conté. Mais à quoi va-t-il servir, lui ?

— A m'introduire, sans bruit, près de sa maîtresse. Je ne veux pas lui demander une entrevue, je veux la surprendre.

— Pour parler politique? dit Casse-Cailloux en riant.

Et toujours railleur :

— Je vais, dit-il, m'entendre avec mon moussaillon de cousin. Il est fûté ; il me fera connaître les tenants et les aboutissants. Je reviendrai vous mettre au courant.

— Va! dit Bernier.

Et une fois seul !...

— Enfin !...

Une demi-heure après, le mousse racontait avec une exactitude merveilleuse à mademoiselle Duclos tout ce qui s'était passé et lui faisait un récit minutieux de son entrevue avec Bernier.

Cloche-de-Bois, de son côté, était venu prévenir sa maîtresse que Casse-Cailloux s'était abouché avec le teinturier.

Mademoiselle Duclos avait trop d'esprit pour ne pas tirer de la situation tout le parti possible.

Elle écrivit à de Lescure et à plusieurs autres qu'elle savait indisposés contre Bernier ; elle fit aussi donner un mot à Guillot, faux évêque d'Agra.

Elle chargea le vigoureux Cloche-de-Bois de recruter assez de solides gaillards pour tenir en respect la bande de Casse-Cailloux, et, toutes ces dispositions prises, elle attendit que Bernier se jetât dans le piège.

Quand on songe que Napoléon Ier acheta plus tard, fort cher, ce Bernier qu'il fit évêque de Vannes, qu'il le combla de biens et d'honneurs, on ne peut s'empêcher de rappeler avec intérêt tous les détails du scandale de cette nuit-là, dont le souvenir était encore très vif, il y a vingt ans, dans Mortagne.

Des témoins des faits les racontaient à cette époque à qui voulait les entendre.

On va voir dans quel bois l'empereur taillait les crosses d'archevêque !

CHAPITRE XXXIX

LA SOURICIÈRE

Il est dix heures du soir.

Le couvre-feu sonne au clocher de Mortagne, les vibrations de la cloche, s'étendant sur la ville, semblent éteindre les lumières.

Le roulement des tambours accompagne des bruits de volets se fermant et de verrous grinçant dans leurs gaines.

Dans le camp, autour de la ville, la corne à bouquin mugit l'ordre à tous les soldats de rentrer à leurs bivacs.

Tout se tait.

Dans les rues, les patrouilles circulent, rejetant brutalement dans les allées les hommes ivres et cognant contre les croisées pour imposer silence aux chambrées qui tardent à dormir.

Il n'y a lumière et mouvement que dans les quartiers des chefs, reconnaissables à un drapeau blanc planté devant leur porte et gardé par un poste.

Parmi ces maisons privilégiées, se trouve celle de mademoiselle Duclos.

Près de son drapeau, un seul homme, assis sur une borne, au lieu d'être debout, et paraissant écrasé de fatigue; la faiblesse de l'escorte qui accompagne la jeune femme ne permet pas de mettre plus d'un planton près de l'étendard ; encore ce planton semble-t-il profondément endormi.

Autour de la maison, à distance, allant, venant, se croisent des détachement très forts de la compagnie, dite d'Agra, qui appartient au Vicaire apostolique, mais dont Bernier a jusqu'ici disposé comme sienne.

Un homme passe, ayant l'air de regagner son gîte péniblement, c'est l'émissaire des bleus, c'est l'espion de mademoiselle Duclos.

Il regarde à la fenêtre de celle-ci.

Deux lumières !

Bon signe.

La division, la haine, la discorde sont au camp vendéen.

L'espion hâte le pas et disparaît, il gagne la campagne, évite les rencontres et parvient à l'aube au premier poste républicain, d'où il se dirige à cheval sur Nantes, pour y avertir Canclaux, que l'on peut commencer les opérations contre l'armée vendéenne, désunie et travaillée en tous sens.

Après le passage de l'espion devant la maison de mademoiselle Duclos, un autre homme parut, simulant l'ivresse ; il s'approcha très près du planton, grommela assez haut entre ses dents pour que ce planton, assis sur sa borne, eût levé la tête s'il n'eût pas été endormi, puis l'homme lui mit un doigt sur l'épaule, le secoua sans l'éveiller et s'en alla pour revenir bientôt accompagné de douze hommes, marchant sans bruit.

C'étaient les douze apôtres de Casse-Cailloux, ses contrebandiers.

La porte de la maison s'ouvrit à leur approche et ils entrèrent, un à un, assourdissant leurs pas.

Quelques instants plus tard ; l'abbé Bernier déguisé en officier vendéen, escorté par Casse-Cailloux lui-même, pénétrait dans la maison et il y était reçu par le moussaillon.

— Eh bien? demanda Casse-Cailloux à voix basse au petit homme.

— Ça va! dit le Lançon. Vos hommes, cousin, sont dans la boutique du teinturier. Vous, vous allez rester ici pour si M. le curé avait besoin de vous. Moi, je le conduis près de mademoiselle.

Et les hommes d'escorte de la demoiselle? demanda Casse-Cailloux.

— I z'ont tous bu le vin ousque le teinturier a mis la drogue. I dorment comme le planton!

— Bien! dit Casse-Cailloux. La maison est à nous.

Le curé demanda :

— Qu'est-ce que fait mademoiselle Duclos en ce moment?

— Elle écrit! dit le mousse.

— Mène-moi près d'elle.

Casse-Cailloux remarqua, non sans surprise, que la voix du curé tremblait.

Pendant qu'il s'éloignait, il se dit à part lui :

— Ça le tient! Ça le tient! C'est pourtant un mâle homme, ce prêtre!

— Eh! Casse-Cailloux, c'est précisément parce que c'est un mâle, qu'il est ému, troublé et qu'il éprouve même de l'hésitation.

Arrivé près de la porte que lui montrait le Lançon, au lieu d'avancer, le curé dit au gamin :

— Je ne veux pas effaroucher mademoiselle Duclos en entrant brusquement. Annonce-moi! Dis-lui que je désire lui parler pour affaire importante! Et si elle te demande comment je suis entré, tu lui expliqueras que je suis maître de toute la maison; mais qu'elle n'a pas à s'effrayer, car je ne n'ai pas l'air irrité contre elle.

Le mousse se permit de sourire étant dans l'ombre.

Il frappa à la porte de la chambre et entra.

Pendant qu'il parlait à mademoiselle Duclos, le curé crut entendre un bruit de chaise renversée dans la salle du bas où il avait laissé Casse-Cailloux.

— Le maladroit! fit-il.

Casse-Cailloux n'était pas maladroit, Casse-Cailloux était tout simplement aux prises avec Cloche-de-Bois et trois autres vigoureux gaillards.

Croyant aux assertions du mousse, supposant toute l'escorte endormie, le contrebandier en avait pris à son aise.

Il était fatigué, il s'était assis et il avait bourré une pipe.

Mais, dans l'encadrement de la porte laissée ouverte pour entendre au besoin l'appel du curé Bernier, Casse-Cailloux, occupé qu'il était à son briquet, n'avait point vu se dresser la silhouette rugueuse de Cloche-de-Bois.

Le Breton tenait à la main son bâton ferré.

D'un bond, il fut sur Casse-Cailloux qui reçut un coup de cet assommoir sur la tête et tomba en arrière sur sa chaise culbutée.

Aussitôt il fut ficelé, bâillonné et gardé à vue.

La même opération avait été faite en grand, très habilement, pour ses douze apôtres; car ce Cloche-de-Bois était un maître homme, sachant jouer du bâton.

Voici comment le coup s'était fait.

Le mousse qui avait reçu les contrebandiers, les avait menés par une allée étroite, obscure, pleine d'eau fétide, puante, chargée des odeurs de teinturerie, vers la boutique où ils devaient se tenir.

Le gamin avait une chandelle en main, il allait devant; au moment où il venait de pénétrer dans la boutique, il laissa si maladroitement tomber la lumière qu'elle s'éteignit.

— Entrez! entrez! dit-il! Je bats le briquet pour rallumer.

Les contrebandiers entrèrent dans cette vaste pièce sombre où quelques rayons de lune filtraient par une imposte vitrée donnant sur la rue.

Mais tout à coup, par cette porte, par celle de l'allée et celle d'une chambre intérieure qui s'ouvrirent, Cloche-de-Bois et plusieurs bâtonnistes émérites tombèrent, l'assommoir haut, sur les contrebandiers et les abasourdirent en moins de rien.

A peine entendit-on les douze apôtres proférer un jurement ou un cri.

Ainsi tout se préparait de telle sorte que le curé Bernier devait être livré sans défense aux malicieuses combinaisons de mademoiselle Duclos.

Non seulement les contrebandiers étaient réduits à l'impuissance, mais la compagnie d'Agra, que le curé croyait à lui, était en ce moment très disposée à lui faire un mauvais parti.

Prévenu par le billet de mademoiselle Duclos, le faux évêque avait fait appeler le capitaine et lui avait dit :

— Êtes-vous, mon cher capitaine, de ma compagnie ?

— Mais, monseigneur, vous m'avez nommé vous-même.

— Il n'y paraît guère ! dit Guillot d'un air pincé.

— Puis-je savoir pourquoi, monseigneur ?...

— Je vais vous le dire.

Et d'un geste, montrant un siège.

— Asseyez-vous ! dit-il.

Le capitaine fort intrigué écouta.

— Vous n'êtes pas plus le chef de la compagnie, dit-il, que je n'en suis le maître. C'est Casse-Cailloux avec ses contrebandiers et Bernier, par son influence, qui mènent tout dans notre troupe.

— Mais, monseigneur, dites un mot et nous chassons ce monde-là !

— Même le curé ?

— Surtout le curé !

— Alors, capitaine, le mot, je le dis ! Je vous ai choisi comme gentilhomme et comme ancien officier, ayant de l'énergie ; il m'est aussi pénible de vous voir humilié, par un bandit, que moi par un prêtre intrigant. Vous aurez l'air d'obéir encore en tout au curé. On va vous faire faire patrouille ; vous vous tiendrez comme on vous le commandera aux environs de la maison de mademoiselle Duclos. Mais vous verrez sortir de la maison un homme sur lequel on criera : « Tayau ! Au sanglier ! » Tapez dessus avec vos baguettes et vos crosses de fusil et pourchassez-le par les rues.

— Cet homme ? fit le capitaine.

— Cet homme, dit l'évêque d'Agra, sera l'abbé Bernier, surpris en flagrant délit de luxure par plus de dix gentilshommes, dont M. de Lescure.

— Ah ! dit le capitaine, quelle fête pour la compagnie.

Et il combina ses mesures avec le faux évêque d'Agra.

Le *panneautage* était, on le voit, préparé d'une main savante.

Cependant le curé, se croyant sûr de tenir mademoiselle Duclos, jugeait qu'il se montrait très galant homme et très généreux en la faisant prévenir et rassurer par le mousse. Celui-ci demeura quelques secondes à peine chez mademoiselle Duclos, puis il sortit et dit à voix basse au curé :

— Elle a répondu en riant que ce n'était pas la peine de prendre sa maison d'assaut pour lui rendre visite.

— Ah ! fit Bernier.

— Elle a dit, continua le mousse, qu'elle savait bien que vous ne lui vouliez pas de mal, qu'elle n'a pas peur de vous, que c'est vous qui avez peur d'elle ; à preuve que vous vous faites accompagner. Vous pouvez entrer ! Elle vous attend !

Bernier se sentit tout penaud, surtout quand le mousse ajouta :

— Je vous l'avais bien dit qu'elle tenait à vous voir.

Maintenant il avait honte d'avoir employé la force.

Il entra.

Mademoiselle Duclos, en déshabillé très simple, travaillait à sa correspondance.

Assise, demi-penchée sur son pupitre de voyage, elle traçait de sa belle main les dernières lignes d'une lettre à Charette.

Ayant l'habitude du théâtre, la science des effets, mademoiselle Duclos avait disposé la lumière des bougies de façon à faire valoir cette main merveilleuse dont tout Paris avait parlé.

L'abbé qui ne connaissait que les grosses pattes rougeaudes et crevassées des filles de ferme ou les doigts piqués des couturières, l'abbé qui n'avait jamais eu que des amours vulgaires, fut frappé d'admiration à l'aspect de cette main artistique, blanche, fine, dont la forme délicate et pure avait tenté le peintre David.

La jeune femme, quand elle entendit ouvrir la porte, mit, par un geste simple et coquet, sa main devant la lumière comme pour projeter plus de rayons sur la personne qui entrait; Bernier vit circuler le sang rose dans le tissu léger de la peau transparente.

La carnation féminine lui apparut alors dans ses délicatesses.

Depuis longtemps, mademoiselle Duclos avait su observer que c'est précisément la perfection des mains qui charme et qui étonne le plus les rustres.

Certaine de l'impression produite, audacieuse, comme toujours, elle tendit sa main au curé, qui fut ravi d'y mettre un baiser et d'aspirer le parfum qui s'en dégageait.

Le parfum, il le maudit souvent depuis, prétendant que c'était une de ces odeurs enivrantes qui surexcitent les sens et montent les imaginations! Il disait, plus tard, que « cette damnée femelle » avait dû acheter le secret d'une pâte d'amour subtile ou de quelque philtre qui inspirait le désir par la respiration.

C'était simplement la senteur discrète de l'ambre mêlée à cette fraîche et pénétrante saveur de noisette que l'on aspire des lèvres sur la peau satinée d'une jolie femme en belle santé.

Mais ces prêtres paillards veulent toujours expliquer leurs chutes par des diableries et ils voient de la sorcellerie partout.

Le charme de la voix vint ajouter à la fascination.

— Ah, dit en riant mademoiselle Duclos, vous voilà, monseigneur?

— Monseigneur! Monseigneur! dit Bernier. Ce n'est pas moi qui suis monseigneur! C'est l'évêque d'Agra!

— Oh, dit mademoiselle Duclos, il est évêque *in partibus infidelium* c'est-à-dire, comme on me l'a expliqué, évêque de rien du tout; vous êtes, vous, un évêque en expectative.

Puis lui montrant une chaise.

— Tenez, mon cher curé, asseyez-vous et causons. Aussi bien je vous attendais!

— Pourquoi? demanda-t-il.

— Parce que vous êtes un prêtre plein de rancune; vous ayant joué un mauvais tour, vous deviez désirer une revanche.

— Ah! dit Bernier devenant pourpre subitement, vous avez tort, mademoiselle, de me rappeler ce souvenir.

— J'ai raison au contraire, puisque je veux me confesser de cette faute et m'en repentir.

Et d'un air enjoué :

— L'abbé, il faut avoir de l'indulgence. J'ai péché par ignorance; je me suis conduite en Parisienne, ici, en Vendée! Autre pays, autres mœurs! Je croyais ne faire qu'une bonne farce dont vous seriez le premier à rire! Si vous saviez que de bonnes plaisanteries dans ce genre nous avons faites avec la Duthé aux princes, aux plus grands seigneurs, aux plus jolis abbés et même à des prélats! Mais ce qui est une blague amusante et sans conséquence à Paris devient un scandale en Vendée. Ici vous êtes tous fanatiques; à Paris on est sceptique.

Elle broda sur ce thème, lui racontant fort spirituellement des anecdotes qui lui prouvaient que les mésaventures amoureuses ne tiraient pas à conséquence, fût-on prêtre.

Il se laissa convaincre, émerveillé du reste par le brio de l'actrice qui lui jetait aux yeux des nuages de poudre d'or.

— Enfin, dit-il, je veux bien que vous n'ayez pas eu d'autre intention que de rire à mes dépens. Mais je n'en ai pas moins été atteint dans ma considération. Je veux un dédommagement.

— Et vous l'aurez! dit-elle en souriant. Je viens vous offrir la certitude du chapeau de cardinal que vous ambitionnez.

— Oh!... la certitude...

— Savez-vous, demanda-t-elle, ce que c'est qu'un certain cardinal Baldieri?

— Oui! dit-il. C'est le bras droit du pape, à vrai dire le vrai pape.

— Oui, fit-elle. Avez-vous entendu parler du comte de Ripera?

— On le dit fils du cardinal qui l'avoue du reste pour son neveu.

— Eh bien, mon cher curé, dit-elle, j'ai écrit au comte de Ripera pour lui demander le chapeau de cardinal et vous en coiffer. Voici la réponse.

Elle lui tendit une lettre qu'il lut.

Cette lettre, mademoiselle Duclos s'en était précautionnée en vue de la comédie habile qu'elle jouait en ce moment.

Le neveu ou le fils du cardinal (la paternité n'est pas prouvée historiquement), le comte romain qui faisait la pluie et le beau temps à la cour du Saint-Père, avait été envoyé à Paris en mission secrète.

Il s'était épris de mademoiselle Duclos qui avait aimé ce beau garçon d'une façon toute désintéressée ; on sait qu'elle était capable de ces engouements et de ces délicatesses.

Forcé par l'orage révolutionnaire de quitter Paris, le comte avait conservé de sa maîtresse le meilleur et le plus tendre souvenir ; il lui écrivait souvent.

Sur le point de partir en Vendée, ayant son plan bien préparé, mademoiselle Duclos avait prévu qu'un jour ou l'autre, elle pourrait avoir besoin d'un des prêtres influents de la Vendée.

Elle avait donc demandé au comte de lui promettre, dans une lettre qu'elle pourrait montrer, son appui chaleureux pour faire obtenir le chapeau au prétendant qu'elle lui désignerait lors d'une prochaine promotion ; ce prétendant elle ne le nommait point.

La lettre pouvait donc servir à plusieurs fins.

Bernier la lut et il fut émerveillé des hautes relations de cette femme étonnante ; il connaissait trop bien la cour de Rome pour ne pas apprécier la valeur de la recommandation du comte et du cardinal ; il se vit le chapeau sur la tête.

Mademoiselle Duclos tenait son homme :

— Vous voyez, dit-elle, que le comte n'a rien à me refuser, et qu'il me promet le chapeau pour mon protégé. Aussitôt que j'ai compris combien je vous avais nui, j'ai voulu réparer cette brèche faite à votre prestige. Et j'ai envoyé un courrier à Rome. En même temps, je me mettais en sûreté contre vous, près de M. de Charette.

Mais une fois mon courrier revenu avec la réponse favorable, je n'avais plus rien à craindre de votre rancune que je pouvais apaiser. Je suis donc revenue.

Il allait parler, elle lui fit signe de se taire.

— Pourquoi je quitte Charette? fit-elle allant au-devant de sa question. Tenez, je lui écris mes raisons.

Elle lui tendit la lettre qu'elle terminait au moment où il entrait.

Il la parcourut et il sentit une confiance imprudente s'affermir en lui.

— Oh! dit-il, vous avez raison. Ce n'est pas un homme, mais une bête fauve! Et puis, point de vues d'avenir! Ce ne sera jamais qu'un chef de bandes.

Elle défendit quelque peu Charette pour qu'il l'attaquât davantage ; puis, quand elle l'eut monté au point où elle le voulait, elle le mit sur le compte de d'Elbée, de La Rochejaquelein et des autres chefs qui tous écoutaient dans la pièce voisine ou qui y avaient des amis capables de leur rapporter la chose.

Jamais sanglier agacé par l'épieu ne s'y enferra mieux.

Jamais femme ne tendit piège plus habile à un prêtre; et, pourtant, celui-ci n'était pas dépourvu de finesse.

Cette nuit eut, du reste, une décisive influence sur les affaires de la Vendée et, par conséquent, sur les destinées de la France.

Tous les historiens de cette guerre de Vendée, royalistes ou républicains, ont constaté qu'à Mortagne, à la suite de dissentiments très vifs et de scandales mal étouffés, la plupart des chefs vendéens s'étaient brouillés à jamais.

Entre le parti du clergé et celui des gentilshommes, il y eut scission complète; on méconnut l'autorité du Comité où Bernier et le faux évêque d'Agra avaient conquis la prépondérance; chaque chef travailla pour soi; il fut impossible de rétablir la forte unité et le grand mouvement qui, sous Cathelineau, avaient présidé aux opérations.

Cette désunion profonde fut l'œuvre d'une femme et d'une nuit.

Chaque chef se sentit blessé au cœur en entendant le curé Bernier débiter ses diatribes contre tout ce qui était une tête intelligente ou un bras vaillant en Vendée.

Mais ce qui produisit le plus d'impression ce fut l'opinion émise par le curé sur l'évêque d'Agra.

Lescure, presque seul, connaissait la supercherie que l'on avait employée pour faire de ce Guillot un vicaire apostolique, mais tout l'état-major sut bientôt à quoi s'en tenir.

Mademoiselle Duclos, pour qu'il s'expliquât sur le faux prélat, glissa dans la conversation le nom de celui-ci.

Elle saisit le moment où Bernier exposait ses plans et lui dit :

— Vous avez des visées de grand diplomate, vous réussirez, à moins, que votre concurrent...

— Qui ça, fit-il, mon concurrent?...

— Mais l'évêque d'Agra!

Mademoiselle Duclos savait que Guillot, en compagnie de Lescure et d'autres personnages importants, entendait tout ; elle n'était pas fâchée de rendre toute réconciliation impossible entre les deux prêtres : le faux et le vrai.

— Ah! s'écria Bernier, voilà un rival que je ne crains pas.

— Très fort cependant!

— Non! Ce n'est qu'un finassier. Du reste, je le tiens! Il n'est pas évêque, pas vicaire apostolique, pas même dans les ordres...

Elle le poussa à déblatérer contre Guillot et à dévoiler ses arrière-pensées.

Elle atteignit ainsi un double but.

Les gentilshommes influents qui se trouvaient là, ignoraient la supercherie du faux évêque d'Agra et ils l'apprirent, ce qui déconsidérait M. de Lescure et le comité.

Lorsque Saint-Just disait que mademoiselle Duclos valait à elle seule l'armée de Mayence, il n'exagérait pas. Elle fit cette nuit-là un mal immense à la cause vendéenne.

Dès la première minute de l'entrevue, mademoiselle Duclos avait compris qu'elle dominait Bernier ; chasseresse habile, elle jugeait bien son gibier ; ce sanglier était moins dangereux qu'un tigre de l'encolure de Charette ; aussi joua-t-elle de ce prêtre avec un sang-froid, une sûreté, un brio qui firent l'admiration du parterre de gentilshommes cachés dans la pièce voisine.

Elle se donna le plaisir de rendre le curé ridicule.

Quand il eut bien daubé sur tous les généraux, sur tous les autres prêtres ; quand il eut dévoilé ses projets, mis à nu son âme ambitieuse et hypocrite, quand il fut perdu pour jamais dans l'esprit des auditeurs, elle se donna et leur offrit le régal de la déclaration d'amour d'un curé de ce calibre.

Ce fut très amusant, car ce prêtre paillard fut grotesque.

Elle l'amena aux extrêmes limites de l'affolement, se défendant, le contrariant, l'arrêtant, ayant l'air de résister, minaudant et lui faisant jurer tous les serments du monde.

Elle lui fit étaler son irréligion, envoyer Dieu et la Vierge à tous les diables, proclamer que Vénus seule était digne d'un culte.

Elle eut l'air de douter de son savoir-faire en galanterie, plaisanta sur l'inexpérience des prêtres, et il dit des énormités.

M. de Lescure s'en bouchait les oreilles dans la chambre voisine ; de la Pierrière mordait un mouchoir pour ne pas éclater de rire ; d'autres se tordaient.

L'évêque d'Agra affectait des airs pudibonds et effarouchés.

Tout à coup, les assistants entendirent un juron de Bernier, qui ne se gênait guère pour sacrer comme un païen ; puis le rire argentin de mademoiselle Duclos.

Elle s'était levée, débattue, avait échappé au curé, soufflé la bougie et disparu dans sa chambre à coucher contiguë à celle-là.

Bernier maugréant se mit à chercher à tâtons, se dirigeant dans la direction où retentissait le rire joyeux de mademoiselle Duclos : celle-ci l'appela.

— Par ici ! cria-t-elle. Et ne vous cognez pas aux meubles.

Cet appel lui rendit sa belle humeur et bientôt le lit craqua sous le poids de son corps ; mais presque aussitôt on l'entendit se débattre et hurler avec fureur.

Évidemment le tour était joué.

Aucun des invités de mademoiselle Duclos n'était dans la confidence.

On s'attendait bien à en voir de grises et à en entendre de vertes ; mais de la Pierrière lui-même n'espérait rien d'aussi rabelaisien que la scène dont il fut bientôt témoin.

L'aigre voix du mousse retentit hélant des hommes qui arrivèrent munis de lumières et inondèrent de clarté la chambre à coucher de mademoiselle Duclos.

Les invités, en y entrant, virent le lit couvert par les mailles d'un immense filet de pêche garni de ses plombs ; et, dans le lit, le curé Bernier honteux, confus, furieux et couché près d'une ribaude, bien connue dans l'armée vendéenne sous le nom de la Salopette et qui, au dernier moment, s'était substituée à mademoiselle Duclos.

On aurait pu dire que le curé avait trouvé la pie au nid, car elle bavardait avec une loquacité qui prouvait son intempérance.

Elle n'était guère intimidée par la présence de tout ce

monde, et toute dépoitraillée, elle se tordait comme une anguille sous les mailles, disant des obscénités, cajolant le curé, le plaignant par dérision et lui donnant les plus drôles de noms.

Bernier ne bougeait pas, ne répondait pas ; il étouffait, il suffoquait.

Les cordelettes qui suspendaient le filet au-dessus du lit avaient été tendues par une main experte, et coupées par elle au bon moment de la façon la plus adroite.

Le curé s'était senti pris et bien pris ; d'un côté du lit, dans la ruelle, le Lançon accrochait aux clous, plantés d'avance, les mailles retombantes ; sur le devant c'était Cloche-de-Bois qui procédait à cette opération.

Après quelques furieuses secousses, le curé avait compris l'inutilité de ses efforts, et il avait gardé l'immobilité farouche de la bête fauve prise au piège.

Mais la rage lui mettait l'écume aux lèvres et des râles dans la gorge, des spasmes nerveux le secouaient et le poil de sa poitrine velue, mise à nu, se hérissait, piquant ses longues et dures soies à travers les mailles du filet.

La ribaude faisait sur la situation les remarques les plus salées et les gentilshommes présents riaient de bon cœur, car de la Pierrière, qui avait l'esprit tourné à la gaudriole, donnait la réplique à la drôlesse.

Mademoiselle Duclos s'était éclipsée, après avoir dit deux mots au facétieux gentilhomme.

— Çà, messieurs, dit-il, il me semble qu'un tel spectacle mérite d'être offert au public ; on m'affirme que la compagnie de monseigneur d'Agra est en armes, près d'ici ; il faut la faire défiler par cette chambre ; elle rendra les honneurs au curé qui est, je crois, son aumônier particulier.

L'évêque, habile homme, s'était éloigné... par décence, mais le capitaine de sa compagnie était là !

— Messieurs, dit celui-ci, je vais chercher mes hommes.

Pendant qu'il allait rassembler ses pelotons dispersés en patrouilles, de la Pierrière interpella le curé.

Mais on n'en put rien tirer ; on entendait ses dents crier sous la contraction des mâchoires et le lit s'inondait de l'âcre sueur de son corps.

En vain de la Pierrière lui proposait-il de chanter Vigiles ensemble, en vain récita-t-il les litanies polissonnes du bréviaire pornographique, en vain la Salopette donnait-elle les répons assaisonnés de réflexions saugrenues et très humoristiques, le curé semblait être tombé dans un état voisin de l'épilepsie.

Mais bientôt l'on entendit le tambour battre la charge dans l'escalier ; la compagnie montait, l'infernal mousse en tête, tapant avec rage sur son tambour.

Il déboucha dans la chambre accompagné d'un joueur de biniou et ils se rangèrent pour le défilé de la compagnie, entamant un air de marche au pas ordinaire.

Chaque escouade pénétrait dans la chambre sur une file, faisait halte, front vers le lit, présentait les armes, poussait des vivats et repartait par le flanc.

Les soldats, bien entendu, échangeaient des quolibets avec la ribaude.

Le groupe railleur des seigneurs et des officiers faisait des gorges chaudes pendant ce défilé qui, rendant public le déshonneur de l'abbé, aurait dû éterniser sa honte ; mais le paillard n'en fut pas moins évêque de la main de Napoléon.

Quand la compagnie eut traversé la chambre, d'autres Vendéens lui succédèrent ; de proche en proche, la nouvelle s'était répandue et courait par les quartiers.

On s'éveillait, on s'annonçait cette extraordinaire exhibition et l'on se précipitait vers la maison du teinturier.

Il y eut un tel concours de monde que le défilé ne se fût pas terminé au jour, aussi fut-il interrompu.

— Messieurs, dit la Pierrière, en voilà assez ! Il nous reste à accomplir une cérémonie rabelaisienne qui demande les ombres de la nuit. Le plein jour serait vraiment trop indécent.

— Qu'allons-nous donc faire ? demanda de Vert-Pré.

— N'avez-vous donc pas entendu, dit la Pierrière, le curé s'écrier, sur la promesse de mademoiselle Duclos, qu'il exaltait jusqu'au troisième ciel et qu'il nageait dans le bleu.

— Si fait ! dit de Vert-Pré.

— Eh bien, qu'il n'en ait pas le démenti ! Mademoiselle Duclos ne veut point que son amoureux ait rien à lui reprocher ; nous allons le tremper dans la cuve du teinturier qui est précisément remplie d'indigo ; notre excellent camarade Bernier y nagera dans le bleu tout à son aise.

Et, sur un signe de la Pierrière, on décrocha le filet et on en débarrassa le couple prisonnier.

La Salopette voyant que le curé allait passer un mauvais quart d'heure se glissa dans la ruelle et disparut, pendant que Bernier, libre enfin, se dressait, sautait à terre par un saut de carpe et bondissait vers la porte comme un fou.

Mais il tomba dans les bras de Cloche-de-Bois qui, aidé de ses acolytes, le transporta dans la cour du teinturier, remplie, bondée de monde.

Le mousse battant du tambour précédait Cloche-de-Bois : il faisait rage sur sa peau d'âne et criait :

— Place ! Place pour le sanglier ! Nous allons teindre ses soies en bleu !

Bernier se débattait, mordait, hurlait, frappait.

La foule riait, exultait.

On criait :

— Cochon échaudé craint l'eau froide!

— A la cuve! A la cuve!

— A l'eau le pourceau!

Et tous :

— Tayau! Tayau!

Dans ce pays de grandes chasses, beaucoup de piqueurs, engagés dans l'armée, avaient apporté leurs trompes et ils en cornaient à toute joie.

Ils sonnèrent l'air de la traversée de la mare à pleins poumons.

C'était un tapage, un vacarme, une cohue qui réveillèrent la ville et les camps tout autour de Mortagne.

La cour était pleine, les rues se gonflaient d'une multitude tumultueuse dont les ondulations et les bruits rappelaient celui de l'Océan à la marée montante.

Tous les carrefours, toutes les places, toutes les avenues des faubourgs et les routes se remplirent.

La nouvelle volait de bouche en bouche.

Ce cochon en soutane, ce porc de Bernier, venait d'être surpris en flagrant délit d'impudicité.

Et avec qui?

Avec la Salopette!

La ville et l'armée, bourgeois, officiers et soldats étaient en liesse.

Bientôt, aux abords de la maison, il se fit un grand hourvari.

La compagnie de l'évêque d'Agra sortait de la maison du teinturier et criait :

— Au large! Passage pour le sanglier bleu!

Et les soldats s'étendaient, se formaient en haie et prenaient en main la baguette de leur fusil.

La foule comprit et, docile, elle s'ouvrait laissant une trouée dans sa masse, dans le milieu de la rue, marqué à cette époque par le ruisseau, toujours tracé au centre de la chaussée. Et quand les cors sonnèrent le débuché, on vit un homme tout nu et ruisselant, battu à outrance par une bande de traqueurs armés de verges, en tête desquels étaient Cloche-de-Bois et le damné mousse.

Le curé bondissait, filant comme un trait dans le jour qui s'offrait à lui à travers la foule et suivant le ruisseau.

On criait : Tayau ! Tayau ! On riait, on frappait et on poursuivait...

Et lui, doué d'une vigueur surhumaine, poussait sa pointe avec une vigueur de jarret et de poumons qui prouvait que son surnom n'était pas volé.

C'était bien un sanglier ; on s'en aperçut aux coups de boutoir.

Il s'arrêta un instant pour saisir un fusil aux mains d'un soldat et il s'en servit pour se frayer un chemin dans la foule, gagna le faubourg, la campagne, un petit cours d'eau bordé de saules qu'il traversa et de l'autre côté duquel il disparut, laissant l'eau teinte de bleu qui couvrait son corps.

Fugit ad salices.

Mais en fuyant vers les saules il ne désirait plus qu'une *chose, ne plus être vu...*

CHAPITRE XL

ROULÉ

Mademoiselle Duclos avait disparu de la chambre à coucher où le curé était pris au filet.

Dès que le faux évêque d'Agra s'en aperçut, il dit à M. de Lescure :

— Je ne puis supporter ce spectacle et compromettre plus longtemps ici ma dignité ; ce malheureux Bernier me fait peine.

— Allez, *monsieur !* dit de Lescure.

Ce *monsieur* tinta désagréablement à l'oreille de Guillot.

— Monsieur...

Il n'était donc plus évêque, vicaire du pape, monseigneur.

De Lescure lui-même l'abandonnait et jugeait impossible de continuer à soutenir le mensonge.

Et c'était la conséquence des révélations de Bernier.

Il maudit alors la funeste idée de mademoiselle Duclos.

— Décidément, pensa-t-il, à remuer la boue chacun doit se pincer le nez, car ça pue pour tout le monde.

Il se mit à la recherche de mademoiselle Duclos.

Il questionna.

On n'avait vu aucune femme quitter la maison.

Il perquisitionna.

Pas de jupe, hors la teinturière et la Salopette.

Il eut comme un pressentiment.

— Elle m'avait promis de rester, de revenir près de moi ! pensa-t-il. Se serait-elle enfuie près de Charette ?

Un soupçon se forma dans son esprit et il se demanda :

— Se moquerait-elle de moi comme de Bernier ?

Il parcourait la maison de la cave au grenier.

Personne qui pût le renseigner, sauf un garçon teinturier qui lui dit :

— Mademoiselle n'est pas partie, mais les gens de sa suite avaient fait préparer des chevaux et ils s'en sont allés avec un jeune officier.

Ce fut un trait de lumière pour le faux évêque.

« L'officier, pensa-t-il, c'est elle ! »

Il s'acheminait vers son domicile, perdu dans la foule en liesse, houleuse encore et commentant l'événement.

Quand il arriva dans son quartier, on lui remit une lettre.

Elle était de mademoiselle Duclos.

Il lut :

« Monseigneur,

» Je fuis.

» Je connais le sanglier et je crains les coups de boutoir.

» La bête est dangereuse.

» Défiez-vous-en.

» Pour moi, je ne vois qu'un moyen d'échapper à la vengeance d'un animal aussi sournois que brutal, c'est d'aller me remettre dans la gueule du tigre.

» Je reviendrai, quand je le pourrai, baiser votre anneau épiscopal.

» Agréez, etc.

Quand il eut lu cette lettre, Guillot éprouva un amer désappointement.

— Décidément, pensa-t-il, elle est plus forte que nous. Elle travaille pour Charette et nous a tous brouillés !

Puis, creusant son idée, se rappelant tout ce qui s'était passé, il se forma une conviction et dit :

— Cette guenon nous a mis tous dedans ! Elle se f... de nous.

Et il arpenta sa chambre avec rage, en murmurant :

— Roulé ! Elle m'a roulé !

CHAPITRE XLI

RANCUNES

Le curé Bernier était un caractère.

Ce porc avait de la vigueur.

Ce mâle était un homme.

Après une pareille mésaventure, d'autres se seraient crus perdus à jamais.

Une fois en sûreté, il n'eut pas même un seul instant l'idée de plier devant le courant d'opinion qui s'était formé contre lui.

Il n'hésita pas.

Avant le jour, il rentra dans Mortagne, gagna son domicile couvert d'un vêtement de soldat emprunté dans un bivac; il fit d'abondantes ablutions et endossa sa soutane.

Une heure après le lever du soleil, il sortit, se dirigea vers l'église de la ville et il pénétra dans la sacristie.

Il trouva là ses confrères venus pour dire la messe.

Les autres prêtres firent mine de lui dire : Raca! Et ils voulurent l'expulser.

Il entra dans une sainte colère, leur reprocha de l'abandonner, lui, victime innocente d'un odieux guet-apens; il les menaça, les terrifia, les domina et ils firent semblant d'être convaincus, tant un homme audacieux peut prendre d'ascendant sur les autres.

Les sacristains, les enfants de chœur et autres rats d'église entendirent le bruit de l'altercation et allèrent raconter partout que le curé Bernier allait chanter une messe solennelle servie par ses collègues.

Les autres prêtres terrorisés par ses violences avaient fini par y consentir.

Alors la foule emplit l'église.

La figure bleue, les mains teintes d'indigo, Bernier dit sa messe, consacra l'hostie et mangea Dieu.

La foule lâche, abrutie, moutonnière, ne protesta pas.

La messe terminée, Bernier monta en chaire.

On l'attendait là!

Il était furieux et sentait le besoin de frapper un grand coup.

Il commença par rappeler son dévouement, les services rendus à la cause, la confiance des princes en lui ; puis il parla de ses ennemis, des jalousies dont il était l'objet et de la haine de Charette contre lui.

Ayant préparé son auditoire, il fit très habilement le récit du guet-apens qu'on lui avait tendu, prétendit avoir été jeté sur le lit, maintenu sous le filet.

Il convainquit les imbéciles, se fit admirer des gens d'esprit, fit frémir les naïfs en vouant ses infâmes persécuteurs aux flammes éternelles et il sortit de cette aventure avec la réputation d'un martyr aux yeux de l'immense troupeau de moutons de Panurge qui formait le gros de l'armée vendéenne.

De la Pierrière, lui-même, ne put s'empêcher de proclamer que le curé s'en tirait, comme nul autre à sa place.

Après ce coup de maître, Bernier s'enquit de Casse-Cailloux.

De celui-là, il était sûr.

Le contrebandier se présenta le front bandé.

Il conta son affaire, celle de ses hommes et expliqua comment ils avaient tous été assommés et garrottés.

— Mais le mousse? Le mousse? demandait Bernier.

— C'est ce petit scélérat qui nous a livrés! dit Casse-Cailloux.

Il jura ses grands bons dieux et tous les diables de prendre son petit cousin par une patte et de lui casser la tête sur une pierre à la prochaine occasion.

Casse-Cailloux croyait encore à sa parenté avec le Lançon, tant le drôle avait bien joué son rôle.

Bernier dédaignait le mousse.

Pour lui, l'avorton n'était qu'un instrument.

Il concentra sa vengeance sur Charette auquel il attribuait l'idée mère du tour qu'on lui avait joué, sur mademoiselle Duclos « la damnée femelle », sur de Lescure qui s'était associé à ses ennemis, sur de la Pierrière qui s'était montré plus impitoyable railleur que les autres et sur le faux évêque d'Agra.

Tous, sans exception, payèrent de leur vie, l'excellente farce qu'ils avaient jouée à ce prêtre.

— Ils m'ont passé au bleu, dit le curé à Casse-Cailloux; je les ferai passer au rouge. Rira bien qui rira le dernier.

— Je me charge de M. de Lescure et de M. de la Pierrière! dit Casse-Cailloux, saisi, lui aussi, d'un formidable besoin de vengeance! A trois cents mètres, avec ma carabine anglaise, je tue mon homme. A la prochaine bataille, je démolis l'un et l'autre.

— Lescure d'abord! dit Bernier. J'ai à régler un compte à Chanteclair. Tant que Lescure sera debout, je ne pourrai pas faire fusiller le Bâtard!

— Bon! dit Casse-Cailloux. Lescure d'abord, puisque vous le voulez. Les autres...

— Charge-toi ensuite de la Pierrière, une bonne balle lui enlèvera l'envie de rire. Quant à l'évêque, à Charette, à la Duclos, j'en fais mon affaire.

— Bien ! dit Casse-Cailloux. Maintenant je ne vous quitte plus. Avant huit jours, vous aurez une compagnie qui vaudra mieux que celle de l'évêque. Vous serez à deux de jeu.

— Oh ! l'évêque, dit Bernier, fera connaissance avec la guillotine des républicains !

La menace devait se réaliser.

Désormais deux hommes redoutables par leur caractère, leur audace et l'absence de tout scrupule, deux hommes que, dans l'armée, on comparait l'un à un gorille, l'autre à un singe, un contrebandier fait à toutes les ruses, un prêtre rompu à toutes les hypocrisies, Casse-Cailloux et Bernier allaient s'acharner à une œuvre d'assassins !

De ce moment, Casse-Cailloux était indissolublement ligué avec le curé ; celui-ci pouvait absolument compter sur lui.

XLII

VENGEANCE

L'abbé Bernier avait parfaitement compris que, malgré l'audacieuse réhabilitation qu'il s'était accordée lui-même, il ne pouvait espérer ressaisir son influence qu'après s'être défait du faux évêque d'Agra.

Quelques seigneurs savaient parfaitement que Guillot était un imposteur ; mais l'intérêt de la cause ne permettait pas de démasquer publiquement ce faussaire qui avait fabriqué des bulles du pape.

Du reste, Guillot s'était solidement uni à de Lescure, et de Lescure debout, de Lescure défendant Guillot, il était impossible de le renverser.

Trente mille hommes croyaient aveuglément à de Lescure.

Ce gentilhomme était le drapeau vivant du Poitou.

C'était sur lui qu'il fallait frapper d'abord et Guillot, qui s'appuyait sur lui, tombait ensuite plus facilement.

Mais en se débarrassant de Lescure, Bernier atteignait un autre but : il devenait maître de la situation à Chanteclair.

S'il avait voulu ardemment mademoiselle Duclos, il voulait au moins aussi passionnément mademoiselle Meuris.

Aussi, chaque jour, s'entretenait-il avec Casse-Cailloux

du crime à commettre ; il avivait la haine du contrebandier, lui représentant M. de Lescure comme ayant préparé l'embuscade où le contrebandier avait reçu un si beau coup de bâton.

Casse-Cailloux en revenait toujours à Cloche-de-Bois qui l'avait frappé ; mais Bernier lui démontrait que cet inférieur n'avait été qu'un instrument.

Ce qui n'empêchait pas Casse-Cailloux, tout en jurant à Bernier de tuer Lescure, de se promettre à soi-même d'assommer Cloche-de-Bois.

Un matin, comme un corps de Vendéens campait près de Vihiers, Bernier fit appeler le contrebandier, et lui dit :

— C'est pour aujourd'hui ! Nous allons être attaqués et La Rochejaquelein veut tenir. M. de Lescure est aussi de cet avis.

— Alors, bataille ! dit Casse-Cailloux.

— Nos avant-postes vont être aux prises avec les Bleus !

— Ils y sont ! Voilà la fusillade !

— Puis-je compter sur toi cette fois ?

— Tenez de Lescure pour mort !

— Bien ! dit Bernier.

Et il monta à cheval.

Il avait, selon la promesse que lui avait faite Casse-Cailloux, une compagnie nombreuse et très dévouée.

Il en appela le capitaine.

Car Casse-Cailloux, se rendant justice, n'avait même pas voulu être officier, disant avec bon sens :

— Je vaux plus et moins qu'un capitaine.

Bernier regarda dans les yeux le chef de sa troupe et lui dit :

— Vous m'avez vu au feu, n'est-ce pas, capitaine ?

— Oui, monsieur le curé, dit l'officier. Et je vais vous y revoir.

— Eh bien, non. Du moins fort peu. Vous savez que je n'ai pas peur. N'attribuez donc qu'à la politique l'ordre que je vais vous donner.

— Oh ! je sais que vous n'avez pas peur de la poudre.

— Je l'ai prouvé. Cependant vous allez vous arranger pour engager le moins possible la compagnie.

— Diable ! C'est difficile ! Mes hommes ont le feu sous le ventre aujourd'hui ! Sacrebleu ! comment vais-je faire ?

— Comme vous pourrez ; inventez un prétexte, une manœuvre tournante. Perdez la compagnie sous prétexte de tomber sur les derrières de l'ennemi.

— Vous me donnez là une bonne idée. Oui, cela peut se faire ainsi.

— Ce n'est pas tout. Dirigez votre prétendu mouvement tournant de façon à ce que nous puissions gagner rapidement Chanteclair après la bataille, gagnée ou perdue.

— Ah je comprends ! fit le capitaine qui était intelligent.

Et montrant au loin un renflement de terrain.

— Tenez, monsieur le curé, je vais conduire la compagnie à l'abri de ce mamelon, elle n'y verra pas l'ennemi qui ne la verra pas non plus.

— Bien, allez ! Je vous rejoindrai.

Et le curé, laissant faire son capitaine, prit une longue-vue et suivit les péripéties du combat, ne quittant plus Lescure du regard.

Les Vendéens, commandés par Lescure et surtout par La Rochejaquelein, bien entraînés par ce jeune général, se battirent avec fureur ; ils avaient l'échec de Nantes et plusieurs autres sur le cœur.

Mais ils avaient affaire aux plus braves soldats qui furent jamais, aux Mayençais, du moins à un de leurs détachements ; ces soldats, sous Kléber, venaient de s'immortaliser au siège de Mayence.

Ils y avaient arrêté si longtemps l'armée prussienne, qu'ils avaient fait l'admiration de l'Europe.

La capitulation portait qu'ils ne serviraient plus pendant un an contre les armées coalisées ; on les avait envoyés en Vendée.

Ils se servirent admirablement de leur artillerie, l'appuyèrent intrépidement, reçurent les charges des Vendéens avec le sang-froid de vétérans vieillis par un long siège et il entravèrent l'effort puissant que firent, ce jour-là, les Blancs qui s'acharnèrent.

Peut-être, en raison de l'énorme supériorité de leurs forces, de leur entêtement et de l'élan que leur communiquaient Larochejaquelein et de Lescure, peut-être les Vendéens auraient-ils cependant forcé les républicains.

De Lescure, à la tête d'une grosse colonne, prononçait sur le flanc de l'ennemi un mouvement qui semblait devoir être décisif.

Tout à coup il reçut une balle par-derrière et tomba.

Il advint, comme toujours chez les Vendéens, comme à Nantes pour Cathelineau, que, le chef tombé, ils se débandèrent...

La fuite de cette colonne entraîna la fuite de toute l'armée.

Au milieu du désordre de la déroute, Bernier fut rejoint par Casse-Cailloux.

— Eh bien ? lui demanda-t-il.

— Mort ! dit laconiquement le contrebandier.

— A moi Chanteclair ! s'écria joyeusement Bernier.

Et il rejoignit sa compagnie.

CHAPITRE XLIII

L'AVIS

Tout ce qu'il était possible de tenter pour préserver de Lescure et le Bâtard de la vengeance de Bernier, mademoiselle Duclos l'avait fait.

Mademoiselle Duclos avait toujours gardé un souvenir reconnaissant d'une action de Roquebrune, marquée au coin d'une galanterie chevaleresque.

Dans le fort du combat de Fontenay, elle s'était trouvée pendant quelques instants très exposée et sur le point d'être enlevée, malgré l'énergique résistance de Fontbonne.

Le Bâtard s'en était aperçu, et il s'était lancé à son secours; il l'avait dégagée en sabrant très brillamment les hussards qui l'enveloppaient déjà.

Puis, la saluant, il s'était de nouveau rejeté sur l'ennemi.

Le soir, elle vint le remercier; il lui dit en riant:

— Eh, *mon* cher camarade, ceci n'en vaut pas la peine. Du reste, vous aurez l'occasion de me rendre le même service; on finit toujours par acquitter ces dettes-là pour peu qu'une guerre dure.

A la première affaire, il trouva le moyen de fournir à mademoiselle Duclos cette occasion dont il avait parlé.

Il s'agissait d'arrêter, par une charge, une grosse colonne républicaine qui s'avançait pour achever une déroute commencée; Roquebrune voulait donner à Cathelineau le temps de rallier son monde pour opérer une retraite en bon ordre.

Le généreux Bâtard rassembla la cavalerie et fondit à sa tête sur les républicains; mais il envoya demander à *son camarade* Duclos de former sa compagnie en bataille pour se réfugier derrière la protection de son feu après la charge, ce qui lui permettrait de faire souffler les chevaux.

Les choses se passèrent de telle sorte que Roquebrune exagéra le service rendu, exalta le camarade Duclos et prétendit que, sans lui, il eût subi un désastre.

Cette générosité d'un homme qui ne voulait pas qu'une jolie femme fût en reste avec lui, alla droit au cœur de mademoiselle Duclos; ces façons charmantes étaient une tradition du grand règne chère aux jolies femmes.

Depuis, entre mademoiselle Duclos et le Bâtard, il s'était établi une amitié très vive, sans arrière-pensée.

Mais, par la suite, la courtisane s'était aussi intéressée à mademoiselle Meuris.

Toutes deux sortaient du peuple.

Toutes deux avaient un père héroïque.

Toutes deux avaient souffert par les caprices et les brutalités des grands seigneurs.

Mademoiselle Duclos ne voulait pas que mademoiselle Meuris succombât.

De là, son intervention.

De là, certain avis qu'elle porta elle-même à Roquebrune.

En quittant Mortagne, après avoir joué à Bernier le tour que l'on sait, elle s'était dirigée sur Chanteclair.

Comme un joueur d'échecs de première force, elle embrassait d'un regard toutes les cases de l'échiquier et voyait les coups probables longtemps d'avance.

Elle se fit recevoir au château et demanda le Bâtard.

— Ah! dit celui-ci en la voyant, vous voici, mon cher camarade!

— Oui! dit-elle.

Et le voyant assez gai.

— Vous avez l'air de supporter assez joyeusement votre captivité! fit-elle.

Il lui expliqua la situation et elle lui en demanda tous les détails.

— Vous voyez, fit-il en terminant, que je n'ai pas trop à me plaindre.

— A vous plaindre, non; mais vous avez quelque chose à craindre.

— Cependant, dit-il, mon geôlier, le capitaine Leroux est devenu mon ami, et je crois qu'il ne demande qu'à profiter de l'amnistie que j'ai demandée secrètement pour lui à Cambon qui l'a accordée.

— Bon! ceci est une bonne carte dans votre jeu. Mais...

— Je suis quasi libre...

— Très bien!

— Ma fiancée ne s'ennuie pas trop et nous espérons beaucoup de M. de Lescure qui s'est montré excellent.

— Parfait, tant que M. de Lescure vivra. Mais, s'il meurt?

— Mon frère, dit Roquebrune, a été si charmant pour moi que je ne voudrais pas sa mort au prix de tout mon sang. Je lui sacrifierais tout. Cependant, s'il succombait, je serais libre.

— Comment cela?

— Je lui ai juré de ne pas fuir tant qu'il vivrait. En sorte que s'il était tué...

— N'étant engagé qu'envers lui, vous chercheriez à vous évader. Avec mademoiselle Meuris bien entendu. Mais cette fuite, comment l'opérer?

— Oh! facilement. Leroux, déserteur de la flotte, mon gardien, républicain au fond, est sûr, grâce à moi qui ai envoyé un émissaire à Canclaux, de rentrer dans l'armée républicaine et d'y être bien accueilli. Il ne demande que l'occasion de se réhabiliter.

— C'est vous qui avez fait cette conversion-là? dit mademoiselle Duclos.

Elle tendit la main au Bâtard.

— Merci pour la République! fit-elle. Et Dieu soit loué pour vous. Sous peu de jours vous aurez à fuir.

— Parce que...

— Parce que M. de Lescure est condamné fatalement à mort.

Roquebrune pâlit.

— Condamné... fit-il. Et par qui?

Mademoiselle Duclos raconta tout ce qui s'était passé à Mortagne.

Quand elle eut fini, elle dit:

— Vous comprenez, mon cher « camarade », que le curé Bernier se vengera et qu'il fera assassiner tous les acteurs de cette scène, s'il le peut, en commençant par votre frère...

— Pourquoi, par lui?

— C'est indiqué! D'abord le curé était habitué à jouer de votre frère comme d'un instrument à lui. M. de Lescure lui échappe et il en est exaspéré. Puis le curé doit viser Guillot, le faux évêque d'Agra. Rien à faire contre lui, M. de Lescure vivant.

— C'est vrai! fit de Roquebrune.

Elle reprit:

— Donc un chenapan quelconque sera payé pour tirer sur M. de Lescure.

— L'avez-vous averti?

— Comme je vous avertis. Mais malheureusement M. de Lescure est un preux, un chevalier; il m'a répondu: à la grâce de Dieu!

— Je le reconnais bien là !

— Je lui avais conseillé une cotte de mailles ; il s'est indigné...

— Cependant...

— Il s'est écrié : Moi une cotte de mailles ! Quand mes soldats n'en ont pas ! Déloyauté ! Je n'aurais plus le droit de leur demander d'affronter le feu !

— Mais il ne s'agit pas de l'ennemi. Il s'agit de se protéger contre des assassins !

— Où j'ai échoué, vous réussirez peut-être. En tout cas, écrivez-lui.

— Sur-le-champ.

— Ajoutez que vous fuyez de Chanteclair ; s'il était tué, vous seriez perdu.

— Impossible !

— Allons donc ?

— Je lui ai engagé ma parole.

— Bast ! Entre frères !

— Raison de plus.

Mademoiselle Duclos fit les efforts les plus énergiques sans rien obtenir sur ce point ; mais elle l'emporta sur un autre.

— Voyons, fit-elle, arrangeons-nous pour le mieux, malgré vos scrupules. Je vais entretenir deux hommes sûrs auprès de M. de Lescure, mes messagers auront deux de mes chevaux de sang sous la main ; s'il arrive malheur à votre frère, vous en serez prévenu avant que le Bernier puisse rien contre vous. Et sitôt prévenu vous fuyez. Plus de scrupules...

— Oh ! Lescure mort, ce que je ne désire pas, je pars en emmenant mon geôlier et ma fiancée.

— Quant à elle, je l'emmène tout de suite.

— Vous ?

— Moi ! Auriez-vous pris quelque malencontreux engagement à son sujet ?

— Non.

— Le capitaine Leroux s'opposerait-il à sa fuite ?

— Non ! Mais il faudrait qu'il partît avec elle et vous.

— Excellente escorte ! Y voyez-vous quelque inconvénient ?

— Non ! En écrivant à Lescure je lui annoncerai le départ de Leroux et je lui demanderai pour gardien mon cousin de Vert-Pré ! S'il survenait un malheur, mon nouveau geôlier me donnerait la clef des champs.

— Donc, vous écrivez à Lescure, j'emmène mademoiselle Meuris et... son escorte. Surtout recommandez la cotte de mailles à votre frère.

— Oh ! chaleureusement.

— Maintenant, dit mademoiselle Duclos, avisons !

Il s'agissait de régler les conditions de cette fuite et de s'assurer l'assentiment de Leroux ; quoique la bonne volonté de celui-ci ne fût point douteuse pour le Bâtard, encore ce dernier devait-il poser la question à son ami.

Ami sincère, ami dévoué, ami reconnaissant, car Roquebrune avait dans de longues conversations réparé le mal moral que le défaut d'éducation avait causé dans cette nature franche et loyale.

Au contact du Bâtard, Leroux avait senti s'élever le niveau de son intelligence et de ses sentiments.

Avant de connaître Roquebrune, il se laissait guider par ses instincts foncièrement bons, mais gâtés, viciés par la vie passée dans le ruisseau de Paris, depuis le berceau jusqu'à la virilité, ensuite par les déplorables mœurs de la marine d'alors, très flibustière et pourrie jusqu'aux moelles.

Leroux avait compris ce que c'était qu'un droit et qu'un devoir.

Toute la conscience humaine est là.

Ce déserteur, ce forban, ce bandit était devenu un citoyen.

Les changements qui s'étaient opérés en lui avaient eu les conséquences ordinaires des conversions aux idées révolutionnaires.

Loin de perdre de son énergie, Leroux avait gagné en courage, en fermeté ; sa bravoure, résultat du tempérament, était doublée maintenant de la vaillance contenue, raisonnée de ceux qui donnent un but élevé à leurs actions.

C'est tout le contraire des conversions au culte abrutissant des catholiques : conversions toujours marquées par l'effacement des qualités mâles, quand elles sont sincères et par une immonde bassesse, quand elles sont hypocrites.

Leroux s'était naturellement pris d'une estime profonde pour Roquebrune, dont il sentait la bienveillante supériorité, il éprouvait pour lui une amitié de dogue à lion.

De Roquebrune le fit appeler et le présenta à mademoiselle Duclos.

Puis il lui dit :

— Capitaine, vous pouvez parler devant mademoiselle. Je réponds d'elle absolument !

Et il exposa la situation.

— Si j'ai bien compris, dit Leroux, je pars et vous restez.

— Oui, dit Roquebrune.

— Le danger est ici, fit observer le capitaine.

— Le danger est partout, dit Roquebrune. Voyons Leroux, pas d'enfantillage. Vous êtes décidé à servir la République qui vous accorde l'amnistie ainsi qu'à votre troupe. Donc vous devez saisir la première occasion de rentrer dans l'armée républicaine. Est-ce logique ?

— Oui, cependant...

— Une fois que vous aurez mis mademoiselle Meuris en sûreté, vous offrirez à Canclaux ou à Kléber vos services et ceux de votre bande, comme compagnie franche, et vous formerez une Colonne infernale dont elle sera le noyau. Chaque jour sera un combat, chaque nuit une marche et une surprise. Pendant que vous vous battrez ainsi, moi je pourrirai ici inactif. Quel sera le mieux partagé? Vous!

— Je ne dis pas non... Mais ce que ça m'embête de vous quitter...

— Moi aussi cela me peine. Nous nous consolerons en pensant que vous allez faire un mal immense aux Vendéens, après avoir mis en sûreté la fille de Meuris, l'immortel combattant de Nort.

— Où allons-nous? demanda brusquement Leroux à mademoiselle Duclos.

— Moi, dit-elle, je vais à Paris, et j'y conduis mademoiselle Meuris.

— A Paris! Et pourquoi? demanda le Bâtard.

— Parce que Saint-Just m'y appelle et que j'emmène votre fiancée pour la distraire et pour la garder! Vous n'oubliez pas qu'elle ignore que son père est mort.

— Je n'ai pas osé le lui apprendre, tant qu'elle était enfermée ici! dit Roquebrune. Vous serez obligée de lui faire connaître ce malheur.

— Et je compte sur le tourbillon de Paris pour l'étourdir. Le terrible spectacle des exécutions, l'aspect des rues, le tumulte des factions, tout l'étonnera et l'empêchera de penser. En outre, à Paris, je la confierai à la loyauté de Saint-Just et aux soins de la famille du menuisier chez lequel vit Robespierre; c'est là que je descends moi-même; elle deviendra l'amie des deux filles du maître de la maison, dont l'une doit épouser Robespierre.

— Vous avez raison! dit Roquebrune. A Nantes, qui a laissé assassiner Meuris par un spadassin, la fille du héros de Nort ne trouverait pas un toit hospitalier, puisque l'on a refusé du pain à sa mère. Je vous priera d'appeler toute la famille à Paris et de la placer, comme vous dites, sous l'égide de Saint-Just et de Robespierre.

Leroux avait besoin de quelques explications sur les projets de mademoiselle Duclos.

Il réfléchissait depuis quelques instants.

— Mademoiselle, dit-il, si j'ai bien compris, vous servez la République en brouillant les Vendéens entre eux. Mais voilà que vous allez à Paris. Vous abandonnez donc M. de Charette pour toujours?

— Non! dit-elle. Je reviendrai pour le faire prendre et fusiller.

— Alors il doit ignorer votre voyage à Paris.

— Il croit que je vais à Londres, où je passerai, du reste, en revenant.

— Alors pour quitter Chanteclair, vous vous déguisez?

— Nécessairement.

— En quoi?

— En sœur.

— Bonne idée! dit Leroux. On pourra aussi mettre la robe de bure et le béguin à mademoiselle Meuris. Mais il faut que ce soit fait sans que la « Sainte » s'en doute. Et je me charge de me procurer ce qu'il me faut, étant très bien avec deux tourières.

Il fut convenu que l'on partirait la nuit prochaine et que l'on dissimulerait la fuite de mademoiselle Meuris le plus longtemps possible.

C'était facile pour quelques jours.

Quant à la bande, elle prétexterait que, par ordre supérieur, elle s'en allait en expédition.

Les deux dames, cachées au fond d'une voiture, traverseraient ainsi la forêt; au delà de celle-ci, elles pourraient se montrer, leur costume religieux les mettant à l'abri de toute insulte chez les Vendéens.

Au premier poste républicain, mademoiselle Duclos exhiberait son sauf-conduit, Leroux montrerait une lettre de Canclaux et l'on gagnerait la plus prochaine ville.

Là, Leroux s'incorporerait dans l'armée révolutionnaire et les deux femmes prendraient la poste pour gagner Paris.

Tout étant ainsi réglé, il fallut prévenir mademoiselle Meuris.

Ce ne fut pas sans peine que celle-ci se détermina à quitter Chanteclair; mais Roquebrune montra une telle fermeté qu'elle dut obéir.

Le plan de fuite bien combiné réussit à merveille.

Pendant deux jours de Roquebrune put cacher la disparition de sa fiancée; mais enfin on découvrit qu'elle n'était plus dans le château.

La « Sainte » vint demander des explications à Roquebrune qui lui répondit tranquillement :

— J'ai fait évader mademoiselle Meuris!...

A sa profonde stupéfaction, la supérieure parut enchantée.

Elle leva les yeux, tomba à genoux, marmotta des actions de grâces, se releva et s'écria :

— Béni soit Dieu! Mon supplice est fini! Cette malheureuse ne me tourmentera plus! Je ferai mon salut en paix et je pourrai saintement prier le Seigneur pour votre conversion, monsieur de Roquebrune.

Tant folle que fût la *Sainte*, le Bâtard voulut savoir comment mademoiselle de Meuris pouvait la tourmenter.

— Ah! s'écria la supérieure s'exaltant tout à coup, tu ne comprends donc pas que je t'aime comme un frère et que je hais cette fille qui te vole à ma tendresse et à Dieu! Chaque heure, chaque minute, chaque seconde. était un supplice. La savoir près de toi, quel tourment! Et puis j'étais toujours tentée, toujours en lutte contre les désirs de la chair, parce que la jalousie appelle l'amour. Mais maintenant je vais pouvoir t'adorer seulement... Je...

Les yeux de la « Sainte » s'enflammèrent et il en jaillit des lueurs phosphorescentes qui effrayèrent le Bâtard.

Il était brave, mais, pas au point de supporter le redoutable assaut qu'il redoutait.

Aussi, quand la « Sainte », sentant venir une crise d'hystérie, lui cria :

— Va-t'en! Va-t'en. Je succombe! Satan va l'emporter! Il me pousse dans tes bras.

Quand la Sainte eut lancé ce salutaire avis avec une mimique et des contorsions effrayantes, Roquebrune n'hésita-t-il pas à se sauver, laissant la malheureuse hurler, pleurer, gémir et se tordre.

Elle criait :

— Ah! Seigneur, que je l'aime! Donnez-moi la mort et à lui aussi, afin que, délivrée de mon corps, je puisse unir mon âme à la sienne dans votre Paradis.

Puis elle sommait Dieu de convertir le Bâtard, sinon elle irait le rejoindre aux enfers.

Enfin la discipline marcha et fit jaillir le sang sur le dos de cette malheureuse. Calmant suprême!

Le Bâtard, voyant la fuite de mademoiselle Meuris impossible à cacher, écrivit à son frère une lettre franche, loyale, chaleureuse, lui exposant tout ce qui s'était passé, sauf le voyage de mademoiselle Duclos à Paris.

Il le supplia de prendre ses précautions et de mettre une cotte de mailles.

De Lescure avait envoyé, à Chanteclair, de Vert-Pré qu'il établissait gouverneur du château à la place de Leroux, avec les mêmes pouvoirs.

— Votre frère, dit de Vert-Pré au Bâtard en arrivant, ne vous blâme pas trop d'avoir mis en sûreté mademoiselle Meuris; comme vous le disiez, dans une bagarre, une femme est embarrassante. Il voudrait pouvoir vous mettre en liberté; mais c'est chose impossible. Il ne saurait rendre aux républicains, sans trahison, une épée aussi redoutable que la vôtre. Enfin, mon cher cousin, il consent à porter une cotte de mailles pour vous rassurer.

Le Bâtard qui, d'autre part, savait mademoiselle Meuris arrivée au Mans, éprouva une grande joie et conçut l'espoir que son frère échapperait aux balles des assassins.

La garnison du château était du reste sûre et bien dans la main de Vert-Pré, qui était de la parenté des Lescure et comptait plus de cinquante vassaux dans les soldats qu'il commandait.

En revanche, parmi les milliers d'hommes qui campaient en forêt, on ne comptait que des gens hostiles.

Cette position de Chanteclair était le refuge central des Vendéens; tous les Vendées, toutes les armées, tous les groupes y étaient représentés par quelque détachement.

Là, les Vendéens accumulaient les armes et les munitions.

C'était le centre de la résistance.

On sait à quel point les Vendées se jalousaient.

L'Anjou détestait le Poitou; le Poitou avait la haine du Maine; le Bocage exécrait le Maine.

Point d'unité sinon contre les républicains et pour la défense de la forêt; mais, en revanche, tous les détachements étaient jaloux de la garnison du château.

Celle-ci ne laissait jamais pénétrer personne dans la place.

Elle se défiait.

Tous auraient voulu tenir la forteresse au lieu et place de la garnison.

Ce château donnait la prépondérance au parti qui l'occupait.

On avait les tours, les canons, on commandait la forêt, on était de plus très bien nourri, logé et traité.

Les Vendéens sont très amateurs de leurs aises et du confortable ; cette race aime la viande et le vin que le pays fournit abondamment.

En forêt on couchait sur la mousse humide, on vivait assez mal.

Bernier connaissait la situation, c'est pourquoi il se flattait de se rendre maître de Chanteclair avec sa compagnie, parce qu'il comptait être appuyé par les trois mille mécontents qui bivouaquaient sous bois.

Il ignorait la fuite de mademoiselle Meuris, la garnison avait reçu ordre de n'en rien dire, la « Sainte » s'en était tue sur la prière du Bâtard qui obtenait d'elle ce qu'il voulait ; de Lescure n'en avait pas soufflé mot.

Il en était résulté que Bernier espérait, en prenant Chanteclair, prendre mademoiselle Meuris et faire fusiller le Bâtard.

Ayant vu distinctement M. de Lescure tomber sur le champ de bataille, ayant reçu, de la bouche même de Casse-Cailloux, l'assurance de la mort du dévot gentilhomme, Bernier s'était en toute hâte dirigé sur Chanteclair.

Il y arriva avant que de Vert-Pré et Roquebrune eussent été avertis de ce qui s'était passé à Vihiers. Soit qu'ils eussent été tués dans la déroute ou empêchés de partir, les deux émissaires de mademoiselle Duclos, attachés à de Lescure, n'étaient point partis.

Bernier atteignit la forêt en pleine nuit, se fit reconnaître, assembla les chefs et leur annonça la mort de Lescure.

Puis il leur demanda leur concours pour prendre le château, lequel ne pouvait, disait-il, rester aux mains d'un seul parti, mais recevoir des détachements de tous, qui alterneraient et se remettraient dans la forteresse du séjour pénible de la forêt.

La proposition du curé fut acceptée avec enthousiasme.

Il ameuta tout le monde contre Roquebrune.

— C'est un traître, dit-il. Pourquoi ne serait-il pas fusillé ? Parce qu'il est gentilhomme ! Ce serait une injustice.

Il énumérait les griefs.

— C'est lui qui a fait échouer le siège de Nantes.

C'est lui qui a conduit au feu les culottes de soie.

C'est lui qui a fait déserter aux républicains la bande à Bibi et le capitaine Leroux.

A cette heure, la garnison du château est près de passer aux Bleus ; on ne peut pas être sûr de soldats commandés bien plus par Roquebrune que par de Vert-Pré.

Il monta les imaginations, excita les colères, aviva les rancunes et réussit si bien que l'attaque fut décidée.

Mais les canons des tours rendaient l'assaut très meurtrier.

Les chefs expliquèrent les difficultés de l'entreprise.

Bernier avait tout prévu.

Il avait obtenu du commandant de l'artillerie que deux grosses pièces lui seraient envoyées.

Elles arrivèrent.

En attendant, il avait fait construire à la lisière du bois, avec des arbres énormes, une batterie couverte impénétrable, de huit mètres d'épaisseur, contre laquelle le canon de la place ne pouvait rien, tandis que les grosses pièces de cette batterie, battant en brèche à cinq cents pas les murs du château, devaient les éventrer en peu de temps.

Avec la forêt comme ceinture, Chanteclair devenait formidable ; il formait un réduit central ; mais du moment où les assiégeants tenaient le bois, la vieille forteresse féodale perdait beaucoup de sa puissance.

Il y avait parmi les Vendéens d'anciens pionniers.

Ils conseillèrent d'ouvrir des tranchées, œuvre rapide, facile à exécuter la nuit.

Toutes les mesures furent bien prises, le travail fut

conduit avec activité et Chanteclair se trouva cerné et sur le point d'être bombardé quarante-huit heures après le combat de Vihiers.

La haine est ingénieuse, infatigable ; elle donne parfois du génie aux médiocres,

Le curé fit faire des prodiges aux assiégeants.

Sur toute la lisière de la forêt qui enveloppait le château d'un rideau de verdure, on établit des embuscades masquées par les arbres, et à l'abri desquelles on tirait à couvert.

Si les assiégés avaient tenté une sortie sur n'importe quel point, ils auraient été écrasés par une fusillade partant de retranchements impossibles à enlever.

Le blocus était rigoureux.

Les assiégeants auxquels on avait refusé si longtemps l'entrée de la citadelle, se faisaient une joie de fermer la forêt et toute issue à la garnison.

Pas de communications.

Lorsque les canons furent en batterie, alors seulement le curé Bernier fit sonner au parlementaire.

Il régla les conditions d'une entrevue avec de Vert-Pré et de Roquebrune.

Il fut entendu que l'on se rencontrerait, avec une escorte de dix hommes de chaque côté, sur les bords d'un ruisseau assez profond qui coulait entre le château et la forêt.

Cette barrière, difficile à franchir, suffisait à donner quelque sécurité à chacune des deux parties.

Bernier savourait d'avance le plaisir qu'il éprouverait à humilier de Roquebrune.

Il le tenait !

Cette entrevue eut lieu un matin.

De Vert-Pré avait voulu que le Bâtard y assistât.

Tous deux se rendirent donc au bord du ruisseau où Bernier venait d'arriver.

Le curé prit le premier la parole.

— Monsieur de Vert-Pré, dit-il, je viens vous sommer de remettre Chanteclair entre mes mains.

— Au nom de qui parlez-vous ? demanda le gentilhomme.

— Au nom de tous les chefs de détachements ici présents.

— Ils n'ont pas qualité pour imposer leurs volontés.

— Ils représentent toute l'armée.

— Monsieur, je tiens mon commandement de M. de Lescure et ne le rendrai qu'à lui.

— Il est mort !

— Ce n'est pas prouvé.

— Je vous l'affirme.

— Oh ! monsieur le curé, inutile ! Je vous sais menteur.

L'abbé s'emporta.

— Ah ! dit-il, je vous ferai payer cher votre insolence.

— Possible ! Vous n'en resterez pas moins un manant et moi un gentilhomme, vous serez encore et toujours un mauvais prêtre et moi un bon officier. Maintenant que voulez-vous ?

— Je veux Chanteclair. Et voici mes conditions.

— Voyons ! Dites !

— Tout d'abord M. de Roquebrune sera remis à une cour martiale formée de tous les chefs présents dans la forêt. Ensuite mademoiselle Meuris sera rendue à l'autorité de la supérieure du couvent. Enfin, M. de Vert-Pré, vous reconnaîtrez par écrit que l'on m'a tendu un guet-apens et que je suis un prêtre honorable. Moyennant quoi...

— Il suffit ! Vous n'aurez Chanteclair qu'après notre mort, parce que nous le défendrons jusqu'à la dernière goutte de notre sang ! Vous n'aurez pas mademoiselle Meuris, parce qu'elle est en sûreté loin d'ici ! Vous n'aurez pas M. de Roquebrune...

— Parce que, dit le Bâtard, de Roquebrune se brûlera la cervelle plutôt que de tomber dans les mains du curé Bernier.

— Ceci dit, ajouta de Vert-Pré, attaquez quand vous voudrez; nous sommes prêts.

Et il tourna fièrement le dos...

Un quart d'heure était à peine écoulé que le bombardement commençait.

La supériorité des assiégeants s'affirma dès le début.

De Roquebrune s'en aperçut.

Il vint trouver de Vert-Pré.

— Cousin, dit-il, le château sera pris avant la fin de la nuit prochaine.

— C'est mon avis! dit de Vert-Pré.

— Ces gens-là n'en veulent qu'à moi et ne veulent que moi.

— Ils veulent aussi Chanteclair.

— Sans doute. Mais il faudra bien leur rendre ce château ou le leur laisser enlever. Du reste, M. de Lescure est mort, et, lui mort, la situation change.

— Tu conclus, cousin?

— A éviter l'assaut à tes hommes! Je trouve injuste de faire massacrer les Vendéens, pour sauver un républicain comme moi!

— Ce que tu dis est assez juste, en effet.

— Voici ce que j'ai décidé, dit de Roquebrune, je vais monter à cheval, sortir, charger et me faire tuer, tu pourras capituler ensuite.

— Mais je ne capitulerai pas, car je ne veux pas me déshonorer deux fois; d'abord en acceptant ton sacrifice, ensuite en réhabilitant cette immonde canaille de Bernier.

— Tu m'approuvais cependant.

— Je t'approuve encore. La preuve c'est que je t'imite.

— Comment, tu voudrais...

— Oui je veux !

C'était un vrai Lescure, ce de Vert-Pré; tout d'une pièce comme Roquebrune; d'une loyauté chevaleresque, d'une bravoure exaltée, tenant sa vie pour rien ; jusqu'alors ardent royaliste, mais moins dévot, moins croyant que de Lescure.

Depuis qu'il était à Chanteclair, il avait longuement discuté avec de Roquebrune, celui-ci l'avait éclairé.

— Mon cher, lui dit de Vert-Pré, je suis mortellement triste. Toutes mes convictions sont tombées. Je ne crois plus au Roy, je n'ai jamais cru aux prêtres que pour faire plaisir à de Lescure, je ne veux pas, je ne peux pas croire à la Révolution, à la République. Je suis désespéré et je suis heureux de l'occasion de sortir d'une impasse d'où je désespérais sortir.

— Tu n'es pas dans le même cas que moi, dit Roquebrune ; que je meure rien d'étonnant : je suis condamné, le château sera pris, je préfère mourir sur le champ de bataille qu'être jugé et fusillé. Toi, de Vert-Pré, ce n'est pas la même chose.

— Exactement si ! Un Lescure m'a confié la défense d'un Lescure. Je dois le rendre à la famille ou mourir avec lui.

Puis, pour décider le Bâtard :

— Ne ferais-tu pas de même ? Si, n'est-ce pas ? Donc, laisse-moi partir avec toi. Tu as le droit d'être meilleur général, plus brillant que moi au feu, plus intelligent ! Tu ne saurais avoir la prétention d'être plus brave et plus dévoué.

Puis, souriant tristement :

— Mon ami, mon cousin, mon frère, au milieu des écœurements de l'heure présente, quand la France est déchirée, quand j'ai au cœur le remords d'avoir contribué à assassiner la patrie, quand je sens crouler la monarchie que je méprise et grandir une bourgeoisie que je dédaigne, quand il n'y a plus place pour moi, gentilhomme, qui n'ai plus foi à la noblesse, laisse-moi m'en aller par le beau chemin.

Il reprit avec une sorte d'exaltation sombre :

— Te rappelles-tu qu'enfants, nous lisions dans les vieilles chroniques les beaux trépas des chevaliers et que nous nous disions qu'il serait bon de mourir ensemble, comme eux? Nous pouvons réaliser ce rêve.

De Roquebrune hésitait.

— Eh! sacrebleu, tu n'es pas généreux! dit de Vert-Pré; oui ou non, puis-je me représenter devant les nôtres si je t'abandonne?

Étant donné l'esprit de famille des Lescure, le Bâtard sentit que de Vert-Pré avait raison dans son entêtement héroïque.

— Soit! dit-il. Partons! J'ai écrit à mademoiselle Meuris! Elle est jeune! Je lui ai donné deux ans pour me pleurer et je l'ai suppliée de ne pas se croire condamnée à un deuil éternel...

— Ah! C'est d'un grand cœur.

— Je lui commande en mourant de se marier. Je la connais assez pour savoir qu'elle obéira.

— Et tu craignais qu'elle ne sacrifiât sa jeunesse à ton souvenir?

— Je l'en crois capable.

— Mon ami, la mort te laissera ce qui est peut-être une illusion. Moi je crois moins aux femmes qu'à tout le reste.

— Mais madame de Sabrancy t'adore!

— Et si je te disais qu'elle me trompait, me bernait, n'avait qu'un but : se faire épouser, elle veuve pauvre, par un riche gentilhomme comme moi.

— Oh! dit Roquebrune, si tu as cette blessure au cœur, elle est mortelle. Je comprends tes tristesses de ces derniers temps. Tu es plus heureux que moi! Tu ne regrettes rien et moi je regrette ma fiancée.

Ils se serrèrent silencieusement la main.

Le bombardement continuait et les boulets démolissaient les remparts ; déjà la brèche était large et la garnison s'inquiétait.

De Vert-Pré l'assembla.

— Mes enfants, dit-il, vous voyez qu'il devient impossible de tenir ici. Nous allons M. de Roquebrune et moi, faire une tentative pour sauver Chanteclair. Si nous ne réussissons pas, hissez le drapeau blanc. Surtout, plus un coup de fusil !

Les soldats ne comprenaient pas trop ce dont il s'agissait.

Les deux cousins montèrent à cheval et sortirent par une poterne.

Toute la garnison se mit aux créneaux pour voir ce qui allait se passer.

Les deux Lescure, hauts et droits sur les étriers, le sabre pendu à la dragonne, un pistolet de chaque main, guidant leurs chevaux par les genoux, devaient, en sortant du fossé, déboucher sur une espèce d'embuscade, amorce d'une tranchée qui devait être creusée le lendemain.

Ils éperonnèrent leurs chevaux, s'élancèrent, franchirent la barricade après avoir essuyé une décharge maladroite, et poussant devant eux une douzaine d'hommes qui fuyaient surpris, ils arrivèrent sur une tranchée dont les gardiens, peu nombreux, très déconcertés, trouvant devant les canons de leurs fusils des camarades en déroute, ne purent tirer.

Les deux cavaliers firent bondir leurs chevaux par-dessus l'obstacle et foncèrent sur la forêt ; mais là, d'une barricade bouchant le chemin qu'ils voulaient atteindre, un feu violent les accabla, criblant les chevaux, hachant les cavaliers...

Ils tombèrent sous l'orage du plomb.

CHAPITRE XLIV

JOB !

La garnison ne comprenait rien à ce qui se passait; les deux officiers avaient défendu de faire feu et personne ne tira.

Ce silence de la place enhardit les assiégéants à se précipiter hors de leurs embuscades; en un instant, les deux officiers furent entourés.

Mais avant que l'on arrivât sur eux, de Roquebrune qui, blessé plusieurs fois, avait pu se dégager pourtant de dessous son cheval, se releva.

Il cria distinctement :

— Vive la République !

Puis, armé d'un pistolet, il se brûla la cervelle.

Quelques brutes voulurent se jeter sur son cadavre et le dépecer à coups de sabre; mais le plus grand nombre s'y opposa.

Le prestige des Lescure survivait à tout.

On s'aperçut que de Vert-Pré n'était qu'évanoui.

Il fut tiré de dessous son cheval; mais il avait onze blessures, dont, par miracle, pas une n'était mortelle.

Personne ne chercha à lui faire un mauvais parti.

Somme toute, il était Vendéen et l'on ne pouvait l'accuser de désertion.

Mais survint Bernier, suivi de son homme-lige, Casse-Cailloux.

— Eh ! s'écria le curé, la haine dans les yeux, il est donc mort, le Bâtard ?

Et regardant de Vert-Pré :

— Celui-là aussi.

— Non ! dirent les soldats.

— Achevez-le ! ordonna le curé. C'est un mécréant ! Il voulait garder le château pour le livrer aux républicains.

— Pas un Vendéen ne bougea.

— Vous êtes un tas d'imbéciles, déclara le curé ! Parce que c'est un de Lescure vous avez peur. Allons, Casse-Cailloux, une balle dans la tête à M. de Vert-Pré.

Casse-Cailloux arma sa carabine ; mais un homme le toucha du doigt.

Il se retourna.

L'évêque d'Agra était derrière lui.

— Pourquoi, demanda Guillot avec fermeté, assassinez-vous M. de Vert-Pré ?

— Parce que, balbutia le contrebandier, parce que le curé me l'ordonne.

— Que diras-tu à M. de Lescure, misérable que tu es, quand il te demandera compte de ce meurtre ?

— M. de Lescure ? il est mort !

— M. de Lescure est vivant ! Il se fait transporter ici ! Le voici.

On aperçut une civière bien escortée qui débouchait dans la clairière.

— Vivant ! murmura Bernier.

Il échangea un regard avec Casse-Cailloux et tous deux profitèrent de l'étonnement, de la confusion générale pour s'éloigner et gagner la forêt.

Là, s'enfonçant sous les arbres, gagnant du terrain, ils s'expliquèrent tout en se hâtant.

— Tu ne l'as pas tué, malheureux ! Tu n'as fait que le blesser.

— Monsieur le curé, je ne manque jamais mon coup ; il a reçu la balle en plein dos, j'en réponds. Le corps doit être traversé ! C'est vous qui nous avez mis dans ces draps-là. Tirez-moi de là !

— Écoute, dit le curé, M. de Lescure est gravement blessé puisqu'on le porte à bras d'homme ; peut-être en mourra-t-il ?

— Espérons-le !

— En ce cas, nous n'avons qu'à nous cacher et à attendre.

— Alors, venez ! dit Casse-Cailloux. Je sais où vous conduire.

Ils hâtèrent le pas.

Le poids de leurs crimes ne leur pesait rien ; un prêtre ne se repent jamais ; une brute n'a pas de remords.

Pendant qu'ils fuyaient, M. de Lescure arrivait.

Ce que Casse-Cailloux avait affirmé était vrai ; la balle avait frappé en plein dos ; mais à cause de la cotte de mailles, elle n'avait pu traverser.

Le coup cependant avait été violent ; la balle sortait d'une de ces anciennes carabines de boucaniers-flibustiers d'une portée et d'une justesse merveilleuses, lançant un projectile presque aussi gros qu'un biscaïen.

Lescure avait été renversé.

On l'avait relevé crachant le sang à pleine bouche.

De là, le bruit de sa mort.

Il n'avait repris connaissance que longtemps après ; il avait voulu se faire transporter immédiatement à Chanteclair ; mais il y arriverait trop tard et dans un état pitoyable.

La contusion reçue avait produit des désordres intérieurs qui devaient entraîner la mort à quelques semaines de là !

On arrêta la litière près du cadavre et du blessé ; de Vert-Pré venait de reprendre ses sens.

— Ah ! mon cousin, dit-il à de Lescure, le curé nous a mis en pitoyable état ! De Roquebrune s'est brûlé la cervelle. Mordieu ! j'aurais bien voulu en faire autant, mais j'ai le bras droit cassé, et le bras gauche était sous mon cheval. Puis je crois que je me suis un peu évanoui.

Il entendit la voix de Lescure, entrecoupée de sanglots, prononcer quelques paroles désolées.

— Cousin, dit-il, je ne sais si j'en réchapperai ; mais, à part mon amitié pour vous, je vous jure que je ne me dévouerai plus ni pour le Roy, ni pour les principes. Misère de moi, avons-nous tous été assez sots. Nous combattons pour Dieu et son curé Bernier nous assassine ! Nous mourons pour le Roy et pas un prince ne partage nos dangers. Roquebrune avait raison de crier : A bas les trônes ! Seulement il avait tort de crier : Vive la République ! La garce n'en vaut pas plus la peine que la monarchie.

De Lescure, par un pénible effort, se leva.

— Cousin, dit-il, taisez-vous. Ne blasphémez pas ! Pour un scélérat comme Bernier, il y a mille prêtres vénérables !

— Des simples ! fit de Vert-Pré.

En ce moment, on vit accourir du château une sœur échevelée.

C'était la « Sainte ».

N'écoutant rien, ne voyant rien que le corps de Roquebrune, elle se jeta sur lui, écartant tout le monde, le couvrit de baisers et se livra à un désespoir tel, que la forêt retentit de ses cris et de ses imprécations.

De Lescure que rien ne pouvait arracher à ses sentiments de piété et de décence, voulut arrêter ce scandale.

— Ma sœur, dit-il, vous n'étiez ni parente ni alliée de mon malheureux frère, il est inconvenant de le pleurer avec de pareils transports. Dieu nous l'a donné. Dieu nous le retire. Faites comme moi ! Imitez la résignation du saint homme Job !

Elle se releva furieuse, les yeux hagards et s'écria :

— Je le pleure parce que je l'aimais, moi ! Je me damnais pour lui ! Je veux le suivre où il est allé ! Puisqu'il est mort républicain, vive la République ! Puisqu'il est en enfer, maudit soit Dieu ! Il s'est tué, je me tue.

Elle baisa tendrement les mains du Bâtard, puis d'un d'un élan terrible elle se lança tête basse contre un arbre et se fracassa le crâne.

De Vert-Pré s'écria au milieu de la stupeur des Vendéens :

— Tudieu, c'est aimer cela !

De Lescure épouvanté se laissa retomber sur sa litière.

Pendant qu'on l'emportait au château avec de Vert-Pré, il suppliait celui-ci de se convertir.

— Mon ami, dit-il à Guillot, faux évêque d'Agra qui suivait sa litière, promettez-moi de lire à mon cousin le livre de Job, pour lui enseigner la résignation. Et vous, cousin, faites-moi le plaisir d'écouter :

— Soit, pour vous être agréable, dit de Vert-Pré.

Le soir, Guillot vint le trouver une Bible sous son bras.

De Vert-Pré congédia tout le monde.

— Voyons, dit-il au faux évêque, vous qui nous avez si bien trompé, vous ne croyez à rien. Ne jouons plus la comédie.

— Soit, monsieur, dit Guillot qui avait assez d'esprit pour mettre le masque bas quand il était inutile.

— Somme toute, fit de Vert-Pré, c'est ennuyeux l'histoire de ce Job.

— Job, dit laconiquement le Parisien, c'est le diminutif de jobard.

Sur cette profession de foi sincère, ils se mirent à parler d'autre chose.

CHAPITRE XLV

PLUIE DE SANG!

Ce qui a le plus étonné les grands historiens de la Révolution, c'est l'étonnante série de morts qui anéantit l'état-major vendéen, depuis l'affaire du scandale de Mortagne.

Michelet avait coutume de dire qu'il y avait là un mystère historique.

J'ignore ce qu'en pense au juste M. Louis Blanc, mais M. Thiers auquel j'ai soumis mes recherches fut frappé de la coïncidence de ces morts foudroyantes avec l'éclipse de l'abbé Bernier.

Après Chanteclair, Bernier disparaissait.

Lescure s'obstinait à vivre.

Sa contusion l'avait rendu très malade; mais le faux évêque d'Agra qui sentait que son influence dépendait de la vie de Lescure, le soignait avec un dévouement et une intelligence qui avaient fini par améliorer l'état du Saint de l'Anjou.

Un chirurgien de marine, très expert, ne quittait pas le blessé.

Il se passa des mois depuis l'affaire de Chanteclair.

Les républicains, grâce à Kléber et à son armée mayençaise, grâce à Canclaux, le froid marquis républicain que nous avons vu à Nantes, grâce à Marceau qui écrasa l'armée vendéenne et lui porta le plus grand coup à Savenay, les républicains avaient fini par refouler la grande armée vendéenne derrière la Loire.

Mais il semblait qu'une fatalité s'attachât aux généraux des Blancs, surtout aux généraux en chef.

D'Elbée meurt, tué d'une balle.

Beauchamp meurt en pleine bataille, tué d'une balle d'un calibre énorme, ce qui avait été constaté pour d'Elbée.

La Rochejaquelein est blessé !

Même genre de blessure.

Il meurt bientôt après de la main d'un républicain; mais il répétait sans cesse qu'il s'attendait à être assassiné par un Vendéen.

De la Pierrière meurt.

Encore une fois le chirurgien constate que le projectile est énorme.

De Vert-Pré s'est retiré dans ses terres ; il sort convalescent. Il meurt.

Toujours la même constatation des chirurgiens.

Le prince de Talmont est trahi, livré aux républicains.

D'autres subissent le même sort.

Partout, c'est étrange, une fatalité semble peser sur tout homme qui s'élève et paraît digne de commander aux Vendéens.

Un seul homme échappe.

Charette.

Mais celui-ci doit comprimer deux révoltes.

Puis, éclairé par l'expérience, il se défie et porte une cotte de mailles qu'il a fait acheter en Angleterre.

On tente de l'empoisonner.

Il fait pendre l'empoisonneur après l'avoir mis lui-même à la question.

Il a recueilli les aveux de ce misérable et il dit à ses lieutenants :

— Méfions-nous du sanglier.

On ne saurait nier que tous ces morts et ces tentatives d'assassinats n'aient eu pour objet ceux qui avaient assisté à la fameuse scène de Mortagne, ceux qui pouvaient témoigner contre Bernier, ceux qui lui auraient fait obstacle.

Mais, la veille de la dernière bataille, le principal adversaire de Bernier semblait devoir survivre.

De Lescure, dans sa voiture, voulait diriger les opérations de ses Vendéens.

Guillot cherchait en vain à l'en dissuader.

Le jour du combat, Lescure se montra à ses troupes, les harangua plutôt du geste que de la voix et s'épuisa à les exciter.

Il mourait de soif, vers le milieu de l'affaire, alors que Marceau écrasait les débris de cette grande armée vendéenne et les rejetait sur l'autre rive de la Loire.

Depuis le matin, un cavalier, le bras en écharpe et qui, par conséquent, semblait ne pas pouvoir se battre, ne quittait pas la voiture du général.

Il lui avait plusieurs fois montré la sollicitude la plus vive.

Le faux évêque d'Agra était lâche, le fait est certain.

Il resta cependant auprès de Lescure pendant quelque temps; mais lorsque les boulets commencèrent à faire leurs trouées, il n'y tint plus.

Il supplia Lescure de se mettre en sûreté.

Le brave gentilhomme s'y refusa et même il s'indigna.

On raconte qu'il s'emporta en reproches contre la pusillanimité du faux évêque.

Celui-ci ne s'en éclipsa pas moins et passa la Loire, abandonnant Lescure qui ne mourut pas dans ses bras, comme l'a dit Michelet.

Le héros de l'Anjou était vivant et parlait même de monter à cheval, toutes les forces lui étaient revenues.

Mais il était tout enfiévré comme les convalescents qui font un effort.

Il sentit la soif lui sécher la gorge et il demanda à boire.

On s'aperçut alors qu'une outre qui contenait sa tisane et qu'on avait eu soin de placer sur la voiture était vide.

Elle avait été ouverte d'un coup de pointe de sabre.

Le cavalier blessé, qui accompagnait M. de Lescure depuis le matin, offrit alors sa gourde, et le général but avidement.

Soulagé, d'abord, il se fit hisser sur un cheval.

Le cavalier blessé disparut alors, piqua vers la Loire et la traversa à la nage suspendu à la queue de son cheval.

Sur l'autre rive, il fut reconnu par Guillot, qui lui demanda des nouvelles de Lescure.

— Mort! dit le cavalier.

Guyot s'aperçut avec surprise que ce soldat n'avait plus le bras en écharpe.

Une heure après, un groupe de Vendéens passait la Loire.

Au milieu d'eux, Lescure mort!

Guillot constata et fit observer que le corps était noir.

— Je crains bien, dit le chirurgien de marine, que ce cavalier qui nous suivait depuis ce matin, n'ait empoisonné le général. C'est encore un coup du sanglier.

Guillot pâlit.

Il se jugea perdu.

Désormais, l'armée vendéenne n'existait plus qu'à l'état de bandes.

La guerre continua, mais une guerre de guérillas et de brigands.

La Vendée ne fit plus que la chouannerie comme la Bretagne.

Alors reparut le curé Bernier.

Il avait de Rome des bulles du pape, authentiques et formelles, contre le faux évêque d'Agra.

Il avait des ordres du comte de Provence, le futur Louis XVIII, lui donnant pleins pouvoirs.

Il n'eut qu'à paraître pour que Guillot prît la fuite.

Le misérable avait montré beaucoup de finesse et de rouerie; mais il manquait de caractère.

Brave, il eût lutté et vaincu, car il était plus habile que Bernier; mais il déserta la lutte et chercha à gagner le Mans sous un déguisement.

Surveillé par un émissaire de Bernier, dénoncé aux républicains, il fut arrêté, jugé et exécuté.

Ainsi finit le seul homme qui pût faire encore obstacle à Bernier.

Car, si Charette restait debout, il ne comptait que dans le Marais où il était tout; hors de là, il n'était rien.

Le jour où Bernier reparut et se fit reconnaître par le Comité dirigeant, il était suivi de Casse-Cailloux.

Le lendemain, celui-ci se permettait d'insulter un cousin de La Rouairie qui voulut le châtier, mais qui fut battu.

Cette affaire fit du bruit et embarrassa Bernier.

Il manda Casse-Cailloux, qui survint ivre et insolent.

Il se jeta sur Bernier après explications orageuses et le curé fut obligé d'appeler des soldats à son secours.

Pendant qu'on entraînait Casse-Cailloux, il tint des propos extrêmement compromettants; il accusait Bernier et s'accusait lui-même de la mort des généraux vendéens.

On l'enferma.

Bernier, après s'être assuré qu'on avait désarmé ce fou furieux et qu'il cuvait son vin, entra dans la pièce où on l'avait mis comme en prison; on entendit le bruit d'une détonation...

Les soldats de garde accoururent et Bernier leur déclara que Casse-Cailloux, désolé de sa conduite, s'était brûlé la cervelle, sans que lui, Bernier, pût l'en empêcher.....

Crut le curé qui voulut.

Huit jours après, Saint-Just recevait un rapport détaillé sur tous ces faits, et après l'avoir lu, il disait :

— Il ne reste plus que deux hommes en Vendée : Bernier et Charette ! Ils s'immobiliseront l'un par l'autre.

Et Robespierre déclarait aux Jacobins que les gardes nationaux suffiraient désormais à maintenir ces bandes de chouans, et que l'armée de Kléber, avec Marceau, partait pour la frontière du Rhin.

Ce que Robespierre ne pouvait pas déclarer, c'est que l'œuvre de nos généraux avait été préparée et rendue possible par une femme :

La Duclos !

Le rôle patriotique de celle-ci n'était pas fini.

Nous racontons, dans notre livre *la Terreur*, ce qu'elle fit encore pour la France et ce que devinrent le capitaine Leroux et mademoiselle Meuris.

FIN

TABLE DES CHAPITRES

Prologue.	— La Duclos chez Saint-Just	1
I.	— Les fantaisies de Charette	30
II.	— Le vicaire apostolique	60
III.	— *Benedicat vos !*	65
IV.	— La croix et l'épée	71
V.	— *Fiat lux !*	83
VI.	— Le départ	97
VII.	— Les deux augures	99
VIII.	— *L'in-pace*	110
IX.	— Les angoisses de Nantes	117
X.	— Patrie et paternité	128
XI.	— Un chapitre de l'histoire de Nantes	134
XII.	— Au camp de Charette	139
XIII.	— La Colonne infernale	142
XIV.	— Un combat immortel	147
XV.	— Espérance ! Espérance !	153
XVI.	— La Duclos chez Charette	158
XVII.	— La mort de Cathelineau	168
XVIII.	— La charge des culottes de soie	179
XIX.	— Le lion en cage !	185
XX.	— La mort de Meuris	194
XXI.	— Les bonnes sœurs	201
XXII.	— Chanteclair	210
XXIII.	— *Dies iræ*	215
XXIV.	— Murée	234
XXV.	— Ami ou ennemi ?	239
XXVI.	— Le coup de bâton	250
XXVII.	— Enlevée !	256
XXVIII.	— Bêgueule !	262

XXIX. — Le gant	267
XXX. — Séduction	274
XXXI. — L'honneur	286
XXXII. — Seigneurs et vassaux	300
XXXIII. — Fin contre fin	312
XXXIV. — Le ruisseau	316
XXXV. — Le Lançon	327
XXXVI. — Le grand cousin	339
XXXVII. — Convoitise	350
XXXVIII. — De mousse à prêtre	353
XXXIX. — La souricière	358
LX. — Roulé	378
XLI. — Rancunes	381
XLII. — Vengeance	385
XLIII. — L'avis	389
XLIV. — Job !	409
XLV. — Pluie de sang !	415

FIN DE LA TABLE

F. Aureau. — Imprimerie de Lagny.

www.ingramcontent.com/pod-product-compliance
Lightning Source LLC
Chambersburg PA
CBHW050920230426
43666CB00010B/2257